Diederichs Gelbe Reihe

Liä Dsı

Das wahre Buch vom quellenden Urgrund

Die Lehren der Philosophen Liä Yü Kou und Yang Dschu

Aus dem Chinesischen übertragen
von Richard Wilhelm

Mit einem Vorwort von Hans van Ess

Diederichs Gelbe Reihe

FSC
Mixed Sources
Product group from well-managed forests and other controlled sources
Cert no. SA-COC-001819
www.fsc.org
© 1996 Forest Stewardship Council

Verlagsgruppe Random House FSC-DEU-0100
Das für dieses Buch verwendete FSC-zertifizierte Papier
EOS liefert Salzer, St. Pölten

Überarbeitete Neuausgabe 2009

Druck und Bindung: CPI Moravia Books s.r.o., Pohorelice
Umschlaggestaltung: Weiss/Zembsch/Partner: Werkstatt/München
unter Verwendung eines Motives von Keren Su/Corbis
Printed in Czech Republic
ISBN 978-3-424-35004-3

www.diederichs-verlag.de

Inhalt

Buch II
Der Herr der Gelben Erde.

BUCH III
KÖNIG MU VON DSCHOU.
Leben und Traum 89

BUCH IV
KONFUZIUS. *Hingabe ans All* 107

Buch VI
Freiheit und Notwendigkeit 161

Buch VII
Yang Dschu 183

Erklärungen 245

Vorwort
von Hans van Ess

Zur Herkunft des Buchs

Das Buch Liezi (bei Richard Wilhelm: Liä Dsı), »Meister Lie«, gehört ohne Zweifel zu den sprachgewaltigsten Werken der chinesischen Geistesgeschichte. Es ist eines der zentralen Werke, welche die daoistische Tradition hervorgebracht hat. Diese ist bekanntlich neben der konfuzianischen und der buddhistischen Lehre eine der drei großen Strömungen, die das Geistesleben im chinesischen Kaiserreich maßgeblich geprägt haben. Doch hat es daoistische Ideen schon lange vor der Einigung des Reiches durch den ersten der chinesischen Kaiser, nämlich den »Ersten Erhabenen Kaiser der Qin-Dynastie« (Qin Shi Huangdi), im Jahr 221 v. Chr. gegeben. Die Entstehung des Daoismus geht auf eine Zeit zurück, in der offenbar noch viel mehr philosophische Schulen miteinander konkurrierten als nur die drei großen Lehren. Ein stattliches Textcorpus ist auf uns gekommen, aus dem wir von den Gedanken dieses frühen Daoismus wissen. Das Buch Liezi spielt in diesem Zusammenhang eine zentrale Rolle, weil in ihm zahlreiche Lehrgeschichten dieser Zeit stehen.

Allerdings ist nach heutigem Kenntnisstand bei weitem

nicht mehr so eindeutig, was den vorkaiserzeitlichen Daoismus ausmachte, wie man dies noch zu Zeiten Richard Wilhelms (1873–1930), des wichtigsten deutschen Übersetzers klassischer chinesischer Literatur, zu wissen meinte. Zum einen haben linguistische und komparatistische Untersuchungen den Glauben an das Alter wichtiger daoistischer Texte unterminiert, und zum anderen haben spektakuläre Funde, die chinesische Archäologen in den letzten 35 Jahren gemacht haben, die Grundfesten der traditionellen Darstellung der alten chinesischen Philosophie erschüttert. In der Han-Zeit nämlich hatten Bibliographen und Historiker die Zeit ihrer Vorväter dahingehend erklärt, dass es mehrere klar voneinander abgegrenzte Schulen gegeben habe – manche Autoren sprechen von sechs Schulen, andere von neun und wieder andere gar summarisch von hundert. Diese Vorstellungen hoben sich scharf von den Verhältnissen der Han-Zeit (207 v.Chr. – 220 n.Chr.) ab, in der es zur Herausbildung einer konfuzianischen Orthodoxie gekommen war. Doch die Inhalte der zahlreichen in jüngster Zeit gefundenen Texte des dritten und zweiten Jahrhunderts, die Toten mit ins Grab gelegt worden waren, legen nahe, dass die klare Abgrenzung der alten Schulen wohl eine Fiktion ist. Als ein weiterer Sachverhalt, der die Vorstellung eines monolithischen vorkaiserzeitlichen Daoismus infrage stellt, tritt hinzu, dass eine daoistische Schule im Gegensatz zu den Schulen, die auf die beiden großen, auch im Liezi prominent vertretenen Meister Konfuzius und Mo Di (lateinisch: Micius) zurückgehen, in der zeitgenössischen Literatur noch nicht erwähnt wird. »Meister Lie« galt der Tradition zusammen mit dem Laozi, dem »Meister Lao« (manchmal in diesem Text auch mit seinem vollen

Namen Lao Dan – Wilhelm: Lau Dan[1] – bezeichnet), und dem Zhuang Zhou als einer der drei großen daoistischen Lehrherren aus der Zeit vor der Reichseinigung. Das dem Laozi zugeschriebene *Daode jing* bzw. ein Vorläufer des Textes ist zu Ende des 20. Jahrhunderts in einem Grab gefunden worden, dessen Schließung auf das beginnende dritte Jahrhundert v.Chr. datiert wird. Damit ist klar, dass es sich um einen der ältesten Texte der literarischen Traditon Chinas handelt. Im Gegensatz dazu liegt die Geschichte des Liezi und auch des Zhuangzi, deren Lehren zu Beginn der chinesischen Kaiserzeit kaum zitiert worden sind, im Dunkeln. Daher sei zunächst dargelegt, was sich über den Liezi aus den vorliegenden Quellen sagen lässt. In dem berühmten Literaturkatalog der Palastbibliothek der Han-Herrscher, der in der Dynastiegeschichte »Buch der Han« (Hanshu) des Ban Gu (32–92 n.Chr.) überliefert wurde und auf den Gelehrten Liu Xin (ca. 46 v.Chr. – 23 n.Chr.) zurückgeht, ist ein Text namens Liezi in acht Kapiteln verzeichnet, der von einem Autor namens Lie Yukou verfasst wurde. Dieser habe vor dem Zhuang Zhou gelebt, der wiederum ihn, den Lie Yukou, gepriesen habe. In der Tat finden sich im heutigen Zhuangzi-Text eine ganze Reihe von Anekdoten, in denen Meister Lie als daoistische Autorität angeführt ist. Das vorletzte Kapitel des Zhuangzi trägt sogar den Titel »Lie Yukou«, wenn auch darin nur die von Wilhelm als »vergebliche Weltflucht« überschriebene Geschichte überliefert ist (Liezi II.14) und ansonsten ganz andere Personen in den Hauptrollen auftre-

[1] Zur Umschrift Wilhelms und der in diesem Vorwort verwendeten Pinyin-Umschrift s. den Schlussabsatz des Vorworts.

ten. Über die Person des Lie Yukou erfahren wir hier nur, dass ein Freund oder Lehrer namens Bohun Wuren ihn zurechtgewiesen habe, weil er mit seinem Charisma zwar die Menschen anzog, aber seine innere Ruhe dabei verlor – eine daoistische Lehrgeschichte also, die nicht als biographische Angabe zu gebrauchen ist. Auch sonst ist uns Lie Yukou nur aus einigen spärlichen Bemerkungen in der alten Literatur bekannt, die keinen echten Einblick in die Persönlichkeit erlauben. Diese Liezi-Anekdoten finden sich im Wesentlichen in drei Werken, nämlich dem Zhuangzi, dem Lüshi chunqiu (Frühling und Herbst des Lü Buwei; ausgehendes drittes Jahrhundert v.Chr.)[2] und dem Huainan zi (dem Meister aus dem Gebiet südlich des Huai-Flusses; zweite Hälfte des zweiten Jahrhunderts v. Chr.). Sie sind aber sämtlich auch im Liezi selbst enthalten. Der Name »Yukou« heißt wörtlich übersetzt »Verbrecher einsperren« oder aber »Aufständischen widerstehen«, weshalb hinter der Kombination auch eher eine Amtsbezeichnung – also etwa: »Lie, der Justizminister« – denn ein Vorname vermutet worden ist. Gleichzeitig aber finden wir schon im Zhuangzi eine Stelle, in der es heißt, Meister Lie sei fünf Tage lang mit dem Wind durch die Lüfte geritten, ein deutlicher Hinweis darauf, dass er als daoistischer Unsterblicher angesehen wurde.

Neben dem Literaturkatalog der Han gibt es eine zweite

[2] Übersetzt von Richard Wilhelm unter dem Titel *Frühling und Herbst des Lü Bu We. Aus dem Chinesischen verdeutscht und erläutert von Richard Wilhelm*, Jena: Diederichs 1928. Nun auch Knoblock, John, und Riegel, Jeffrey (Übers.): *The Annals of Lü Buwei*, Stanford University Press 2000

wichtige Quelle, die aus der Han-Zeit stammen soll und den Lie Yukou erwähnt: eine Kolophonsammlung, die Liu Xiang (79–6 v.Chr.), der Vater des Liu Xin, erstellt hat. Der entsprechende Text, der einem Druck des Liezi aus der Zeit der Song (960–1280 n.Chr.) vorangestellt und damit weit über tausend Jahre nach den Lebzeiten seines Autors erstmals zitiert ist, sagt über die »Neuen Schriften des Meisters Lie« Folgendes:

»Voranstehend sind die Titel der acht Abschnitte, aus denen die Neuen Schriften bestehen, aufgeführt. Euer Untertan, der Bevollmächtigte für die Wasserangelegenheiten des Linken Teils der Hauptstadt [Liu] Xiang, erklärt, dass die Schrift Liezi aus dem Palast, die er kollationiert hat, fünf Abschnitte umfasst. Euer Untertan [Liu] Xiang hat sie untertänigst gemeinsam mit dem Oberst am Erdaltar, Eurem Untertan Can, mit den drei Textstücken, des Großen Zeremonienmeisters, den vier Textstücken des Großschreibers, den sechs Textstücken von Eurem Untertan [Liu] Xiang [selbst] und den zwei Textstücken Eures Untertanen Can verglichen. Insgesamt handelt es sich um zwanzig Textstücke aus dem Palast und von außerhalb. Durch die Beseitigung von Doubletten sind wir auf zwölf Textstücke gekommen, die wir in acht Textstücke überführt haben. Die Anzahl der Schriften, die im Palast lagerten, sind dabei in der Mehrzahl, diejenigen von außerhalb sind weniger. Abschnittsverwirrung bestand in allen Textstücken. Entweder waren die Zeichen fehlerhaft, so dass zum Beispiel das Zeichen ›vollständig‹ (jin) mit dem Zeichen für ›vorrücken‹ (jin) geschrieben wurde oder das Zeichen für ›würdig‹ (xian) mit dem für ›Form‹ (xing). Solche Fälle waren sehr zahlreich. Da diese [Fehler] in der ›neuen Schrift‹ beseitigt sind, die Arbeit des Kollationierens und des Vergleichens, bei der wir dem Palasttext folgten, abgeschlossen und eine Vorlage auf Bambusstreifen erstellt ist, kann nun die Reinschrift des Textes erfolgen.

Meister Lie war ein Mann aus dem Staate Zheng und ein Zeitgenosse des Herzogs Mu von Zheng (reg. 627–606 v. Chr.). Er war wohl einer, der den rechten Weg gefunden hatte. Seine Gelehrsamkeit gründete in der des Gelben Kaisers [des Gründerahns der chinesischen Zivilisation] und des Laozi, und man bezeichnete ihn als einen Daoisten. Die Daoisten halten sich an das Wesentliche und greifen nach der Wurzel, sie sind rein und leer und handeln nicht. Wenn es darum geht, die eigene Person zu kultivieren und mit den Dingen umzugehen, dann machen sie es zur Pflicht, nicht zu streiten. Das ist in Übereinstimmung mit den Sechs Kanonischen Schriften [der konfuzianischen Tradition]. Die beiden Kapitel über den König Mu (Kap. 3) und die Fragen des Tang (Kap. 5) aber, die sind abwegig und verdreht und entsprechen nicht den Worten eines Edlen. Kommen wir auf das Kapitel ›Eigene Anstrengung und Schicksal‹ (Kap. 6, bei Wilhelm: ›Freiheit und Notwendigkeit‹) zu sprechen, so handelt es gänzlich davon, wie man das zugeteilte Los herausbekommen kann. Das Kapitel über Yang Zhu (Kap. 7) dagegen schätzt nur das Sich-gehen-Lassen und die Muße. Beide Bedeutungen sind einander entgegengesetzt, so dass sie nicht von einer Hand zu stammen scheinen. Doch in beiden wird etwas aufgeklärt, so dass auch diese Kapitel der Lektüre lohnen.

Zur Zeit des Erhabenen Kaisers Jing (156–141 v.Chr.) wurden die Lehren des Gelben Kaisers und des Laozi hochgehalten, so dass dieses Werk allmählich in Umlauf kam. Danach aber geriet es in Vergessenheit und war nur noch im Volk verbreitet, so dass es keine Überlieferungstradition gibt. Überdies enthält es viele Gleichnisse, ganz ähnlich wie [das Werk] des Zhuang Zhou. Deshalb hat der Großschreiber Sima Qian (145? – ca. 87 v.Chr.)[3] keine Biographie [des Lie Yukou] verfasst und sich nicht um eine Einstufung bemüht. Euer Untertan [Liu] Xiang reicht es in Erwartung seines Todes ein.
Der Kolophon des Bevollmächtigten für die Wasserangelegenheiten des Linken Teils der Hauptstadt [Liu] Xiang zur Schrift des Liezi wurde im dritten Jahr der Regierungsperiode ›Anfang auf Ewig‹ (yong shi; 14 v.Chr.), im achten Monat, am Tage renyin, [dem 39. des Sechzigerzyklus], eingereicht.«

Dieser in vielerlei Hinsicht bemerkenswerte Kolophon verortet den Lie Yukou ins siebte oder höchstens ins frühe sechste Jahrhundert v. Chr. Er wäre demnach älter als Laozi gewesen und hätte den Konfuzius, dem das vierte Kapitel des Liezi gewidmet ist, nicht mehr erlebt. Viele traditionelle Gelehrte haben aufgrund dieser Aussage Zweifel daran geäußert, dass der vorliegende Text auf Lie Yukou zurückgehen kann. Jedoch gibt es auch die umgekehrte Auffassung, dass der

[3] Sima Qian ist der Verfasser der *Aufzeichnungen des Schreibers* (*Shiji*), der ersten Standardgeschichte Chinas, in der die Geschichte des Landes bis zu seinen eigenen Lebzeiten berichtet ist.

Kolophon selbst gar nicht echt ist. Andererseits hat sich schon der berühmte Literat Liu Zongyuan (773–819) mit der Nennung des Herzogs Mu von Zheng als angeblichem Zeitgenossen des Liu Xiang auseinandergesetzt. Dies belegt zunächst, dass der Kolophon wesentlich älter sein muss als der Druck, aus dem er uns bekannt ist. Liu Zongyuan bietet, wie viele spätere Interpreten auch, die Lösung an, dass der Kolophon echt ist, dass aber einem Kopisten ein Fehler unterlaufen sein muss, als er den Herzog Mu aus Zheng kommen ließ und nicht aus dem Staat Lu, aus dem ein weiterer Herzog Mu bekannt ist, der von 407–377 v.Chr. regiert haben soll.

Der nächste wichtige Zeuge, von dem der heutige Leser des Liezi wissen sollte, um den Text einordnen zu können, ist Zhang Zhan, ein im vierten Jahrhundert lebender Mann, der den Liezi vollständig kommentierte und ein Vorwort verfasste, in dem er auch die Umstände erklärte, unter denen er des Werkes habhaft wurde. Sein Vater und sein Großvater nämlich seien Buchliebhaber gewesen, die in den Wirren des Zusammenbruchs der Westlichen Jin-Dynastie zu Beginn des vierten Jahrhunderts große Teile ihrer Bibliothek verloren, so dass von dem Liezi in acht Abschnitten, von denen Zhang Zhan aus dem Bücherverzeichnis seines Vaters wusste, nur noch die letzten beiden Kapitel sowie das Inhaltsverzeichnis vorhanden waren. Freunde hätten dann in ihren Familien die anderen Kapitel auffinden können, so dass wieder eine vollständige Version zustande kam. Er fasst sodann in einigen Sätzen die Hauptpunkte der Philosophie des Liezi zusammen:

> »Dieses Werk erklärt im Großen und Ganzen, dass die Schar der vorhandenen Dinge aus der höchsten Leere hervorgeht und dass man die zehntausend Gattungen

anhand der Tatsache ihrer Vergänglichkeit erkennen kann. Göttliche Gunst bleibt immer vollkommen, weil sie ruhig ist, während das Denken und Sinnen sich selbst den Untergang bereitet, wenn es an den Dingen haftet. Der Sachverhalt von Leben und Wachheit entspricht dem von Wandlung und Traum, Riesenhaftes und Winzigkleines sind nicht auf eine Weltregion begrenzt, und weder in Not noch im Erfolg verlasse man sich auf Klugheit oder körperliche Anstrengung. Die Kultivierung des Leibes ist mehr wert als der Dienst im Amt. Wer seinem Wesen folgt, dem wird alles gelingen, so dass er selbst über Wasser und Feuer gehen kann. Vergisst er das Verderben, dann gibt es für ihn keine Finsternis und kein Licht.

Das sind die Aussagen des Textes. Doch das, was er klarstellt, ergänzt sich in vieler Hinsicht mit den buddhistischen Sutren, die Linien sind dieselben wie diejenigen des Laozi und des Zhuangzi. Hinsichtlich der Form, wie die Worte aneinandergefügt sind und Vergleiche herangezogen werden, ähnelt er besonders dem Zhuangzi.«

Bemerkenswert ist an diesem Vorwort neben der konzisen Zusammenfassung der Lehren des Liezi vor allem, dass Zhang Zhan den Text in die Nähe des Laozi und des Zhuangzi rückt, was den heutigen Verhältnissen des Textes durchaus entspricht, aber im Gegensatz zu den Worten des Liu Xiang steht, der den Lie Yukou als Gefolgsmann der Lehren des Gelben Kaisers und des Laozi bezeichnet. Diese Lehren des Gelben Kaisers (Huangdi) und des Laozi, kurz »Huang-Lao«, gelten als die zu Beginn des zweiten vorchristlichen Jahrhunderts dominante Variante, in welcher der Daoismus eine enge Symbiose mit Elementen der legalistischen Staatsphilosophie der reichseinigenden Dynastie Qin eingegangen war. Im Gegensatz dazu steht die Kombination der Namen Laozi und Zhuangzi im Allgemeinen für die bereits von Gedanken des Buddhismus beeinflusste Richtung eines philosophischen Daoismus, der religiöse Wirkung hatte. Diese Spielart scheint sich erst im zweiten und dritten nachchristlichen Jahrhundert durchgesetzt zu haben.

Die Unterscheidung zwischen religiösem und philosophischem Daoismus, die auf der Beobachtung beruht, dass erstens in nachchristlichen Texten Laozi erstmals nicht mehr als weiser Denker, sondern Gott verehrt wird und zweitens ein immer ausgeprägterer daoistischer Unsterblichenkult festzustellen ist, sollte sicherlich nicht zu weit getrieben werden. Eine Unterscheidung zwischen Religion und Philosophie fällt für das alte China schwer, denn es kannte schon begrifflich keine Abgrenzung der beiden Bereiche – Religion und Philosophie wurden beide als »Lehre« bezeichnet. Zudem deutet Vieles darauf hin, dass es den Bereich des Religiösen im chinesischen Altertum auch im Daoismus schon gab. Er wurde nur im alten Schrifttum wenig thematisiert, weil die chinesische Schrifttradition sich für Religion, ganz anders als die des alten Orients, ganz allgemein nur wenig interessierte. Daraus zu schließen, der Daoismus dieser frühen Zeit wäre nur philosophisch gewesen, wäre methodisch falsch.

Dennoch ist festzuhalten, dass die legalistische Komponente des philosophischen Daoismus gut zum Vornamen Yukou des Liezi passt, der wie erwähnt darauf schließen lässt, dass sich der Meister mit der Justiz befasste, vielleicht gar in einem der Staaten seiner Zeit Justizminister gewesen ist. Legalistische Gedanken finden sich allerdings nicht im Liezi. Umgekehrt ist in unserem Text nach Auffassung vieler chinesischer Leser die buddhistische Idee der Transmigration in mindestens zwei Geschichten des Liezi angedeutet, wenn auch die Möglichkeit anderer Interpretationen nicht ganz auszuschließen ist: In I.6 antwortet Meister Lin Lei (Wilhelm: Lin Le) dem Konfuziusschüler Zigong auf die Frage danach, warum er den Tod als einen Grund zur Freude erachte: »Sterben und Leben ist ein Gehen und Zurückkehren. Darum, wer hier stirbt, wer weiß, ob er nicht dort geboren wird? … Wie kann ich wissen, ob heute mein Tod nicht etwas Besseres ist als früher mein Leben?« Und in VII.2 heißt es wörtlich: »Die Menschen des höchsten Altertums wussten, dass die Geburt [nur] ein vorübergehendes Kommen ist, und sie wussten, dass der Tod [ebenfalls nur] ein vorübergehendes Dahingehen ist.« Wilhelms Übersetzung hat den Gedanken, dass Leben und Tod Teil eines Zyklus sind, in seiner Übersetzung verwischt: »Die Menschen der grauen Vorzeit hatten erkannt, dass des Lebens Dauer flüchtig ist, hatten erkannt, dass es flüchtig dem Tode zueilt.« So fiel es ihm leicht, die buddhistischen Anklänge im Liezi zu übergehen.

Buddhistischer Einfluss scheint auch bei der wunderbaren Geschichte vom Automaten (V.14) vorzuliegen, die mit an Sicherheit grenzender Wahrscheinlichkeit dem buddhistischen Jatakanidana (chinesisch: Shengjing) entlehnt ist, das im Jahr 285 n. Chr. ins Chinesische übersetzt wurde. Und wer würde bei der Geschichte V.10 über den »Austausch der Herzen« nicht an die »Vertauschten Köpfe« denken, ebenfalls einer indischen Erzählung, der Thomas Mann mit seiner Kurzgeschichte zu großer Verbreitung in Deutschland verholfen hat? Schon traditionelle Gelehrte haben außerdem darauf verwiesen, dass der in Kapitel IV.3 erwähnte »ferne Heilige« oder vielleicht besser: »Der Weise aus dem Westen«, den Konfuzius lobt, kaum jemand anders sein kann als der Buddha, von dessen Existenz chinesische Texte ab dem ersten und zweiten Jahrhundert nach Christus künden. Auch manche Sachdetails weisen auf ein spätes Datum der Abfassung. So ist die von Wilhelm nicht übersetzte Geschichte V.18 von der »Damaszenerklinge und dem Asbest« mit Material vom Beginn des dritten nachchristlichen Jahrhunderts zu vergleichen.

All diese Hinweise legen nahe, dass wir es bei dem auf uns gekommenen Liezi mit einer Zusammenstellung zu tun haben, die auf die direkten Vorfahren des Kommentators Zhang Zhan aus dem dritten Jahrhundert zurückgeht und viel Material enthält, das erst aus dieser Zeit stammt. Daneben ist sehr wahrscheinlich, dass es in der Zeit des Liu Xiang und des Liu Xin einen Liezi-Text anderen Inhaltes gegeben haben muss, der verloren ging und dann auf der Basis von Bruchstücken, von aufgefundenem Material und von selbst verfassten Texten im Umfeld des Zhang Zhan in Übereinstimmung mit dem, was man von dem alten Liezi wusste, rekonstruiert oder neu konstruiert wurde. Unter den Herrschern der Tang (618–907), die dem Daoismus sehr verbunden waren, allerdings hielt man den Liezi-Text für alt und glaubte, Lie Yukou sei ein Meister des Zhuang Zhou gewesen. Deshalb verlieh man ihm zu Beginn der Regierungsperiode »Himmelsschatz« (tianbao, 742–755 n.Chr.) den Titel »Der Wahre Mensch der Leere« und bezeichnete sein Buch als das

»Wahre Buch vom quellenden Urgrund« oder wörtlicher das »Wahre Buch von der großen Leere« (Chongxu zhen jing). Seit dieser Zeit ist Liezi immer als eines der zentralen Werke der daoistischen Tradition angesehen worden.

Inhalt und Lehre

Etwa ein Viertel des Liezi besteht aus Texten, die auch in anderen Werken der alten chinesischen Tradition überliefert sind. Diese Dubletten konzentrieren sich besonders auf die Kapitel 2 und 8 und in einem etwas geringeren Ausmaß auch auf das erste und das fünfte Kapitel. Wichtigste Quelle ist dabei das Zhuangzi. Aber auch im enzyklopädischen und in seiner Bedeutung für die Rekonstruktion der alten chinesischen Tradition nicht zu unterschätzenden Werk »Frühling und Herbst des Lü Buwei« (Lü shi chunqiu), das ins ausgehende dritte Jahrhundert v.Chr. datiert wird, sowie im daoistischen »Meister aus dem Land Südlich des Huai-Flusses« (Huainan zi; Mitte bis Ende des zweiten Jahrhunderts) sind zahlreiche Parallelen zum Liezi-Text enthalten. Richard Wilhelm vermutete, dass an vielen Stellen Liezi als der primäre Text angesehen werden müsse. Er war mit dieser Auffassung allerdings schon damals isoliert. Zusätzlich zu den inhaltlich offensichtlichen Aspekten, die oben aufgeführt wurden, lassen auch linguistische Analysen, die der englische Sinologe A.C. Graham 1961 veröffentlicht hat, kaum noch Zweifel daran zu, dass wir es bei dem auf uns gekommenen Liezi-Text mit einer verhältnismäßig späten Kompilation zu tun haben, die neben frühem Material, das in bemerkenswert sorgfältiger Art so abgeschrieben worden sein muss, dass es seine sprachlichen Eigenheiten bewahrte, auch viele Passagen enthält, denen der Einfluss des Denkens des zweiten und dritten Jahrhunderts nach Christus deutlich anzumerken ist.[4]

Diese Einsicht schmälert den Wert des Liezi natürlich in keiner Weise. Für die chinesische Geistesgeschichte ist er von allergrößter Bedeutung, auch wenn er nicht aus vorchristlicher Zeit stammt, und die Aussagekraft seiner Geschichten schrumpft nicht dadurch, dass ihnen einige Jahrhunderte abgezogen werden müssen. Er bleibt alt und aussagekräftig. Seine acht Bücher enthalten einen daoistischen Mikrokosmos, aus dem sich die zentralen Grundzüge der daoistischen Lehre gut erkennen lassen: Das erste Kapitel ist überschrieben mit den Worten »Glückliche Vorzeichen des Himmels« (Wilhelm: Offenbarungen der unsichtbaren Welt). Sein Thema ist die Darstellung der daoistischen Gelassenheit dem Tod gegenüber, ein Gegenstand, der sich durch fast alle Absätze des Textes zieht. Kapitel zwei handelt vom rechten Weg, dem »Dao«, der darin besteht, sich auf die Dinge zu konzentrieren und mit ihnen in Einklang zu kommen. Nur so können echte Erfolge erzielt werden. Der Gelbe Kaiser (Huangdi), welcher den Titel dieses Kapitels liefert, ist dabei der daoistische Ahnherr, der nach jahrzehntelanger Regierung diese Methode so verinnerlicht hatte, dass das Reich in Ordnung war, ohne dass er etwas dazutun musste.

[4] A.C. Graham, »The Date and Composition of Liehtzyy«, Asia Major VIII.2 (1961), S. 139–198.

Das dritte Kapitel über den König Mu von Zhou (?1001–947 v. Chr.) ist aus mehreren Gründen von besonderer Bedeutung. Zum ersten beginnt es mit einer langen Geschichte, deren Rahmenhandlung einen Magier aus dem Westen betrifft, der den König Mu von Zhou besuchte und mit ihm eine Traumreise unternahm, während derer er phantastische Bilder schaute. Nach der dreimonatigen Traumreise verließ der König sein Reich und ging auf eine Himmelsreise, die ihn an den Rand der Welt führte. Diese zweite Reise wiederum enthält Bruchstücke eines wohl alten Textes, der unter dem Namen »Die Überlieferung vom Himmelssohn Mu« bekannt geworden ist, der alten chinesischen Literatur aber offenbar unbekannt war, bevor er im Jahr 279 n. Chr. in einem Grab gefunden wurde. Die Geschichte kontrastiert mit derjenigen des Gelben Kaisers zu Beginn des zweiten Kapitels: Dieser versucht sich zuerst am Hedonismus und dann am Moralismus, reist dann aber im Traum zu einem idealen Land und lernt dort, wie er die Welt zu regieren hat. König Mu hingegen begreift im Traum, dass sein Vergnügen besser für das Reich ist als das erzwungene Regieren. Der Gegensatz zwischen Traum und Wachen und die Überlegung darüber, ob dieser Gegensatz in der Welt richtig verstanden wird, ist Hauptgegenstand dieses Kapitels.

Kapitel vier ist überschrieben mit dem Beinamen des Konfuzius, und die ersten vier von fünfzehn Geschichten sind Anekdoten über den Meister. Gemeinsames Charakteristikum ist, dass Konfuzius voller Milde seinen Schülern gegenüber seine ihnen erteilten Lehren zurücknimmt und sich zu einem Daoisten wandelt. Auch andere der übrigen elf Stücke dienen dazu, dem Leser klarzumachen, dass aktives

Zurschaustellen der eigenen Stärken nicht zum Ziel führt. Schließlich finden sich zwei Auseinandersetzungen (11 und 13) mit der Rhetorikerschule, deren Sophistereien Liezi ad absurdum führt. Am Ende des Kapitels steht eine Auseinandersetzung mit dem Daoismus selbst, den Liezi offenbar vielfach falsch verstanden sieht: Nur Nichtstun, welches als die negative Variante des daoistischen Grundkonzepts vom »Nicht-Handeln« (wu wei) verstanden werden sollte, bedeutet noch lange nicht, mit dem rechten Weg in Übereinstimmung zu sein. »Gab es am ältesten Anfang schon Dinge«, so fragt der weise Gründer der Dynastie Shang, König Tang, zu Beginn des fünften Kapitels. Wilhelm gibt dies wieder mit den Worten: »Gab es am Uranfang keine Welt?« Das Kapitel wendet sich gegen anscheinend feststehende Wahrheiten und erzählt von unbekannten Welten. Die zweite Anekdote, in der die Rede vom Drachenkönig ist und von den Schildkröten, die auf ihrem Rücken Berge tragen, ist ohne buddhistischen Einfluss wieder kaum denkbar. Vielleicht die bekannteste Geschichte aus dem Liezi überhaupt ist V.3 über den einfältigen Mann, dem es gelang, mit seiner Willenskraft Berge zu versetzen, obwohl ihm dies niemand zugetraut hätte. Aus ihr ist ein Sprichwort hervorgegangen,[5] das in China jedes Kind kennt, und Mao Zedong hat sie als ein vorbildliches Beispiel für die kommunistische Ideologie angesehen. Berühmt ist auch die Geschichte V.8, in der Konfuzius von zwei Knaben seiner eigenen Unwissenheit belehrt wird. Ergänzt werden

[5] »Der Tor versetzt einen Berg« (Yu gong yi shan), für eine Tat, die zunächst als unmöglich erscheint, aber durch Beharrlichkeit doch bewältigt werden kann.

diese Berichte über Dinge, die sich normale Schulweisheit nicht träumen lässt, von weiteren Anekdoten über die überirdische Macht der Musik und über – wieder indisch klingende – Erzählungen von Wundermaterialien, die das alte China nicht kannte. Glaube an das Schicksal war eines der Merkmale, das die Schule des Konfuzius ursprünglich auszeichnete. Im sechsten Kapitel zeigt Liezi, dass diese Haltung auch den späteren Daoismus prägt. Es geht hier um die Grenze zwischen dem, was der Mensch mit seinem eigenen Streben erreichen kann, und dem, was ihm vom Himmel als unabänderliches Los zugeteilt ist. Fatalismus wäre das falsche Wort, um den Schicksalsglauben des Liezi zu umschreiben, denn durch das Kapitel zieht sich ein ironischer Optimismus, der das Haften des Menschen an den Dingen kritisiert. Dass der Himmel nicht immer gerecht ist, gilt es natürlich zu akzeptieren. Doch bietet diese Einsicht dem Verständigen Optionen, die dem nicht offenstehen, der mit dem Schicksal hadert.

Die Meinungen zum siebten Kapitel sind in der Literatur geteilt: Der Philosoph Yang Zhu ist uns fast ausschließlich aus der Kritik des konfuzianischen Meisters Mengzi bekannt, der in der Lebenshaltung des Yang Zhu und des Mo Di zwei Pole sah, die er gleichermaßen verwarf: Während Mo Di, der im Liezi zwar zitiert wird, aber als Philosoph nur noch schattenhaft in Erscheinung tritt, mit seiner Lehre von der allgemeinen Liebe nach konfuzianischem Geschmack die Unterschiede und Hierarchien unter den Menschen zu sehr einebnet und die eigene Person zu sehr dem Allgemeinen unterordnet, steht Yang Zhu für einen hemmungslosen Hedonismus. Er wird in den alten Texten dafür verspottet, dass er nicht einmal ein einziges Haupthaar hergegeben hätte, um der Welt einen Dienst zu leisten (vgl. VII.11). Weil das siebte Kapitel diesem Grundgedanken zu entsprechen scheint, ist vielfach die Meinung geäußert worden, dass es zu den ältesten Teilen des Buches gehören müsse. Liezi enthielte dieser Auffassung zufolge das Gegenstück zum sicherlich antiken Mozi-Text. Doch diese Auffassung erscheint nicht nur aus linguistischen Gründen kaum möglich. Der Hedonismus des Yang Zhu ist weniger hemmungslos, als der erste Augenschein denken lassen würde, denn er warnt vor dem Streben nach irdischen Gütern und Reichtümern: Er gesteht nur zu, dass ihr Besitz angenehm ist, wenn er ohne Aufwand erlangt werden kann. Die Philosophie, die Yang Zhu hier mitteilt, passt gut ins dritte nachchristliche Jahrhundert, in dem Dichterzirkel wie die berühmten Sieben Weisen vom Bambushain genau den Lebensstil praktizierten, der hier vorgeschlagen ist. Übrigens steht einerseits der Yang Zhu des siebten Kapitels so sehr im Gegensatz zu den anderen Belegstellen im Liezi, an denen er als guter Daoist dargestellt ist, und ist andererseits der Hedonismus als solcher in Kapitel 2 und 3 so deutlich verworfen, dass A.C. Graham und andere den Verdacht geäußert haben, das Kapitel müsse von anderer Hand sein als der Rest des Buches.

Das letzte Kapitel schließlich, das sich zu größeren Teilen aus Anekdoten zusammensetzt, die in alten Quellen auch anderweitig vorliegen, ist auf den ersten Blick das am wenigsten einheitliche Stück. Indessen kann man es auch so lesen, dass hier die einzelnen Fäden zusammengeführt werden, die in den vorherigen Kapiteln unterschiedlich gesponnen wurden. Es finden sich Passagen, in denen konfuzianische Lehren kritisiert werden, neben solchen, in denen die daoistische Lehre von der Gleichmut den Dingen gegenüber oder vom rechten Weg, den es zu erlernen gilt, positiv dargelegt ist. Kleine Weisheiten sind vermischt mit großen Wahrheiten.

Bemerkenswert für einen daoistischen Text ist die Tatsache, dass Konfuzius – ein Meister der mit den Daoisten konkurrierenden Tradition – im Liezi genauso oft erwähnt ist wie Lie Yukou und damit wesentlich öfter als der andere daoistische Lehrherr Laozi, ganz zu schweigen von Zhuang Zhou, der im Liezi gar nicht auftaucht. Dies ist umso erstaunlicher, als aus der Zeit, in der Zhang Zhan den Liezi zusammenstellte, wütende Streitgespräche zwischen den drei Lehren des Konfuzianismus, des Daoismus und des Buddhismus überliefert sind. Indessen geht der Text mit dem Problem der Popularität des Konfuzius überaus geschickt um: So gleichen die beiden daoistischen Meister, die Konfuzius im ersten Kapitel trifft und von denen er sich über den Tod belehren lässt, stark den Männern, von denen das 18. Kapitel der Gespräche des Konfuzius berichtet (Lunyu XVIII.5–7) und von denen Konfuzius auch dort Belehrungen hinnimmt. Die Tradition, dass Konfuzius Zweifel über die Richtigkeit seines ausschließlich dem Allgemeinwohl und dem politischen Leben zugewandten Tuns hegt, ist also bereits im wichtigsten Grundlagentext angelegt, aus dem wir von seinen Lehren wissen. Auch die daoistischen Weisheiten, die Konfuzius im zweiten Kapitel von sich gibt, sind nicht so weit entfernt von grundlegenden konfuzianischen Einsichten, wie man zunächst meinen könnte. Denn das Einswerden mit Himmel und Erde, das im Liezi als »rechter Weg« (bei Wilhelm als »Sinn«) bezeichnet wird, ähnelt dem im Buch von Maß und Mitte angestrebten Ziel, ein Weiser zu werden, der mit Himmel und Erde eine Dreiheit bildet. In Geschichte III.7

wird Konfuzius gar mit dem Herrn der Gelben Erde, dem Gelben Kaiser, also einem der Ahnherren der daoistischen Lehre, auf eine Stufe gestellt. In III.8 akzeptiert er das seiner eigenen Lehre fremde Lob des Vergessens, wohingegen er in III.9 von Lao Dan als Verbreiter von schädlichen Verrücktheiten gescholten wird. In Kapitel IV, das dem Konfuzius selbst gewidmet ist, verwirft er zunächst dreimal konfuzianische Lehren, um dann in IV.4 seine Überlegenheit über vier seiner Schüler darzulegen. Dieser Passus passt wieder sehr gut zu bekannten Aussagen des Konfuzius aus den *Gesprächen des Konfuzius*, denn auch dort klassifiziert Konfuzius seine Schüler gerne (Lunyu 11.2). Die Anekdote, in der Konfuzius von den zwei Knaben belehrt wird (V.8), wiederum war so populär, dass man sie noch kaum als Angriff auf seine Autorität verstehen kann. In den drei Anekdoten von VIII.11–13 wiederum ist Konfuzius ganz der Weise, dem auch Daoisten folgen können.

Einer allerdings ist ihm überlegen. Dies ist Laozi, dessen Name zwar seltener zitiert wird, der aber dafür immer mit Weisheiten in Verbindung gebracht wird, denen unbedingt Folge zu leisten ist. Einzige Ausnahme ist die Stelle VII.11, wo Laozi nur auf eine Stufe mit den Meistern Konfuzius und Mo Di gestellt wird und ihnen nicht überlegen ist. Jedoch gibt es einen anderen Punkt, wegen dessen über die Rolle des Laozi im Liezi nachgedacht werden sollte: In III.2 nämlich ist die Rede davon, dass Lao Dan nach Westen gegangen sei und dem Meister Yin Wen zuvor noch eine Wahrheit mitgeteilt habe. Schon nach Aussage des Han-zeitlichen Geschichtsschreibers Sima Qian verließ Laozi das Haus Zhou, als er sah, dass dieses sich ihm Niedergang befand. Ein Passwächter namens Yin aber verpflichtete ihn, seine Lehren niederzuschreiben, bevor er sich in die Einsamkeit zurückzog. Diesem Passwächter also verdankt die Welt das *Dao de jing*, den daoistischen Basistext schlechthin. Im dritten Jahrhundert ergänzte die daoistische Tradition diese Geschichte: Sie sagte nämlich, Laozi sei aus China in den Westen nach Indien gezogen und sei dort als ein Weiser aufgetreten. Dies sei der Buddha gewesen, der dann die »Barbaren« zu Kulturmenschen machte.[6] Da als Redaktionsdatum des Liezi das dritte Jahrhundert anzunehmen ist, erscheint es gut möglich, dass der oben erwähnte, von Konfuzius gepriesene »Weise aus dem Westen« aus IV.3 ebendieser zum Buddha gewandelte Laozi ist. Denn dass Konfuzius den Laozi hochschätzte und ihn wie im Liezi angedeutet als überlegen ansah, ist wiederum eine Überlieferung, die auch die konfuzianische Tradition hochhielt.

Die Übersetzung

Schon die früheste Übersetzung des Liezi in eine europäische Sprache ist offenbar eine deutsche gewesen: Sie erschien im Jahr 1877 im Verlag R.L. Friderichs in Elberfeld unter dem Titel »Der Naturalismus bei den alten Chinesen sowohl nach der Seite des Pantheismus als des Sensualismus oder die sämmtlichen Werke des Philosophen, zum ersten Male voll-

[6] In diesem Zusammenhang ist im daoistischen Kanon aus dieser Zeit ein Text mit dem Titel »Kanonische Schrift über die Verwandlung der Barbaren« (*Huahu jing*) überliefert.

ständig übersetzt und erklärt von Ernst Faber, Missionar der Rheinischen Missionsgesellschaft«. Faber war lange Zeit Leiter des Allgemeinen evangelisch-protestantischen Missionsvereins in Qingdao gewesen und hatte sich in dieser Tätigkeit intensiv mit dem chinesischen Denken befasst. Als er 1899 starb, trat der erst 26-jährige Richard Wilhelm, ein junger Theologe aus Stuttgart, an seine Stelle. Innerhalb sehr kurzer Zeit arbeitete auch er sich in die Tiefen der klassischen chinesischen Kultur ein und begann bald deren wichtigste Grundlagentexte ins Deutsche zu übertragen. Wilhelm sollte bis zum Jahr 1921 in Qingdao bleiben. In dieser Zeit legte er eine beeindruckende Fülle an Übersetzungen vor. Als erster Band erschienen 1910 bei Diederichs in Jena die *Gespräche des Konfuzius* (*Lunyu*). Doch schon ein Jahr später brachte derselbe Verlag Wilhelms Übersetzungen der beiden daoistischen Klassiker *Dao de jing (Tao te king)* und *Liezi* heraus. Zahlreiche weitere Texte sollten in den nächsten Jahren folgen, unter anderem die berühmten Übersetzungen des Zhuangzi[7] und des Buchs der Wandlungen.[8]

Ungeachtet seiner unglaublichen Produktivität ist Wilhelm in der Fachwelt nicht unumstritten gewesen. Manche warfen ihm eine Romantisierung der alten chinesischen Zivilisation vor, andere hielten seine Auffassung, dass das damals gegenwärtige China noch immer tief durchtränkt sei von den Weisheiten des Altertums, für irrig. Am meisten Kritik widerfuhr

---

[7] Dschuang Dsi, *Das wahre Buch vom südlichen Blütenland. Nan hua dschenging.* Aus dem Chinesischen verdeutscht und erläutert von Richard Wilhelm. Jena: Diederichs 1920.

[8] *I Ging. Das Buch der Wandlungen*, ebd. 1924.

Wilhelm für seine Sprache, die zwar schön, aber vielfach von christlichen Ideen geprägt ist und damit immer wieder Gefahr läuft, in die Texte Dinge hineinzuinterpretieren, die dem chinesischen Denken fremd sind. Von diesem Problem ist auch die vorliegende Übersetzung des Liezi nicht frei. Man nehme nur den ersten Abschnitt des vierten Kapitels, in dem Wilhelm den Yan Hui sagen lässt: »Ich hörte einst den Meister sagen, wer Frieden mit Gott habe und seinen Willen kenne, brauche niemals Kummer zu haben.« Wörtlich übersetzt aber müsste es heißen: »Ich hörte einst den Meister sagen: Weil ich mich des Himmels erfreue und die Bestimmung kenne, deshalb sorge ich mich nicht.« Fremd ist dem alten chinesischen Denken auch der Begriff des »Jenseits«, den Wilhelm in der direkt darauf folgenden Anekdote IV.2 für das chinesische »wu« einsetzt, das wohl besser mit »Nicht-Sein« übersetzt wäre. Dass der »rechte Weg« (Dao) bei Wilhelm, wahrscheinlich frei nach Goethes Faust zum *Sinn* mutiert, ist ebenfalls nicht hilfreich, denn gemeint ist tatsächlich im Liezi vielerorts eine *Methode*, ein Wort, das ja vom Griechischen »hodos« abgeleitet ist und deshalb ebenfalls ursprünglich den »Weg« enthält. Viele der Überschriften, die Wilhelm zur besseren Orientierung in den Text einfügte, werden zudem nicht durchweg dem Kontext gerecht. So mag »Es ist alles ganz eitel« für VII.10 noch angehen, doch »Vom Leiden der Gerechten und vom Glück der Gottlosen« (VII.12) erfindet einen lieben Gott, der im Chinesischen nicht vorhanden ist. Zumindest im Liezi passen weder die Übersetzungen »Der Heilige« noch der »Berufene Mensch« für den chinesischen »shengren«. Bei den Personen, von denen Liezi so spricht, handelt es sich nach seinem Verständnis sicherlich nicht um »Heilige«, sondern um Weise, die ihrer Welt häufig in zupackender Weise halfen. Und doch schlägt Richard Wilhelms Übersetzung auch den kundigen Sinologen, der das Original lesen kann, immer wieder in ihren Bann, weil Vieles besser getroffen zu sein scheint als in akkurateren Fassungen, denen aber die sprachliche Schönheit fehlt. Während Wilhelm in die philosophischen Überlegungen des Liezi zu viel antikes, christliches oder eigenes Gedankengut einfließen lässt, trifft er den Inhalt der erzählenden Anekdoten, die ja den eigentlichen Kern des Werkes ausmachen, in unnachahmlicher Weise. Hier steht seine Übersetzung auch der englischen von A.C. Graham[9] in nichts nach. Diese wird der an wissenschaftlicher Exaktheit interessierte Leser zusätzlich zurate ziehen, wenn ihm einzelne Gedanken bei Wilhelm nicht geheuer sein sollten.

Ein kleiner Makel an der Wilhelmschen Übersetzung soll in dieser Ausgabe korrigiert werden. Aus verschiedenen Gründen hat Wilhelm die Textstücke IV.5, 6 und 13, V.16 und 18, VI.4 sowie VIII.10 weggelassen. Dies erscheint heute nicht mehr zeitgemäß. Daher hat der Herausgeber eigene Übersetzungen an dieser Stelle eingefügt, diese aber natürlich als Einschübe kenntlich gemacht. Für die Bearbeitung lag die von Yang Bojun besorgte Standardausgabe »Gesammelte Erklärungen zum Liezi« (*Liezi jishi*) aus dem Chinesischen Verlagshaus (Zhonghua shuju) vor, die 1979 erstmals in der

---

[9] *The Book of Lieh-tzu. A new translation by A.C. Graham*, John Murray. London 1960. Graham ist umgekehrt zum Vorwurf gemacht worden, dass er den Liezi als rein philosophisches Werk liest und dabei die religiösen Aspekte vernachlässigt.

Reihe »Neu herausgegebene Sammlung der alten Meister« (*Xinbian zhuzi jicheng*) erschienen ist.

Zum Schluss sei hier noch ein Wort zur Umschrift angefügt. Als Richard Wilhelm schrieb, gab es noch keinen etablierten Umschriftstandard für das Chinesische. Wilhelms eigene Umschrift ist, wie schon Alfred Forke in seiner Rezension zur Erstausgabe harsch kritisierte, vom »Tsingtao-Dialekt« geprägt. Den Liezi spricht man außer in der Provinz Shandong, in der die Stadt Qingdao liegt, in China kaum jemals mit einem »ä«. Auch das »i« mit einem doppelten Punkt für das hintervokalische »i«, das eher wie ein deutsches End-»e« (wie das auslautende »e« in »Ende«) ausgesprochen wird, hat sich nicht durchsetzen können. Ansonsten liegt die Wilhelmsche Umschrift aber für einen Deutschen erfreulich nahe an der korrekten Aussprache. Dennoch habe ich sie für diese Einleitung ebenso wie für die Übersetzungen der ergänzten Textstücke nicht übernommen, da sie heute einfach obsolet ist. Die in der Volksrepublik China benutzte Pinyin-Umschrift, die stattdessen zur Anwendung kam, ist zwar mit vielerlei Mängeln behaftet – insbesondere führt sie beim deutschen Laien unweigerlich zur Fehlartikulation; hier ist Wilhelm eigentlich deutlich überlegen –, doch ist sie mittlerweile so weit verbreitet, dass man sich ihrer Verwendung kaum noch entziehen kann.

Buch I

Offenbarungen der unsichtbaren Welt

»Alles Vergängliche / Ist nur ein Gleichnis /
Das Unzulängliche / Hier wird's Ereignis.«

1. Vom Ding an sich

Meister Liä Dsı wohnte in einem Garten zu Dscheng vierzig Jahre lang, und niemand kannte ihn. Vor den Augen des Landesfürsten und der hohen Würdenträger war er wie einer aus der Menge des Volkes. Es entstand aber Mangel im Lande, und er machte sich auf, aus seiner Heimat nach We zu ziehen. Da sprachen seine Schüler: »Meister, du gehst, und deine Rückkehr ist unbestimmt, darum wagen wir Schüler um etwas zu bitten, worüber uns du, Meister, belehren mögest: Hast du, Meister, nicht die Reden des Hu Kiu Dsi Lin gehört?«

Meister Liä Dsı lächelte und sprach: »Ja, was hat denn Meister Hu gesagt? Immerhin, der Meister unterhielt sich oft mit Be Hun Wu Jen, und was ich gehört, wenn ich daneben stand, will ich versuchen, euch zu sagen. Seine Reden lauteten also: Es ist ein Zeugendes, das nicht erzeugt ist; es ist ein Wandelndes, das sich nicht wandelt. Das Unerzeugte hat Freiheit, Zeugendes zu zeugen, das Unwandelbare hat Freiheit, Wandelndes zu wandeln. Das Erzeugte muss aber notwendig weiter zeugen, das Wandelbare muss notwendig sich weiter wandeln. Darum ist es immer im Zeugen und Wandeln begriffen. Das immer im Zeugen und Wandeln Begriffene hört niemals auf, zu zeugen und sich zu wandeln; so verhält es sich mit Licht und Finsternis, so verhält es sich mit den vier Jahreszeiten.

Das Unerzeugte ist vermutlich einzig. Das Unwandelbare wallt im unendlichen Raum hin und her, ohne dass es in seinem Pfade an eine Grenze käme. Im Buch des Herrn der gelben Erde steht:

Der Geist der Tiefe stirbt nicht.
Er ist das Ewig Weibliche.
Beim Ausgang des Ewig Weiblichen
Liegt die Wurzel von Himmel und Erde.
Endlos drängt sich's und ist doch wie beharrend.
Der es wirkt, bleibt ohne Mühe.

Darum ist das, was alle Wesen erzeugt, unerzeugt; was alle Wesen wandelt, unwandelbar. Von ihm geht in Freiheit alles Zeugen aus, von ihm alle Wandlung, von ihm alle Form, von ihm alle Farbe, von ihm alle Erkenntnis, von ihm alle Stärke, von ihm alle Abnahme, von ihm alle Ruhe. Wollte man es aber als Zeugen, Wandlung, Form, Farbe, Erkenntnis, Stärke, Abnahme, Ruhe bezeichnen, so wäre das falsch.«

2. Weltentstehung

Meister Liä Dsi sprach: »Die alten Weisen nahmen das Lichte und das Finstere als Grundursache der Welt. Aber alles Körperliche entsteht aus Unkörperlichem; so muss doch auch die Welt einen solchen Ursprung haben. Darum sage ich: Es gibt eine Urwandlung, einen Uranfang, ein Urentstehen, eine Urschöpfung.

Die Urwandlung ist der Zustand, da die Kraft noch nicht sich äußert. Der Uranfang ist der Zustand, da die Kraft entsteht. Die Urentstehung ist der Zustand, da die Form entsteht. Die Urschöpfung ist der Zustand, da der Stoff entsteht. Den Zustand, da Kraft, Form und Stoff noch ungetrennt durcheinander sind, nennt man Dasein. Dasein bedeutet den Zustand, da die Dinge miteinander und durcheinander sind und noch kein gesondertes Fürsichsein haben.

›Schaut man darauf, so sieht man nichts, horcht man danach, so hört man nichts, verfolgt man es, so erhält man nichts; darum heißt es das Wandelbare.‹ Als das Wandelbare hat es keine Schranke der Form.

Dieses Wandelbare wechselt und wird zur Eins. Die Eins wechselt und wird zur Sieben. Die Sieben wechselt und wird zur Neun. Die Neun ist der Endpunkt dieses Wechsels. Aber sie wechselt noch einmal und wird wieder zur Eins. Diese Eins ist die Entstehung der wechselnden Formenwelt. Das Reine und Leichte steigt empor und wird (zur unsichtbaren Welt) zum Himmel. Das Trübe und Schwere senkt sich herab und wird (zur sichtbaren Welt) zur Erde. Das, wovon die einigende Kraft ausstrahlt, wird zum Menschen. Darum enthalten Himmel und Erde den Samen, aus dem alle Dinge durch Wandlung erzeugt werden.«

3. Das Ewige im Endlichen

Meister Liä Dsı sprach: »Himmel und Erde sind nicht vollkommen, der berufene Mensch ist nicht allmächtig, und die Geschöpfe sind nicht durchaus verwendbar. Denn des Himmels Funktion ist, zu zeugen und zu schirmen, der Erde Funktion ist, zu gestalten und zu tragen, des Berufenen Funktion ist, zu lehren und umzugestalten, der Geschöpfe Funktion ist, ihrer Art zu entsprechen. Nun aber gibt es Beziehungen, wo der Himmel der Erde gegenüber im Rückstand ist und der Berufene den Geschöpfen gegenüber begrenzt ist. Wie kommt das? Das Zeugend-Schirmende vermag nicht gestaltend zu tragen, das Gestaltend-Tragende vermag nicht belehrend umzugestalten. Der Belehrend-Umgestaltende vermag nichts wider die Natur der Dinge. Das Naturgesetzlich-Bestimmte verlässt nicht seine Stellung. Darum ist der Lauf der Welt beschränkt auf den Wechsel von Licht und Finsternis, die Lehre des Berufenen beschränkt auf Liebe und Pflicht, die Art der Geschöpfe beschränkt auf Weichheit und Härte. Jedes folgt seiner Art und kann über seine Stellung nicht hinaus.

Nun aber gibt es außer dem Vorgang des Zeugens noch etwas, wodurch das Zeugen zum Zeugen wird; außer dem Vorgang des Gestaltens noch etwas, wodurch das Gestalten zum Gestalten wird; außer dem Vorgang des Tönens noch etwas, wodurch das Tönen zum Tönen wird; außer dem Vorgang der Farbenentstehung noch etwas, wodurch die Farbe zur Farbe wird; außer dem Vorgang der Geschmackserzeugung noch etwas, wodurch der Geschmack zum Geschmack wird.

Was durch das Zeugen erzeugt wird, ist der Tod; aber das, wodurch das Zeugen zum Zeugen wird, ist noch nie zu Ende gekommen. Was durch das Gestalten gestaltet wird, ist die Masse; aber das, wodurch das Gestalten zum Gestalten wird, ist noch nie ins Dasein getreten. Was durch das Tönen erzeugt wird, sind die Gehörsempfindungen; aber das, wodurch das Tönen zum Tönen wird, ist noch nie herausgekommen. Was durch die Farben erzeugt wird, sind bunte Gesichtseindrücke; aber das, wodurch die Farbe zur Farbe wird, ist noch nie sichtbar geworden. Was durch das Schmecken geschmeckt wird, sind Geschmacksempfindungen; aber das, wodurch das Schmecken zum Schmecken wird, hat sich noch niemals dargeboten.

Das alles sind die Wirkungen des Nichtseienden.

Es vermag in sich die Gegensätze zu vereinen: das Trübe und Lichte, das Weiche und Harte, das Kurze und Lange, das Runde und Eckige, das Leben und den Tod, Hitze und Kälte, Schwimmen und Untersinken, Grundton und Sekunde, Erscheinen und Verschwinden, Dunkles und Gelbes, Süßes und Bitteres, Übelriechen und Duften: Es hat kein Wissen und kein Können und ist doch allwissend und allmächtig.«

4. Die Totengebeine
Kreislauf des Lebens

Der Meister Liä Dsı ging nach We. Er aß unterwegs. Seine Jünger sahen hundertjähriges Totengebein. Sie bogen das Gestrüpp zurück und zeigten es ihm. Er wandte sich und sprach zu seinem Jünger Be Feng: »Ich und dieser da: wir beide haben erkannt, dass es etwas gibt, das noch nie gezeugt und noch nie gestorben ist: das ist jenseits von aller Nahrung, jenseits von aller Freude.«

Der Lebenskeim (das Plasma) hat Metamorphosen. Er wandelt sich in Pflanzen und Tiere, je nach den Bedingungen, die er vorfindet. Auch der Mensch erscheint im Lauf dieser Metamorphosen und kehrt wieder in diesen Kreislauf zurück. Alle Geschöpfe kommen aus diesem Kreislauf hervor und gehen wieder in diesen Kreislauf zurück.

Im Buche des Herrn der gelben Erde steht: »Wirkt die Form, so entsteht nicht Form, sondern Schatten; wirkt der Ton, so entsteht nicht Ton, sondern Echo; wirkt das Nichtsein, so entsteht nicht Nichtsein, sondern Sein.« Die Form ist etwas, das notwendig endet; Himmel und Erde werden vergehen, zusammen mit uns vergehen. Ob es dann ganz zu Ende ist? Wir wissen es nicht. Wie sollte der Sinn des Weltgeschehens enden, da er doch seinem Wesen nach ohne Anfang ist? Wie sollte er an eine äußerste Grenze kommen, da er doch seinem Wesen nach jenseits des zeitlichen Daseins ist? Was Leben hat, kehrt wieder zum Nichtleben; was Form hat, kehrt wieder zum Formlosen. Dieses Nichtlebende ist aber nicht seinem Wesen nach jenseits des Lebens; dieses Formlose ist aber nicht seinem Wesen nach jenseits der Formenwelt. Alles Lebendige muss nach notwendigen Gesetzen endigen. Es ist etwas, das endigt und nicht anders kann als endigen, ebenso wie das Erzeugte nicht anders kann als leben.

Wer sein Leben bewahren möchte und sein Ende verhindern, der irrt sich in den Naturverhältnissen. Was geistig ist, ist Teil des Himmels, was leiblich ist, ist Teil der Erde. Was dem Himmel angehört, ist rein und flüchtig; was der Erde angehört, ist trübe und haftend. Wenn der Geist die Form verlässt, so kehrt beides zurück zu seinem wahren Wesen. Darum heißen sie die Heimgegangenen. »Heimgegangene« kommt von »heimgehen«, heimgehen in seine wahre Behausung.

Der Herr der gelben Erde sprach:
»Der Geist geht ein zu seinen Toren,
Der Leib kehrt heim zu seiner Wurzel,
Wie soll das Ich da dauern können?«

Der Mensch macht von seiner Geburt bis zu seinem Ende vier große Wandlungen durch: Kindheit, Jugend, Alter, Sterben. In der Kindheit ist die Lebenskraft gesammelt, der Wille einheitlich, der innere Friede ist auf seinem Höhepunkt. Die Außenwelt schadet nicht, das Wesen ist in sich vollkommen. In der Jugend wallt die Lebenskraft des Blutes; Wünsche und Sorgen erheben sich, die Außenwelt stürmt ein, daher reibt sich das Wesen auf. Im Greisenalter werden Wunsch und Sorge schwach. Der Leib sucht Ruhe, die Welt tritt zurück. Wohl ist die Völligkeit der Kindheit nicht erreicht, doch ist ein Abstand von der Jugendzeit. Im Sterben, da geht es zur Ruhe und kehrt zu seinem Anfang zurück.

5. Der Alte vom Taischanberg
Gründe der Zufriedenheit

Meister Kung wanderte im Taischangebirge. Da sah er den Yung Kiki auf den Wiesen von Tscheng umhergehen im Rehpelz und mit einem Strick gegürtet. Er schlug die Laute und sang.

Meister Kung fragte und sprach: »Was ist es, worüber Ihr fröhlich seid?« Er erwiderte: »Meiner Freuden sind viele. Unter allen Geschöpfen, die der Himmel erzeugt, ist der

Mensch das edelste. Und mir ist es zuteilgeworden, Mensch zu sein: das ist meine erste Freude. Der Unterschied zwischen Mann und Weib ist, dass der Mann geehrt, das Weib gering ist; darum gilt der Mann für edler. Nun ist es mir zuteilgeworden, dass ich ein Mann bin: das ist meine zweite Freude. Unter den Menschen, die geboren werden, gibt es solche, die weder Sonne noch Mond erblicken, die nicht den Arm der Wärterin verlassen. Nun wandere ich schon 90 Jahre umher: das ist meine dritte Freude. Armut ist das beständige Los des Gelehrten, der Tod ist das Ende aller Menschen. Wenn man in dieser beständigen Lage verweilend das Ende erreicht: Worüber sollte man da traurig sein?«

Meister Kung sprach: »Wohl dem, der so sich selbst befreien kann.«

6. Der alte Lin Le
Verschiedene Wertung von Leben und Tod

Lin Le (Waldmensch) war wohl hundert Jahre alt. Es war Frühlingszeit, und er war noch in Pelz gehüllt und las zurückgelassene Ähren auf den abgeernteten Feldern auf und sang im Gehen. Meister Kung, auf seiner Reise nach We, erblickte ihn auf dem Feld. Er sah sich nach seinen Jüngern um und sprach: »Der Alte da ist jemand, mit dem sich's lohnt zu reden. Versuche es doch einer, hinzugehen und ihn zu fragen!« Dsi Gung bat, gehen zu dürfen.

Er holte ihn ein auf einem Hügel, sah ihm gerade ins Gesicht und sagte seufzend: »Alter, tut Euch nichts leid, dass Ihr so singend umhergeht und Ähren leset?« Lin Le hielt nicht ein im Gehen und hörte nicht auf zu singen. Dsi Gung drang unablässig in ihn. Da wandte er sich ihm zu und antwortete: »Was sollte mir denn leidtun?« Dsi Gung sprach: »Ihr wart in der Jugend nicht strebsam; als Ihr erwachsen wart, habt Ihr nicht mit der Zeit gekämpft; jetzt seid Ihr alt und habt nicht Weib noch Kind, und die Zeit des Todes naht heran. Was habt Ihr da noch Grund zur Freude, dass Ihr beim Ährenlesen singt?«

Lin Le lächelte und sprach: »Was ich für Freude achte, können alle Menschen haben, aber sie halten es für Leid. Weil ich in der Jugend nicht gestrebt und als Erwachsener nicht mit der Zeit gekämpft, darum habe ich es auf ein so hohes Alter gebracht. Weil ich im Alter nicht Weib noch Kind habe, und es kommt der Tod heran, darum kann ich so fröhlich sein.«

Dsi Gung sprach: »Hohes Alter ist etwas, das nach dem Gefühl der Menschen gut ist; aber der Tod ist etwas, das die Menschen hassen: wie könnt Ihr denn den Tod für Freude achten?« Lin Le sprach: »Sterben und Leben ist ein Gehen und Zurückkehren. Darum, wer hier stirbt: wer weiß, ob er nicht dort geboren wird? Ich weiß nur, dass beides einander nicht gleich ist. Wie kann ich wissen, ob einer, der mit Müh' und Not sein Leben sucht, nicht am Ende betrogen ist? Wie kann ich wissen, ob heute mein Tod nicht etwas Besseres ist als früher mein Leben?«

Dsi Gung vernahm es, aber verstand nicht, was er meinte. Er ging zurück, um es dem Meister zu sagen. Der Meister sprach: »Ich wusste, dass er einer ist, mit dem sich's lohnt zu reden, und richtig war es so. Wahrlich, er hat es erfasst, aber nicht erschöpft.«

7. Dsi Gung und der Meister
Im Grab ist Ruh

Dsi Gung war des Lernens müde und sagte zu Dschung Ni (Konfuzius): »Ich möchte Ruhe finden.« Dschung Ni sprach: »Das Leben hat keine Ruhe.« Dsi Gung sprach: »Dann gibt es also keine Ruhe für mich?«

Dschung Ni sprach: »O ja; sieh dort im Brachfeld alle die Gräber, so weißt du, wo es Ruhe gibt.« Dsi Gung sprach: »Wahrlich, groß ist der Tod; die Edlen bringt er zur Ruhe, die Gemeinen zur Unterwerfung.«

Dschung Ni sprach: »Si, du hast es erkannt. Die Menschen im Allgemeinen wissen nur, dass das Leben eine Freude ist, aber nicht, dass es auch bitter ist. Sie wissen nur, dass das Alter hinfällig ist, aber nicht, dass es auch friedlich ist. Sie wissen nur, dass der Tod ein Übel ist, aber nicht, dass er auch Ruhe gibt.«

8. Von der irdischen Pilgerschaft

Meister Yän sprach: »Wie schön dachten die Alten vom Tode! Die Guten bringt er zur Ruhe, die Schlechten bringt er zur Unterwerfung. Der Tod ist die Rückkehr des Wesens. Die Alten nannten die Verstorbenen Heimgegangene. Wenn man von den Verstorbenen als von Heimgegangenen redet, dann sind die Lebenden Wanderer. Wer wandert und weiß nicht, wohin, ist heimatlos. Wenn ein einzelner Mensch seine Heimat verloren hat, so hält das die ganze Mitwelt für unrecht. Nun aber die ganze Welt ihre Heimat verlor, ist niemand, der es unrecht fände.

Wenn ein Mensch aus seiner Heimat wegläuft, seine Verwandten verlässt, sein Vermögen verprasst und in alle Himmelsrichtungen wandert und nicht heimkehrt, wahrlich: was ist das für ein Mensch! Die Welt hält ihn sicher für einen Verlorenen. Da ist ein anderer Mensch, der das äußere Leben wichtig nimmt, geschickt ist, sich einen Namen zu machen und großartig auftritt in der Welt und keine Grenzen kennt, wahrlich: was ist auch der für ein Mensch! Aber die Welt hält ihn sicher für einen weisen und klugen Herrn. Aber beide sind Verlorene. Doch die Welt billigt den einen und verwirft den anderen, und nur der Berufene weiß, was zu billigen und was zu verwerfen ist.«

9. Die Leere

Es sagte jemand zu Meister Liä Dsï: »Wie kann der Meister die Leere so hochschätzen!« Liä Dsï sprach: »Die Leere braucht keine Hochschätzung. Es kommt nicht auf den Namen an. Nichts kommt der Stille, nichts der Leere gleich. Durch Stille, durch Leere findet man die Heimat, durch Nehmen und Geben verliert man seinen Ort. Wenn eine Sache verdorben und zerstört ist, und man fuchtelt nachher herum mit Liebe und Pflicht, so kann man sie nicht wiedergutmachen.«

10. Das Gleichgewicht der Kräfte
Stetige Wandlung

Yü Hiung sprach: »Der Kreislauf hört nicht auf. Wer aber merkt die verborgenen Veränderungen von Himmel und Erde? Denn wenn die Dinge auf der einen Seite verringert werden, so werden sie auf der anderen Seite vermehrt; wenn sie hier voll werden, so nehmen sie dort ab. Verringerung und Vermehrung, Vollwerden und Abnehmen werden fortwährend erzeugt und hören fortwährend auf, ihr Gehen und Kommen ist miteinander verbunden durch unsichtbare Übergänge. Wer merkt es wohl? Überall nimmt eine Kraft nicht plötzlich zu, nimmt eine Form nicht plötzlich ab, darum bemerkt man auch ihr Vollwerden und ihr Abnehmen nicht. Es ist wie bei dem Menschen, der von der Geburt bis zum Alter im äußeren Aussehen und im Stand seiner Erkenntnis sich täglich ändert: Haut, Nägel und Haare werden fortwährend erzeugt und fallen fortwährend ab. Nicht gibt es ein Stillstehen auf der Stufe der Kindheit ohne Wandlung. Die Übergänge sind unmerklich; erst hinterher erkennt man es.«

11. Weltuntergang

Im Reiche Gi lebte ein Mann, der war in Sorgen, dass Himmel und Erde untergehen könnten, so dass für seine Person keine Stätte mehr sein würde. Und er schlief nicht mehr und aß nicht mehr. Und da war ein anderer Mann, der war in Sorgen über die Sorgen jenes Menschen. Und er ging hin, ihn aufzuklären. Er sprach: »Der Himmel ist die Ansammlung der Luft. Es gibt keinen Raum ohne Luft. Zusammenziehen und Ausdehnen, Einatmen und Ausatmen wechselt täglich im Himmelsraum ab. Warum sollte man besorgt sein, dass er einfallen könnte?«

Der andere sprach: »Wenn wirklich der Himmel die Ansammlung der Luft ist: können dann aber nicht Sonne, Mond und Sterne herunterfallen?« Der Aufklärer sprach: »Sonne, Mond und Sterne sind nur Lichterscheinungen in dieser Luftansammlung. Lass sie nur herunterfallen: auch dadurch kann niemand verletzt werden.«

Der andere sprach: »Ja, aber was dann, wenn die Erde entzweigeht?« Der Aufklärer sprach: »Die Erde ist die Ansammlung der festen Teile, mit denen der ganze leere Raum ausgestopft ist. Es gibt keinen Raum ohne feste Teile. Täglich geht und tritt man fortwährend darauf herum: warum sollte man besorgt sein, dass sie entzweigeht?«

Da ließ jener seine Sorgen und hatte eine große Freude, und der Aufklärer ließ auch seine Sorgen und hatte auch eine große Freude.

Der Gelehrte Dschang Lu hörte das, machte sich über ihn lustig und sprach: »Regenbogen, Wolken und Nebel, Wind und Regen und die klimatischen Vorgänge: das sind die Bestandteile der Luft, die in ihrer Zusammensetzung den Himmel bilden. Berge und Täler, Flüsse und Meere, Metalle und Gesteine, Feuer und Holz: das sind die Elemente der Form, die in ihrer Zusammensetzung die Erde bilden. Wenn man nun weiß, dass sowohl die Luft als auch die feste Masse etwas Zusammengesetztes ist, wie kann man dann noch meinen, dass das nicht zugrunde geht?

Was wir Himmel und Erde nennen, ist nur ein winziges Teilchen im leeren Raum. Es ist freilich unbestreitbar, dass diese Dinge, die größten innerhalb des uns bekannten Seins, nicht leicht ein Ende nehmen und sich erschöpfen. Und es ist ferner unbestreitbar, dass es nicht leicht zu berechnen und erkennen ist. Das, worüber jener sich Sorgen machte: dass sie untergehen, liegt allerdings in weiter Ferne. Aber das, was der andere sagte: dass sie nicht untergehen, ist auch nicht richtig. Himmel und Erde werden unvermeidlich untergehen und sich in ihre Bestandteile auflösen, und wer gerade zur Zeit ihres Unterganges lebt, der hat gewisslich Grund zur Sorge.«

Meister Liä Dsı hörte es und sprach lächelnd: »Wer behauptet, dass Himmel und Erde untergehen, ist im Irrtum;

wer behauptet, dass sie nicht untergehen, ist ebenfalls im Irrtum. Ob sie untergehen oder nicht, ist etwas, das wir nicht wissen können. Und doch behauptet der eine dies und der andere das. Das Leben versteht den Tod nicht, und der Tod versteht das Leben nicht. Die Zukunft versteht die Vergangenheit nicht, und die Vergangenheit versteht die Zukunft nicht. Warum also sollte ich mir darüber Gedanken machen, ob Himmel und Erde untergehen oder nicht untergehen?«

12. Eigentum

Schun (der große Herrscher) fragte den Dscheng und sprach: »Kann man den Sinn des Weltgeschehens sich zu eigen machen?« Der sprach: »Nicht einmal dein Leib ist dein Eigentum, wie willst du da den Sinn zum Eigentum dir machen?« Schun sprach: »Wenn mein Leib nicht mein Eigentum ist, wessen Eigentum ist er denn dann?« Jener sprach: »Er ist die Form, die Himmel und Erde dir zugeteilt. Dein Leben ist nicht dein eigen, es ist das Gleichgewicht der Kräfte, das Himmel und Erde dir zugeteilt. Deine Natur und dein Schicksal sind nicht dein eigen, sie sind der Lauf, den Himmel und Erde dir zugeteilt. Deine Söhne und Enkel sind nicht dein eigen, sie sind die Überbleibsel, die Himmel und Erde dir zugeteilt. Darum: wir gehen und wissen nicht, wohin, wir bleiben, und wissen nicht, wo, wir essen und wissen nicht, warum: das alles ist die starke Lebenskraft von Himmel und Erde: wer kann die sich zu eigen machen?«

13. Zweierlei Räuber

In Tsi lebte ein Mann namens Guo, der war sehr reich. In Sung lebte ein Mann namens Hiang, der war sehr arm und ging von Sung nach Tsi, um den Mann Guo um sein Geheimnis zu bitten. Dieser sagte zu ihm: »Ich bin tüchtig im Rauben. Nachdem ich Räuber geworden, da hatte ich im ersten Jahre schon etwas, im zweiten Jahr schon genug, im dritten Jahr schon ein großes Stück Land. Von da an ging es weiter bis zum Besitz von ganzen Dörfern und Markungen.«

Der Mann namens Hiang war hoch erfreut. Er hatte wohl die Rede vom Räubersein verstanden, aber nicht den Sinn, in dem jener Räuber war. So fing er denn an, über Mauern zu klettern und in Häuser einzubrechen, und nahm alles, was ihm unter die Hände und vor Augen kam. Nicht lange, da wurde er wegen des angehäuften Raubs bestraft und verlor so noch all seine frühere Habe dazu.

Er dachte, der Mann Guo habe ihn zum Besten gehabt, ging hin und machte ihm Vorwürfe. Guo sprach: »Wie hast du denn das Räuberhandwerk betrieben?« Hiang erzählte nun, wie es ihm gegangen. Da sagte Guo: »Ei, dass du den Sinn des Räuberseins so missverstehen konntest! Nun will ich ihn dir erklären: Ich habe sagen hören, dass der Himmel seine Zeiten und die Erde ihre Gaben hat. Ich habe des Himmels Zeiten und der Erde Gaben geraubt, die Feuchtigkeit von Wolken und Regen, die Fruchtbarkeit von Berg und Tal, um mein Korn zu erzeugen und mein Getreide fett zu machen, um meine Mauern zu bauen und meine Häuser zu zimmern. Zu Lande raubte ich Vögel und Tiere, zu Wasser raubte ich

Fische und Schildkröten. Alles war Raub. Denn Korn und Getreide, Erde und Holz, Vögel und Tiere, Fische und Schildkröten sind alle vom Himmel erzeugt und keineswegs mein Eigentum. Aber ich beraubte den Himmel und hatte deshalb kein Unglück. Gold aber und Edelsteine, Perlen, Kostbarkeiten, Lebensmittel, Reichtümer und Waren sind Dinge, die sich andere Menschen schon genommen haben, nicht freie Gaben des Himmels. Wenn man das raubt und wird dafür bestraft, wer kann sich darüber beklagen?«

Der Mann Hiang kam in große Zweifel und meinte, Guo wolle ihn zum zweiten Mal betrügen. Da begegnete er dem Herrn Dung Go und fragte ihn, wie das sei. Der Herr Dung Go sagte: »Ist doch schon der Gebrauch deines Leibes ein Raub. Du raubst das Gleichgewicht der beiden Weltkräfte, damit dein Leben wird und deine Gestalt besteht. Wie viel mehr sind alle äußeren Dinge Raub! In Wirklichkeit sind Himmel und Erde und alle Geschöpfe untrennbar verbunden; die, die aufhäufen und besitzen wollen, sind alle im Irrtum. Der Mann namens Guo ist Räuber in selbstlosem Sinn, darum traf ihn kein Unglück; du warst Räuber aus Selbstsucht, darum wurdest du bestraft. Wer ein selbstloses Selbst hat, ist auch ein Räuber, ebenso wie der, der kein selbstloses Selbst hat, ein Räuber ist. Dass aber Selbstlosigkeit auf Selbstlosigkeit trifft und Selbstsucht auf Selbstsucht, ist das Wesen von Himmel und Erde. Wer das Wesen von Himmel und Erde kennt: wer ist für den ein Räuber und wer ist kein Räuber?«

BUCH II

DER HERR DER GELBEN ERDE
Die Macht des Geistes

»Statt heißem Wünschen, wildem Wollen /
Statt läst'gem Fordern, strengem Sollen /
Sich aufzugeben, ist Genuss.«

1. Utopia

Der Herr der gelben Erde saß auf dem Throne fünfzehn Jahre lang und freute sich darüber, dass die Welt ihm diente. Er pflegte seines Lebens, er genoss Schönheit und Wohlklang und erfreute sich an Speisen und Wohlgerüchen. Aber er ward bekümmert, also dass sein Fleisch verdorrte; er ward betrübt, also dass seine Gefühle sich verwirrten.

Abermals fünfzehn Jahre lang trauerte er, dass die Welt in Unordnung sei. Er strebte nach Einsicht und erschöpfte seine Weisheit und arbeitete am Volke. Aber er ward bekümmert, also dass sein Fleisch verdorrte; er ward betrübt, also dass seine Gefühle sich verwirrten.

Da atmete der Gelbe Herr tief und sprach seufzend: »Mein Fehler ist groß. Allein sein Selbst zu pflegen bringt solches Leid, alle Welt zu ordnen bringt solches Leid.«

Und so gab er auf seine tausend Gedanken, verließ die Schlafgemächer im Palast, entfernte die Diener, tat ab das Glocken- und Saitenspiel, verringerte die Speisen der Küche. Er zog sich zurück und wohnte in Muße in den Gemächern der großen Halle und sammelte sein Gemüt, dass er des Leibes wieder Meister würde. Drei Monate blieb er fern von den Geschäften der Regierung.

Da schlief er einmal bei Tage ein und hatte einen Traum. Er wandelte im Reiche der Hua Sü. Dieses Reich hat keine Herrscher: es geht alles von selber; das Volk hat keine Begierden: es geht alles von selber. Man weiß nichts von der Freude am Leben noch dem Abscheu vor dem Tod: darum gibt es keine Plagen des Himmels. Man weiß nichts vom

Haften am Selbst noch von der Entfremdung von der Außenwelt: darum gibt es nicht Liebe noch Hass. Man weiß nichts von der Abkehr von Andersdenkenden noch von der Zukehr zu Gleichgesinnten: darum gibt es nicht Nutzen noch Schaden. Keiner hat eine Vorliebe, keiner hat eine Abneigung. Sie gehen ins Wasser und ertrinken nicht, sie gehen ins Feuer und verbrennen nicht, Schläge machen nicht Wunden noch Schmerz, Kratzen macht nicht Brennen noch Jucken. Sie steigen in die Luft, wie man auf festen Boden tritt, sie ruhen im leeren Raum, wie man auf einem Bette schläft. Wolken und Nebel umdüstern nicht den Blick. Donnerrollen betäubt nicht das Ohr. Schönheit und Hässlichkeit betören nicht das Herz. Berge und Täler behindern nicht den Schritt. In Kraft des Geistes wandeln sie.

Als der Gelbe Herr erwachte, wurde er verstehend und kam zu sich selbst. Er berief seine drei Minister Himmelgreis, Krafthirt und den Denker vom großen Berg. Er redet also zu ihnen: »Ich lebte in Muße drei Monate lang und sammelte mein Gemüt, dass ich des Leibes wieder Meister würde, und dachte auf den Besitz des rechten SINNES zur Pflege des Ichs und zur Ordnung des Erdkreises. Aber ich fand nicht die rechte Art. Da ward ich müde und schlief ein. Was ich geträumt, war also. Nun weiß ich, dass der letzte SINN nicht durch leidenschaftliches Suchen zu finden ist. Ich weiß ihn jetzt, ich habe ihn jetzt, aber euch kann ich ihn nicht sagen.«

Und abermals vergingen 28 Jahre, und der Erdkreis war in guter Ordnung, fast wie das Reich der Hua Sü. Da ging der Herrscher zur Ruhe ein, und das Volk beweinte ihn 200 Jahre lang ohne aufzuhören.

2. Der Götterberg im Norden

Die Gu-Schä-Berge liegen auf einer Insel im Okeanos. Auf den Bergen wohnen selige Geister. Sie schlürfen den Wind und trinken den Tau und leben nicht von Brot und Korn. Ihr Herz ist abgrundtiefer Quelle gleich, ihr Leib jungfräulich. Sie wissen nichts von Zärtlichkeit und Liebe: Heilige und Weise sind bei ihnen Diener. Sie wissen nichts von Scheu und Zorn: Aufrichtige und Redliche sind bei ihnen Boten. Sie wissen nichts von Spenden und Gnade: und doch haben alle Wesen von selbst genug. Sie wissen nichts von Sammeln und Sparen: und doch gibt es von selbst keinen Mangel. Das Lichte und Trübe ist immer im Einklang; der Mond und die Sonne sind immer voll Klarheit; die Jahreszeiten sind immer milde; der Wind und der Regen sind immer gleichmäßig; die Pflege und Nahrung kommt immer zur Zeit; die Ernte des Jahres ist immer voll Segen. Und die Erde kennt nicht Seuche noch Krankheit, die Menschen kennen nicht vorzeitiges Sterben, die Wesen haben nicht Fehler noch Mängel, und die Geister regen sich nicht.

3. Selbstvergessen

Liä Dsı hatte zum Lehrer den alten Schang und zum Freunde den Be Gao. Als er den SINN der beiden Meister innehatte, fuhr er auf dem Winde nach Hause. Der Scholar Yin hörte davon und folgte dem Liä Dsı nach. Er blieb mehrere Monate bei ihm wohnen, ohne nach seinem Hause zu sehen; denn er hatte nichts zu tun. Er bat ihn, ihm zu eröffnen, wie man das (auf dem Winde Fliegen) mache. Zehnmal kam er zu ihm, und zehnmal sagte er ihm nichts. Da ward der Scholar Yin böse und erbat seinen Abschied. Liä Dsı sagte wieder nichts. Der Scholar Yin zog sich ein paar Monate zurück. Da er aber den Gedanken nicht loswerden konnte, wandte er sich wieder an ihn. Liä Dsı sprach: »Was kommst du schon wieder?« Der Scholar Yin sprach: »Damals habe ich den Meister gefragt, und der Meister hat mir nichts gesagt, darum war ich böse auf den Meister. Das bin ich nun aber wieder los, und darum komme ich wieder.«

Liä Dsı sprach: »Damals dachte ich, du seiest hinter die Sache gekommen, und nun war es nur eine kleinliche Laune von dir! Setz dich, ich will dir sagen, was ich bei meinem Meister gelernt habe. Nachdem ich mich an meinen Meister gewandt und Freundschaft geschlossen mit jenem andern, vergingen drei Jahre. Ich wagte im Herzen nicht über Recht und Unrecht nachzudenken noch mit meinem Munde über Vorteil und Nachteil zu reden. Da erst bekam ich von meinem Meister einen einzigen Blick. Nach fünf Jahren dachte ich in meinem Herzen wieder an Recht und Unrecht und redete mit meinem Munde wieder über Vorteil und Nachteil. Da erst heiterte sich die Miene des Meisters auf, und er lächelte. Nach sieben Jahren machte ich mir im Herzen wieder keine Gedanken mehr über Recht und Unrecht und redete mit meinem Munde keine Worte mehr über Vorteil und Nachteil. Da erst ließ mich mein Meister auf derselben Matte mit ihm sitzen. Nach neun Jahren, da machte ich einen Strich durch die Gedanken meines Herzens und die Worte meines Mundes. Ich wusste nicht mehr, ob es sich um *mein* Recht und Unrecht, um *meinen* Vorteil und Nachteil handle oder um die von andern. Noch wusste ich mehr, dass der Meister mein Lehrer war oder jener andere mein Freund. Der Unterschied von Ich und Nicht-Ich war zu Ende. Danach hörten auch die Unterschiede der fünf Sinne auf, alle wurden sie einander gleich. Da verdichteten sich die Gedanken, der Leib ward frei, Fleisch und Bein lösten sich auf, ich hatte keine Empfindung mehr davon, worauf der Leib sich stützte, wohin der Fuß trat: ich folgte dem Wind nach Osten und Westen wie ein Baumblatt oder trockene Spreu, und wirklich weiß ich nicht, ob der Wind mich trieb oder ich den Wind.

Nun sieh: Du weilst im Hause des Lehrers, und ehe noch ein Jahr herum ist, wirst du zwei-, dreimal unwillig. Kein Teil deines Leibes kann die Luft aufnehmen, keines deiner Glieder kann die Erde tragen. Kannst du da hoffen, ins Leere treten zu können und auf dem Winde zu reiten?«

Der Scholar Yin schämte sich sehr, also dass er ganz stille ward und eine lange Zeit nicht mehr zu reden wagte.

4. Sammlung des Geistes

Liä Dsı fragte den Guan Yin und sprach: »Die Adepten gehen durch Gegenstände ohne Hindernis hindurch, sie treten auf Feuer und werden nicht heiß, sie wandeln über der Welt dahin und zittern nicht. Darf ich fragen, wodurch man diese Stufe erreichen kann?«

Guan Yin sprach: »Es ist das die Bewahrung der reinen Kraft, nicht Weisheit, Gewandtheit, Entschlossenheit oder Wagemut. Setz dich: ich will mit dir darüber reden. Alles, was Gestalt, Klang und Farbe hat, ist ein Ding. Ein Ding ist von dem andern nicht räumlich entfernt, ein Ding ist dem andern nicht zeitlich voran: das alles ist nur Erscheinung. Die Dinge entstehen jenseits der Form und enden jenseits des Wandelbaren. Wer das erreichen und ergründen könnte – der könnte wohl Vollkommenheit erlangen. Der würde weilen im Maß ohne Lüste und würde sich bergen in spurloser Zeit. Er wandelt umher, da wo alle Dinge beginnen und enden. Er macht seine Natur einheitlich, er nährt seine Kraft, er hält sein WESEN zusammen, um durchzudringen zur Entstehung der Dinge. Wer also ist, dessen Geist wahrt völlige Geschlossenheit, dessen Seele ist ohne Mangel, wo könnten da die Dinge in ihn eindringen?

Nimm einen Betrunkenen, der vom Wagen fällt. Fällt er auch heftig, er stirbt nicht daran. Seine Knochen sind wie die der andern Leute, aber er bleibt von deren Beschädigung verschont. Das macht: seine Seele ist in sich abgeschlossen. Er merkt weder, wie er fährt noch wie er fällt. Leben und Tod, Schrecken und Furcht dringen nicht in seine Brust, darum braucht er die Dinge, die er begegnet, nicht zu fürchten. Wenn nun dieser Mensch im Wein eine solche völlige Abgeschlossenheit erlangt! Der Berufene ist geborgen im Geist, darum können ihm die Außendinge nicht schaden.«

5. Bogenschießen

Liä Yü Kou zeigte sich vor Be Hun Wu Jen im Bogenschießen. Er spannte den Bogen zu voller Weite; dann stellte er einen Becher Wasser auf seinen Vorderarm und schoss ab. Ein Pfeil folgte dem andern, während er die ganze Zeit über stand wie eine Bildsäule. Be Hun Wu Jen sprach: »Du bist ein Schütze, aber noch kein Überschütze! Wenn ich mit dir auf einen hohen Berg steige, auf steile Felsen trete am Rand eines hundert Klafter tiefen Abgrunds: kannst du da immer noch schießen?«

Mit diesen Worten führte ihn Wu Jen auf einen hohen Berg, trat auf einen steilen Felsen am Rand eines hundert Klafter tiefen Abgrunds, wandte sich und ging rückwärts, bis seine Fußsohlen zu zwei Dritteln in die Luft ragten. Da winkte er dem Yü Kou vorzutreten. Der aber duckte sich zur Erde, und der Schweiß rann ihm bis zu den Fersen herunter.

Da sprach Be Hun Wu Jen: »Ein Adept kann hinaufblicken zum blauen Himmel oder mit seinem Auge hinunterdringen bis zu den Flüssen der Unterwelt oder hinausschweifen in alle Fernen, ohne dass seine Geisteskraft beeinflusst wird.

Du aber hast Angst und wagst nicht um dich zu blicken, du sitzest mitten auf dem Land und fühlst dich doch nicht sicher.«

6. Sancta Simplicitas

Dsi Hua, der Sohn Fan's, verstand es, sich einen guten Namen zu machen, und das ganze Reich hielt ihn hoch. Er stand in Gunst beim Fürsten von Dsin. Ohne im Amt zu sein, stand er an Rang den höchsten Räten gleich. Wer seinem Auge wohlgefiel, der ward im Staate Dsin befördert: gegen wen er ein übles Wort fallen ließ, der war im Staate Dsin unten durch. Verkehr in seinem Schloss galt gleichviel wie eine Audienz bei Hofe. Er ließ von seinen Schranzen Kluge und Dumme miteinander streiten, Starke und Schwache miteinander kämpfen. Um die Wunden und Brüche, die es dabei absetzte, kümmerte er sich nicht. Tag und Nacht war das sein Spaß, so dass es im Reich beinah zum festen Brauche ward.

Der Scholar Ho und der Gelehrte Be, zwei vornehme Hausfreunde des Fan, machten einst eine Reise. Sie kamen durch eine abgelegene Gegend und übernachteten in der Hütte eines alten Bauern namens Schang Kiu Kai. In der Nacht unterhielten sie sich über die große Macht ihres Freundes, der Lebende tot und Tote lebend, Reiche arm und Arme reich machen könne. Der alte Bauer hatte sich, von Hunger und Kälte geplagt, unter das Fenster geschlichen und hörte ihr Gespräch. Darum borgte er sich Brot und Lebensmittel, tat sie in einen Korb und lief damit, bis er vor das Tor des Dsi Hua kam.

Die Genossen des Dsi Hua waren alles vornehme Leute, die an seidene Kleider und prächtige Wagen gewöhnt waren. Sie schlenderten gemächlich umher mit hochmütigen Mienen. Als sie den Schang Kiu Kai erblickten, alt an Jahren und schwach von Kraft, mit sonnenverbranntem Gesicht und altmodischer Kleidung, da trieben sie alle ihren Spott mit ihm, foppten und verhöhnten ihn und stießen und pufften ihn umher auf jegliche Weise. Aber Schang Kiu Kai blieb immer ehrerbietig.

Als nun die Hausfreunde am Ende ihres Witzes und des Spieles müde waren, da gingen sie mit Schang Kiu Kai auf eine hohe Terrasse. Und es erhob sich ein Gemurmel unter ihnen: »Wer da hinunterspringen kann, der soll hundert Goldstücke zum Lohn bekommen.« Und alle waren damit einverstanden. Schang Kiu Kai hielt es für ernst und stürzte sich eilends hinunter. Er schwebte gleich einem fliegenden Vogel zur Erde, ohne sich zu verletzen. Die Genossen des Fan hielten das für Zufall und wunderten sich weiter nicht darüber. Darum deuteten sie abermals auf einen tiefen Wirbel an der Krümmung des Flusses und sprachen: »Da sind kostbare Perlen darin; wer hinuntertaucht, kann sie sich holen.« Schang Kiu Kai folgte ihnen wieder und tauchte. Als er wieder hervorkam, hatte er wirklich Perlen gefunden. Da fingen alle an, sich zu verwundern.

Der Hausherr ließ nun Fleisch und Speisen auftragen. Dann ließ er seidene und brokatene Gewänder rings von einem großen Feuer umgeben und sprach: »Wenn du durchs Feuer gehen und diese Stoffe holen kannst: so viel du bekommst, soll dir gehören.« Schang Kiu Kai ging hin, ohne des Feuers zu achten. Er ging und kam zurück, ohne sich im mindesten zu brennen. Da meinten die Genossen, er sei im Besitze geheimen SINNS, und entschuldigten sich alle bei ihm und sprachen: »Wir wussten nicht, dass du, o Meister, geheimen SINN besitzest, und haben dich verhöhnt; wir wussten nicht, dass du, o Meister, ein Gottmensch bist, und haben dich beleidigt. Meister, als Toren stehen wir nun vor dir da. Meister, als Taube stehen wir nun vor dir da. Meister, als Blinde stehen wir nun vor dir da. Dürfen wir wagen, dich, o Meister, um dein Geheimnis zu bitten?«

Schang Kiu Kai sprach: »Ich habe kein Geheimnis. Aber wenn auch mein Herz die Gründe nicht kennt, immerhin: es gibt Einen Punkt dabei, den will ich versuchen, den Herren zu sagen. Als neulich zwei Herren als Gäste in meiner Hütte nächtigten, da hörte ich sie die Macht des Herrn Fan rühmen, der Lebende zum Tode und Tote zum Leben bringen, der Reiche arm und Arme reich machen könne. Das nahm ich ernst mit einfältigem Herzen, darum scheute ich nicht den weiten Weg und kam hierher. Als ich hierhergekommen war, da hielt ich die Worte der Herren alle für wirklich und fürchtete nur, sie nicht ernst genug zu nehmen, sie nicht ausführen zu können. Darüber vergaß ich, auf die Sicherheit meines Lebens, auf Nutzen und Schaden zu achten. Mein Herz war einfältig, darum haben mir die Außendinge so wenig entgegen sein können. Das ist die ganze Sache.

Nun erst wird mir klar, dass die Herren mich zum Besten hatten. Ich hege innerlich Zweifel und Furcht, und das, was ich sehe und höre, dringt auf mich ein. Wenn ich daran denke, dass ich vorhin glücklich dem Verbrennen und Ertrinken entgangen, so wird mir's hinterher heiß vor Angst, und ich zittere vor Aufregung. Wie sollte ich jemals mich wieder ins Wasser oder Feuer wagen?«

Wenn seither die Genossen des Herrn Fan auf der Straße etwa einem Bettler oder Pferdedoktor begegneten, so wagten sie nicht mehr, ihn zu beleidigen, sondern stiegen stets vom Wagen und verneigten sich vor ihm.

Dsai Wo hörte die Geschichte und erzählte sie Dschung Ni (Konfuzius). Der sprach: »Weißt du nicht, dass ein Mensch, der Glauben hat, alle Dinge bemeistern, Himmel und Erde bewegen, Geister und Götter rühren, ja die Enden der Welt durchkreuzen kann, ohne dass ihm etwas widersteht? Demgegenüber ist es eine Kleinigkeit, von hohen Abgründen sich zu stürzen oder durch Feuer und Wasser zu gehen. Schang Kiu Kai glaubte Lügnern, und die Dinge konnten ihm nicht widerstehen. Wie muss es erst sein, wenn beide in der Wahrheit stehen! Meine Kinder, merkt es euch!«

7. Tierbändigung

Der Verwalter der Tiergärten des Königs Süan von Dschou hatte einen Wärter namens Liang Yang, der war tüchtig in der Pflege der Tiere. Wenn er das Futter in den Hof oder Zwinger brachte, so waren selbst Tiger und Wölfe, Adler und Geier ganz zahm. Die alten Männchen und Weibchen kamen zuerst, die Jungen in Herden hinterdrein. Die verschiedenen Arten wohnten beieinander und taten sich nichts zuleide.

Der König fürchtete, dass er seine Geschicklichkeit mit ins Grab nehme, und befahl ihm, sie den Mau Kiu Yüan zu lehren. Liang Yang sprach (zu diesem): »Mein Dienst ist gering; ich wüsste keine besondere Geschicklichkeit, die ich dir sagen könnte. Doch ich fürchte, der König denkt, ich wollte es vor dir geheim halten; darum will ich dir mit Einem Wort meine Art der Pflege der Tiger mitteilen. Geht es nach ihrem Sinn, so empfinden sie Lust; geht es gegen ihren Sinn, so werden sie wütend. Das liegt in der Natur von allem Fleisch und Blut. Aber Lust und Wut entstehen nicht grundlos, sondern nur als Gegenwirkung von Reizung.

Wer Tiger füttert, der soll sich hüten, ihnen lebende Tiere zu geben, um der Wut willen, die beim Töten erwacht. Man muss sich hüten, ihnen ganze Tiere zu geben, um der Wut willen, die beim Zerreißen erwacht. Man muss zur Zeit ihren Hunger stillen, um zum voraus ihrer Wut zu begegnen. Die Tiger sind wohl ihrer Gattung nach vom Menschen verschieden, aber freundlich gefüttert zu werden, ist auch ihnen angenehm; darum werden sie gereizt, wenn sie etwas zu töten haben. Da es also ist, so hüte ich mich, ihnen zu Willen zu sein, dass sie nicht in Lust kommen. Denn Lust schlägt sicher in Wut um, und die Wut schlägt immer wieder in Lust um; beides sind keine in sich ruhenden Zustände.

Da ich nun in meinem Gefühl sie weder reize noch ihnen zu Willen bin, so sehen mich Tiere und Vögel als ihresgleichen an, darum spazieren sie in meinem Garten und denken nicht an ihre hohen Wälder und weiten Sümpfe; sie ruhen in meinem Zwinger und sehnen sich nicht nach verborgenen Bergen und tiefen Tälern. Durch Vernunft habe ich es dahin gebracht.«

8. Der Fährmann

Yän Hui fragte den Dschung Ni und sprach: »Ich fuhr über die Untiefe von Tschang Schen (tiefer Becher). Der Fährmann lenkte das Boot wie ein Gott. Ich fragte ihn und sprach: ›Kann man das Lenken der Boote lernen?‹ Er sprach: ›Ja, wer schwimmen kann, den kann man es lehren; ein tüchtiger Schwimmer kann es von selber. Was aber ein Taucher ist: der erblickt zum ersten Mal ein Boot und kann es sofort lenken.‹ Wonach ich gefragt hatte, das hat er mir aber nicht gesagt. Darf ich fragen: Was meinte er mit seinen Worten?«

Dschung Ni sprach: »Wie oft habe ich mit dir schon diese Ideen behandelt, und nun sie dir wirklich vor Augen treten, so verstehst du sie doch nicht. Was muss ich nun erst wieder die ganze Sache bereden!

Die, die schwimmen können, kann man es lehren; denn sie fürchten das Wasser nicht. Ein guter Schwimmer lernt es von selber; denn er kümmert sich nicht um das Wasser. Was aber ein Taucher ist, der erblickt zum ersten Mal ein Boot und kann es sofort lenken, weil in seinen Augen die Wassertiefe ist wie das trockene Land und das Kentern des Bootes wie das Festfahren eines Wagens. Beim Kentern wie beim Festfahren liegt die Welt vor ihm da, ohne in sein Inneres eindringen zu können. Da ist es ganz natürlich, dass er sich daranmacht und ganz ruhig dabei bleibt.

Es ist wie beim Auffange-Spiel. Hascht man um Ziegelsteine, so ist einer vielleicht geschickt, geht es um Gürtelspangen, so wird er zagend, geht es um gelbes Gold, so verliert er alle Besinnung. Und doch ist seine Geschicklichkeit die gleiche, aber er wird ängstlich und nimmt das Äußere wichtig. Wer aber das Äußere wichtig nimmt, der wird in seinem Inneren betört.«

9. Der Alte am Wasserfall

Meister Kung betrachtete den Wasserfall von Lü Liang, der dreißig Klafter hoch herabstürzt, also dass meilenweit das Wasser schäumt und selbst Schildkröten, Fische und Molche nicht hinunterschwimmen können. Da sah er einen Menschen, der hinunterschwamm. Er meinte, er habe Bitternis und wolle sich den Tod geben, und ließ seine Jünger an den Fluss eilen, um ihn aufzufangen. Aber nach ein paar hundert Schritten kam er wieder heraus, trocknete sein Haar und sang im Gehen, während er unten am Ufer umherwandelte.

Meister Kung ging ihm nach, fragte ihn und sprach: »Der Wasserfall von Lü Liang stürzt dreißig Klafter hoch herab, also dass meilenweit das Wasser schäumt und selbst Schildkröten, Fische und Molche nicht hinunterschwimmen können. Als ich Euch hinunterschwimmen sah, dachte ich, Ihr habet Bitternis und wollet Euch den Tod geben. Ich ließ meine Jünger hinuntereilen, um Euch aufzufangen. Nun kamet Ihr heraus und trocknetet Euch die Haare und sanget im Gehen: da dachte ich, Ihr wäret ein Geist. Sehe ich Euch genauer an, so seid Ihr ein Mensch. Darf ich fragen, ob es geheimen SINN gibt, der das Wandeln auf dem Wasser lehrt?«

Jener sprach: »Nein, ich habe kein Geheimnis. Anfangs

Gewöhnung, wurde es mir zur Natur und ist mir nun Schicksal. Mit dem saugenden Wirbel zusammen gehe ich hinein, mit dem schäumenden Strudel zusammen komme ich heraus. Ich folge dem Sinn des Wassers und tue nichts selbst. Das ist es, warum ich darin wandeln kann.«

Meister Kung sprach: »Was bedeutet das: Anfangs Gewöhnung, wurde es mir zur Natur und ist mir nun Schicksal?«

Jener sprach: »Ich bin geboren in diesen Hügeln und fühle mich in diesen Hügeln wohl: das ist die Gewohnheit. Ich wurde groß im Wasser und fühle mich im Wasser wohl: das ist meine Natur. Ohne zu wissen, warum ich es so mache, mache ich es so: das ist mein Schicksal.«

10. Der bucklige Zikadenfänger

Als Dschung Ni auf der Wanderung nach Tschu aus einem Walde herauskam, sah er einen Buckligen, der Zikaden fing, als pflückte er sie nur so von den Bäumen. Dschung Ni sprach: »Beruht deine Geschicklichkeit auf dem Besitz geheimen SINNS?«

Jener sprach: »Ja, ich besitze ein Geheimnis. Fünf, sechs Monate lang legte ich zwei Erdkügelchen auf (die Leimrute), und als sie nicht mehr herunterfielen, da misste ich von den Zikaden nur noch wenige. Dann legte ich drei auf. Als die nicht mehr herunterfielen, misste ich unter zehn höchstens eine. Dann legte ich fünf auf, und seit die nicht mehr herunterfallen, kann ich sie nur so abpflücken. Ich mache meinen Körper unbeweglich wie einen Baumstumpf und halte meinen Arm wie einen dürren Ast. Von all den unzähligen Dingen zwischen Himmel und Erde kenne ich nur die Flügel der Zikaden. Davon weiche ich nicht ab und tausche nicht um die ganze Welt die Flügel der Zikaden ein. So bringt man alles fertig.«

Meister Kung blickte seine Schüler an und sprach: »Wer seinen Willen gebraucht ohne Zerteilung, dem verdichtet er sich zu einer geistigen Macht. Das ist wohl die Meinung dieses buckligen Alten.« Der Alte sprach: »Ihr Herren in langen Gewändern, was wisst ihr nach solchen Dingen zu fragen! Pflegt euren Wandel und heftet nachher eure Worte daran.«

11. Die Seemöwen

Unter den Leuten am Meer waren etliche, die Seemöwen liebten. Jeden Morgen gingen sie auf das Meer hinaus und schwammen den Möwen nach. Und die Seemöwen kamen herbei zu Hunderten und mehr. Da sprach ihr Vater: »Ich höre, die Seemöwen schwimmen euch nach. Fangt doch ein paar, dass ich mit ihnen spiele.« Am anderen Tage schwammen sie wieder ins Meer hinaus. Die Möwen kreisten in der Luft, kamen aber nicht herunter. Darum heißt es: »Vollkommene Rede ist ohne Worte, vollkommenes Tun ist ohne Handeln. Was alle Weisen wissen, ist flach.«

12. Jagderlebnis

Siang Dsi von Dschau ging mit einem Gefolge von hunderttausend Mann zur Feuerjagd in den Mittelberg. Mit dürrem Reisig ward der Wald angesteckt, dass die Lohe sich meilenweit ergoss. Da kam ein Mann aus einer Felswand hervor und schwebte mit dem Rauch und den Funken auf und nieder. Alle hielten ihn für ein Geisterwesen. Als das Feuer vorüber war, da kam er gemächlich hervor, als wäre ihm nichts widerfahren.

Siang Dsi verwunderte sich und behielt ihn bei sich und untersuchte ihn bedächtig. Er hatte die Gestalt und die Züge eines Menschen, er atmete und redete wie ein Mensch. Da fragte er ihn: »Durch was für ein Geheimnis kannst du in den Felsen weilen, durch was für ein Geheimnis kannst du durch das Feuer schreiten?« Jener Mensch sprach: »Was für ein Ding nennst du Fels, was für ein Ding nennst du Feuer?« Siang Dsi sprach: »Das, woraus du vorhin hervorkamst, ist Fels; das, was du vorhin durchschrittest, ist Feuer.« Jener Mensch sprach: »Das kenne ich nicht.«

Der Fürst Wen von We hörte davon und fragte den Dsi Hia: »Was für ein Mensch war das?« Dsi Hia sprach: »Nach dem, was ich den Meister reden hörte, ist der, der inneren Einklang hat, in Gemeinschaft mit den Dingen, so dass die Dinge ihm nichts anhaben können. Er vermag durch Metall und Stein zu dringen und in Wasser und Feuer zu wandeln.« Der Fürst Wen sprach: »Warum tut Ihr das nicht, mein Herr?« Dsi Hia sprach: »Meiner Gefühle mich entäußern und mein Bewusstsein aufgeben, das kann ich noch nicht. Immerhin habe ich Muße, um zu versuchen, darüber zu reden.« Der Fürst Wen fragte weiter: »Und warum hat es der Meister nicht getan?« Dsi Hia sprach: »Der Meister hätte es vermocht; aber er vermochte es, darauf zu verzichten.« Da war der Fürst Wen hoch befriedigt.

13. Der Zauberer und der Weise

Es war einmal ein göttlicher Zauberer, der kam von Tsi und ließ sich in Dscheng nieder. Sein Name hieß: Gi Hiän. Er wusste Tod und Leben, Sein und Nichtsein, Glück und Unglück, langes und kurzes Leben auf Jahr, Monat, Woche und Tag hinaus genau zu bestimmen wie ein Gott. Wenn die Leute von Dscheng seiner ansichtig wurden, so gingen sie ihm alle aus dem Wege.

Liä Dsi besuchte ihn, und sein Herz ward betört. Er kehrte zurück, um es dem Meister Hu Kiu anzusagen und sprach: »Anfangs hielt ich des Meisters Sinn und Lehre für vollkommen, nun aber gibt es eine, die doch wohl noch vollkommener ist.« Meister Hu sprach: »Ich kam mit dir nur bis zum Buchstaben, nicht bis zum Wesen selbst, und nun hast du wirklich den geheimen SINN erlangt? Was für Eier legen denn die Hennen ohne Hahn? Dass du über den geheimen SINN mit der Welt streitest, zeigt deine Arglosigkeit, darum hat der Mensch dich in die Hand bekommen und aus deinen Mienen gelesen. Versuche es einmal, ihn mit hierher zu bringen, damit ich es ihm zeige.«

Andern Tags kam Liä Dsı mit ihm vor den Meister Hu. Beim Hinausgehen sprach er zu Liä Dsı: »Wehe, dein Lehrer wird sterben und nicht am Leben bleiben, er kann es höchstens noch eine Woche lang treiben. Ich habe Wunderliches gesehen, ich habe feuchte Asche gesehen.«

Liä Dsı ging wieder hinein und weinte bitterlich, also dass die Tränen seine Kleider feuchteten, und sagte es dem Meister Hu. Meister Hu sprach: »Ich habe ihm soeben im Geiste die äußere Form der Erde gezeigt, wenn die Keime sich noch nicht regen und noch nicht da sind. So sah er wohl die Wirkung meiner Lebenskraft in verhaltenem Zustand. Komm noch einmal mit ihm.«

Tags darauf kam er wieder mit ihm vor den Meister Hu. Beim Hinausgehen sprach er zu Liä Dsı: »Zum Glück hat dein Lehrer mich getroffen. Er ist geheilt. Er hat völliges Leben. Ich sah eine gleichstehende Waage.«

Liä Dsı ging hinein und sagte es dem Meister Hu. Meister Hu sprach: »Ich habe ihm soeben im Geiste den vom Himmel befruchteten Boden gezeigt. Ohne dass von außen her ein Begriff oder etwas Wirkliches in ihn eingeht, regte sich zu meinen Füßen der Kreislauf des Lebens. Das war die gleichstehende Waage. So sah er mich wohl im Zustand meiner Güte. Komm noch einmal mit ihm.«

Tags darauf kam er wieder mit ihm vor den Meister. Beim Hinausgehen sagte er zu Liä Dsı: »Dein Lehrer ist nicht gesammelt, darum kann ich nicht in seinen Mienen lesen. Er soll versuchen sich zu sammeln, dann will ich wieder seine Mienen deuten.«

Liä Dsı ging hinein und sagte es dem Meister Hu. Meister Hu sagte: »Eben zeigte ich ihm im Geiste die große unergründliche Tiefe. So hat er wohl etwas von den Wirkungen meiner Beharrungskraft verspürt. Aber komm wieder mit ihm.«

Tags darauf kam er wieder mit ihm vor den Meister. Aber noch ehe er sich richtig hingestellt hatte, verlor er die Fassung und lief weg. Meister Hu sprach: »Lauf ihm nach!« Liä Dsı lief ihm nach, holte ihn aber nicht ein. Er kam zurück, meldete es dem Meister Hu und sprach: »Er ist verschwunden, er hat sich verloren, ich konnte seiner nicht habhaft werden.«

Meister Hu sprach: »Eben habe ich ihm im Geiste gezeigt, wie vor aller Dinge Anfang mein Vater (der SINN) hervortrat. Ich bot ihm das Wesenlose und war unpersönlich. Er wusste nicht, was er daraus machen sollte. Es war ihm wie stürmender Wirbel, es war ihm wie fließende Wogen, darum lief er weg.«

Danach meinte Liä Dsı, dass er noch nicht die ersten Anfänge gelernt habe. Er ging heim und kam drei Jahre lang nicht wieder hervor. Er kochte für sein Weib und brachte den Schweinen das Futter, gleich als ob es Menschen wären. Um andere Geschäfte kümmerte er sich nicht. Allerhand Schmuck und Zier schaffte er ab. Nur die einfache Form ließ er bestehen. Alles Zerstreuende beseitigte er. Und das Eine dadurch erlangte er.

14. Vergebliche Weltflucht

Meister Liä Dsı wollte nach Tsi, kehrte aber auf halbem Wege wieder um. Da begegnete er dem Be Hun Wu Jen. Der sprach: »Was kommst du schon wieder zurück?« Er sprach: »Ich fürchte mich.« »Ach, du fürchtest dich?« »Ich aß unterwegs in zehn Garküchen, und fünfmal setzten sie mir, ohne Geld zu nehmen, die Suppe hin.« »Nun gut, warum brauchst du dich da zu fürchten?« Er sprach: »Innere Wahrheit lässt sich nicht erraten, Gestalt und Klugheit scheint nach außen. Wenn man aber nur mit seinem Äußeren auf die Menschen Eindruck macht, so bringen sie einem leichthin allerlei Ehren dar, und daraus entsteht nur Leid und Verwirrung. Nun betreiben die Garköche den Verkauf ihrer Nahrungsmittel als Gewerbe, nicht viel haben sie übrig als Gewinn. Ihr Streben nach Vorteil und Macht ist nicht heftig. Und wenn trotzdem schon sie so zu mir waren, wie wäre es da erst beim Fürsten des Landes ergangen, auf dessen Person die Last des Reiches ruht und dessen Weisheit zu Ende ist in seinen Staatsgeschäften. Der würde mich sicher mit Staatsgeschäften betraut und große Taten von mir verlangt haben. Darum habe ich mich gefürchtet.«

Be Hun Wu Jen sprach: »Du zeigst eine prachtvolle Vorsicht! Aber wenn du dich auch zurückziehst: sieh zu, die Leute werden dich doch überlaufen.«

Nicht lange danach ging er zu ihm. Da war vor der Tür alles voll von Schuhen. Be Hun Wu Jen blieb mit dem Gesicht nach der Tür stehen und stützte das Kinn auf seinen Stab. Nach einer Weile ging er weg, ohne ein Wort zu sagen. Der

Pförtner sagte es dem Liä Dsı. Liä Dsı nahm seine Schuhe auf und lief ihm barfuß nach.

Er holte ihn am Hoftor ein und fragte ihn: »Meister, da du doch einmal gekommen bist, willst du mir nicht einen heilsamen Rat spenden?« Jener sprach: »Es ist zu spät! Ich habe dir ja gesagt, dass die Menschen dich überlaufen werden, und nun ist's richtig so, dass sie dich überlaufen. Darum handelt sich's nicht, dass du verstehst die Leute anzuziehen, dass sie dich überlaufen, sondern darum, dass du es nicht verstehst zu machen, dass sie dich nicht überlaufen. Was brauchst du auf sie zu wirken? Sobald einmal die Wirkung auf andere sich erstreckt, gibt es sicher eine Gegenwirkung. Dein eignes Ich wird schwankend und du merkst es nicht. Die mit dir wandeln, sagen es nicht. Ihr leer Gerede ist für Menschen Gift. Bewusstlos, achtlos, wie kann man so einander zur Reife helfen!«

15. Bescheidenheit

Yang Dschu war im Süden von Pe. Lau Dan wanderte im Westen in Tsin. Als jener an die Grenze kam bei Liang, traf er den Lau Dsi (Laotse). Mitten auf dem Wege blickte Lau Dsi zum Himmel empor und seufzte: »Ich dachte erst, man könnte dich lehren, nun aber bist du doch unbelehrbar.« Yang Dsi erwiderte nichts.

Als sie zur Herberge kamen und er fertig war mit Waschen, Mundausspülen, Abtrocknen und Kämmen, zog er seine

Schuhe aus vor der Tür und begab sich auf den Knien vor ihn hin und sprach: »Vorhin hat der Meister gen Himmel geblickt und seufzend gesprochen: ›Ich dachte erst, man könnte dich lehren, nun aber bist du doch unbelehrbar.‹ Ich wollte gern den Meister um ein Wort der Erklärung bitten, aber beim Gehen war nicht Muße, darum wagte ich es nicht. Nun hat der Meister Muße, und ich bitte um Aufschluss über meine Fehler.« Lau Dsi sprach: »Du hast so etwas Selbstzufriedenes in deinem Blick. Da mag niemand mit dir sein.

Die höchste Reinheit erscheint als Schmach,
Das weite Leben erscheint als ungenügend.«

Yang Dsi errötete beschämt und sprach: »Ich will mir's gewissenhaft zu Herzen nehmen.«

Als er in die Herberge eingetreten, war er zuvorkommend empfangen worden, der Wirt hatte eine Matte gebracht, die Wirtin ein Handtuch, die Gäste waren von ihren Plätzen aufgestanden, und die sich wärmten, hatten ihm am Herde Platz gemacht. Als er herauskam, da machten ihm die Gäste die Matte streitig.

16. Die beiden Weiber

Yang Dschu wanderte durch Sung und kam im Osten davon in eine Herberge. Der Herbergswirt hatte zwei Weiber, die eine war schön und die andere hässlich. Die Hässliche war geehrt und die Schöne verachtet. Meister Yang fragte nach dem Grunde. Da sagte der junge Mann in der Herberge zu ihm: »Die Schöne hält sich selber für schön, darum weiß ich von ihrer Schönheit nichts. Die Hässliche hält sich selber für hässlich, darum weiß ich von ihrer Hässlichkeit nichts.«

Meister Yang sprach: »Meine Jünger, merkt es euch! Wandelt recht, aber meidet selbstgerechten Wandel; dann mögt ihr kommen, wohin ihr wollt, und man wird euch lieben.«

17. Der Weg zum Sieg

Es gibt in der Welt einen immer sieghaften Sinn und einen immer sieglosen Sinn. Der sieghafte Sinn heißt Demut, der sieglose Sinn heißt Gewalt. Beides ist leicht zu erkennen, aber die Menschen erkennen es noch nicht. Darum haben die Alten gesagt: Gewalt verlässt sich darauf, dass andres dem eignen Selbst nicht gleichkommt; Demut verlässt sich auf das, was aus dem eigenen Selbst hervorgeht.

Wenn einer sich darauf verlässt, dass andere seinem eignen Selbst nicht gleichkommen, und die andern erreichen es dann doch, seinem eignen Selbst gleichzukommen, so kommt er in Gefahr. Wer sich auf das verlässt, was aus seinem eigenen Selbst hervorgeht, kommt nie in Gefahr. Dadurch siegt man über Ein Ich wie nichts; dadurch waltet man über der Welt wie nichts. Das heißt: man siegt nicht, es siegt sich von selber. Man waltet nicht, es waltet sich von selber.

Meister Yu sprach: »Willst du Härte, musst du sie durch Weichheit wahren. Willst du Stärke, musst du sie durch Schwäche schützen. Übe dich in Demut, so wirst du fest. Übe dich im Schwachsein, so wirst du stark. Wenn du darauf siehst, was einer übt, so weißt du, ob Glück oder Unglück ihm naht. Die Gewalt siegt über das, was dem eigenen Selbst nicht gleichkommt. Das, was dem eigenen Selbst gleichkommt, stößt hart mit ihr zusammen. Demut siegt durch das, was aus ihrem eignen Selbst hervorgeht, ihre Macht ist ohne Maß.«

Lau Dan sprach:

»Sind Waffen stark, so bersten sie.
Ist ein Baum stark, so zerbricht er.
Weichheit und Schwäche sind Gesellen des Lebens,
Festigkeit und Stärke sind Gesellen des Todes.«

18. Gestalt und Gehalt
Mensch und Tier

Die Gestalt ist oft nicht gleich, wo die Denkart gleich ist. Die Denkart ist oft nicht gleich, wo die Gestalt gleich ist. Der Berufene fragt nach der Gleichheit der Denkart und lässt die Gleichheit der Gestalt beiseite. Die große Menge hält sich an die Gleichheit der Gestalt und vernachlässigt die Gleichheit der Denkart. Wer an Gestalt mir gleicht, dem fühle ich mich nahe, den liebe ich. Wer an Gestalt von mir verschieden ist, der ist mir fremd und ich scheue ihn.

Ein Wesen, das ein Knochengerüst von sieben Fuß hat, Hand und Fuß voneinander verschieden, Haare auf dem Kopf hat und festgereihte Zähne im Mund, sich anlehnen kann und bücken, wird Mensch genannt. Aber es ist gar nicht ausgemacht, dass solch ein Mensch nicht das Herz eines Tieres hat. Aber ob er auch das Herz eines Tieres hat, so fühlt man sich wegen seiner Gestalt mit ihm verwandt. Ein Wesen, das Flügel anhat oder Hörner trägt, das geteilte Zähne hat oder gespreizte Klauen, das nach oben gerichtet ist und fliegen kann oder nach unten gerichtet ist und läuft, wird ein Tier genannt. Aber es ist gar nicht ausgemacht, dass solch ein Tier nicht das Herz eines Menschen hat. Aber ob es auch das Herz eines Menschen hat, so fühlt man sich wegen seiner Gestalt ihm fremd.

Aber Fu Hi, Nü Wa, Schen Nung, Hia Hou hatten Schlangenleib und Menschengesicht oder einen Stierkopf oder eine Tigerschnauze. Sie hatten also eine nichtmenschliche Gestalt, und doch hatten sie die geistige Kraft von Gottmenschen.

Der König Gie aus dem Hause Hia, der König Dschou Sin aus dem Hause Yin, der Fürst Huan von Lu, der Fürst Mu von Tschu waren an Gestalt, Ansehen und Gesichtszügen gleich wie Menschen, aber sie hatten die Herzen von Tieren. Wenn sich die große Menge nur einzig an die Gestalt hält, um so auf die Denkart zu kommen, so kommt sie damit nicht zustande.

Als der Herr der gelben Erde (Huang Di) mit dem Herrn der Feuerflammen kämpfte auf dem Felde der Hügelquelle, da führte er Bären und Wölfe, Panther und Tiger als Vorhut ins Feld und Adler und Seeadler, Falken und Weihen als Fahnenträger. Er brauchte die Tiere durch seine Macht.

Yau ließ durch Kui die Musik aufzeichnen. Er schlug die Leier, und alle Tiere des Waldes lockte er zum Tanz herbei. Wenn die Flötentöne der Schau-Musik neunmal erklangen, so kam der Vogel Phönix herbei und kreiste in der Luft. Diese wirkten auf die Tiere durch die Macht der Töne. Wie kann also das Herz der Tiere von dem der Menschen so gar verschieden sein? Ihre Gestalt und Sprache sind von denen der Menschen verschieden, und wir wissen nicht das Geheimnis, mit ihnen umzugehen. Die Gottmenschen sind allwissend und allweise, darum können sie sie zu ihrem Gebrauche leiten. Die Denkart der Tiere ist von Natur gleichartig mit der des Menschen. Sie alle streben nach Erhaltung des Lebens und borgen doch nicht diese ihre Denkart vom Menschen. Männchen und Weibchen paaren sich. Die Mütter und die Jungen lieben einander. Sie meiden die Ebene und suchen Schutz auf steilen Felsen. Sie kehren sich ab von der Kälte und kommen zur Wärme. Sie wohnen in Herden und wandern in Zügen. Die Kleinen halten sich innen, die Starken halten sich außen. Sie führen einander zur Tränke, und wenn es zu fressen gibt, rufen sie die Herde. In uralten Zeiten wohnten sie mit den Menschen zusammen und wanderten mit ihnen. Erst zur Zeit der Herren und Könige begannen sie sich zu fürchten und zerstreuten sich in die Irre. Seit den letzten Zeiten erst verstecken sie sich und laufen davon, um Leid und Schaden zu entgehen.

Im Osten ist der Staat Gie (Kiautschou). Die Leute dieses Volkes können noch vielfach die Sprache der Haustiere verstehen. Sie erreichen das wohl durch zufällige Erkenntnis. In uralter Zeit die Gottmenschen aber erkannten völlig aller Wesen Eigenschaften und Zustände. Sie verstanden die Laute andersartiger Wesen. Sie waren mit ihnen zusammen und sammelten sie um sich. Sie zähmten sie und nahmen sie bei sich auf gleichwie das Menschenvolk. Darum lebten sie zusammen mit Geistern, Göttern, Kobolden und Teufeln, verstanden ferner die Menschenvölker aller Weltgegenden, und schließlich versammelten sie Vögel, Tiere, Lurche und Kerfe. Sie sagten: »Alle Geschlechter von Fleisch und Blut sind in der Denkart des Herzens nicht gar weit verschieden.« Da die Gottmenschen sie also kannten, so blieb ihre Lehre bei keinem erfolglos.

19. Der Affenvater

Im Lande Sung lebte ein Affenvater. Der hatte die Affen gern und hielt eine ganze Herde davon. Er verstand ihre Gedanken, und auch die Affen begriffen, was er meinte. Er erfüllte alle Wünsche der Affen, selbst auf Kosten seiner Familie.

Plötzlich kam eine Teuerung, und er musste ihr Futter verkürzen. Auf dass die Affen nicht wild gegen ihn würden, redete er erst listig also zu ihnen: »Wenn ich euch morgens drei Bündel Heu gebe und abends vier, ist das genug?« Da erhoben sich die Affen alle und wurden böse. Plötzlich sprach er: »Gut, ich gebe euch morgens vier Bündel Heu und abends drei, ist das genug?« Da legten sich die Affen alle wieder nieder und waren erfreut.

Der Weise überlistet durch seine Klugheit die Menge der Toren, gleichwie der Affenvater durch seine Klugheit die Menge der Affen überlistete. Ohne Namen und Wesen zu ändern, konnte er machen, dass sie zornig wurden oder sich freuten.

20. Der Kampfhahn

Gi Siau Dsi richtete für den König Süan vom Hause Dschou einen Kampfhahn zu. Nach zehn Tagen fragte der König: »Kann der Hahn schon kämpfen?« Er sprach: »Noch nicht, er ist noch eitel, stolz und zornig.« Nach aber zehn Tagen fragte er wieder. Er sprach: »Noch nicht, er geht noch auf jeden Laut und Schatten los.« Nach aber zehn Tagen fragte er wieder. Er sprach: »Noch nicht, er blickt noch heftig und strotzt vor Kraft.« Nach aber zehn Tagen fragte er wieder. Er sprach: »Nun geht es. Wenn andere Hähne krähen, so macht das keinen Eindruck mehr auf ihn.« Der Hahn war anzusehen wie aus Holz. Sein Wesen war vollkommen. Fremde Hähne wagten nicht mit ihm anzubinden, sie kehrten um und liefen weg.

21. Der Sophist

Hui Yang kam zum König Kang von Sung. Der König Kang sprang auf und rief erregten Tones: »Was Uns erfreut, ist Heldenmut und Kraft. Wir mögen nicht Gerechtigkeit und Liebe. Womit kannst du, o Fremdling, Uns belehren?«

Hui Yang erwiderte: »Ich habe ein Mittel, dadurch wird der Mensch fest, also dass auch eines Heiden Stich nicht in ihn eindringen und eines Starken Schlag ihn nicht treffen kann. Hat der große König allein keinen Sinn dafür?« Der

König von Sung sprach: »Gut! Das ist's, was Wir zu hören wünschen.«

Hui Yang sprach: »Stechen, ohne zu verletzen; schlagen, ohne zu treffen, ist eine Schande. Ich habe ein Mittel, das macht, dass ein Mensch, sei er auch heldenhaft, nicht mehr zu stechen, sei er auch stark, nicht mehr zu schlagen wagt. Das nicht mehr zu wagen, heißt aber noch nicht, es gar nicht mehr wollen. Ich habe ein Mittel, das macht, dass der Mensch von sich aus gar nicht mehr den Willen zu solchen Taten hat. Diesen Willen nicht zu haben, ist aber noch nicht so gut, als den Vorteil zu lieben. Ich habe ein Mittel, das macht, dass alle Männer und Weiber auf der ganzen Welt freudig den Vorteil lieben wollen. Das ist noch besser als Heldenmut und Kraft und höher als aller Rang und Stand. Hat der große König allein keinen Sinn dafür?« Der König von Sung sprach: »Das ist's, was Wir zu erlangen wünschen.«

Hui Yang erwiderte: »Kung und Mo hatten es schon. Kung Kiu und Mo Di hatten kein Land und waren doch Fürsten, keine Diener und waren doch Herren. Auf der ganzen Welt alle Männer und Weiber reckten die Hälse und standen auf den Zehen und hofften Heil und Frieden von ihnen. Du, großer König, bist ein mächtiger Herrscher. Wenn Du wirklich diesen Willen hast, so werden alle in Deinem Reich Dein Heil erlangen. Das ist noch weit mehr als Kung und Mo.« Der König von Sung wusste nichts zu erwidern. Da ging Hui Yang eilends hinaus.

Der König von Sung sprach zu seinem Gefolge: »Diese Zungenfertigkeit! Der Fremdling hat durch sein Reden Uns überwältigt.«

BUCH III

König Mu von Dschou
Leben und Traum

»Verweilst du in der Welt, sie flieht als Traum / Du reisest, ein Geschick bestimmt den Raum / Nicht Hitze, Kälte nicht vermagst du festzuhalten / Und was dir blüht, sogleich wird es veralten.«

1. Die Sagen vom König Mu

Zur Zeit des Königs Mu vom Hause Dschou kam ein Magier aus dem äußersten Westen. Der konnte ins Feuer und Wasser gehen, Metall und Steine durchdringen, Berge und Flüsse verkehren, Städte und Burgen versetzen, er konnte den leeren Raum besteigen, ohne zu fallen, er konnte gegen Festes stoßen, ohne Widerstand zu finden. Tausenderlei Wandlung konnte er vollbringen in unerschöpflicher Fülle. Und hatte er die Gestalten der Dinge verändert, so wandelte er noch zudem die Gedanken der Menschen.

König Mu ehrte ihn wie einen Gott und diente ihm wie einem Herrscher. Er räumte seine Gemächer, um ihn zu beherbergen, ließ Opfertiere herführen, um sie ihm darzubringen, und wählte Sängerinnen aus, ihn zu ergötzen.

Dem Magier waren die königlichen Gemächer zu dürftig, um darin zu wohnen, die königlichen Speisen zu übelriechend, um ihren Duft zu genießen, die königlichen Haremsmädchen zu bockig, um ihnen zu nahen.

Der König Mu ließ nun für ihn ein anderes Gebäude errichten; die Arbeiten der Maurer und Zimmerleute, die Farben der Maler und Tüncher: nichts ließ an Geschick zu wünschen übrig. Die Schatzkammern waren leer, als das Gebäude seine volle Höhe erreichte. Hundert Klafter ragte es empor, noch über den Gipfel des Südendberges hinaus. Man nannte es: den Palast des Mittelhimmels.

Er suchte Jungfrauen aus, die schönsten und zartesten von Dscheng und We, gab ihnen Wohlgerüche, ließ sie die Augenbrauen schön geschwungen ziehen und schmückte sie mit Haarschmuck und Ohrgehängen. Er kleidete sie in feine Tücher und ließ sie von weißer Seide umflattern, das Gesicht weiß, die Brauen schwarz schminken, Armringe aus Edelsteinen anziehen und duftende Kräuter mischen. Sie erfüllten den Palast und sangen die Lieder der alten Könige: »Halte die Wolken«, »Sechsfacher Glanz«, »Neunfache Harmonien«, »Der Morgennebel«, um ihn zu erfreuen.

Jeden Monat brachte er die köstlichsten Kleider dar und jeden Morgen die feinsten Speisen. Der Magier ließ es sich gefallen; weil er nicht anders konnte, nahm er damit vorlieb.

Nach wenigen Tagen lud er den König ein, mit ihm zu reisen. Der König hielt sich an des Magiers Ärmel. So fuhren sie in die Höhe bis mitten in den Himmel. Da hielten sie an und waren am Schloss des Magiers angelangt. Das Schloss des Magiers war aus Gold und Silber gebaut, mit Perlen und Edelsteinen geschmückt. Es ragte über Wolken und Regen empor. Man wusste nicht, worauf es ruhte. Es erschien dem Blick wie aufgetürmte Wolken. Was den Sinnen sich bot, war alles anders als die Dinge der Menschenwelt. Dem König war es, als sei er leibhaftig inmitten der purpurnen Tiefen der Ätherstadt, der Sphärenharmonien des Himmels, wo der große Gott wohnt. Der König blickte nach unten, da sah er seine Schlösser und Lusthäuser wie Erdhügel und Strohhaufen. Der König weilte darum einige Jahrzehnte hier und dachte nicht mehr an sein Reich.

Da lud der Magier den König abermals ein, mit ihm zu reisen. An dem Ort, dahin sie kamen, sah man oben nicht Sonne noch Mond, unten nicht Flüsse noch Meere. Die Lichtgestalten, die sich zeigten, konnte der König geblendeten

Auges nicht erkennen; die Klänge, die herankamen, konnte der König betäubten Ohres nicht vernehmen. Er war einer Ohnmacht nahe und drohte das Bewusstsein zu verlieren. Da bat er den Magier zurückzukehren. Der Magier berückte ihn, da war es dem König, als wenn er ins Leere hinabfiele.

Als er zu sich kam, saß er am selben Platze wie zuvor. Die aufwartenden Diener waren dieselben wie zuvor. Er blickte vor sich, da war der Becher noch nicht leer und die Speisen noch nicht kalt. Der König fragte, was gewesen, da antworteten die Leute seiner Umgebung: »Der König saß eine Weile schweigend da.« Da verlor der König sich selbst und kam erst nach drei Monaten wieder zu sich. Dann fragte er den Magier.

Der Magier sprach: »Ich wandelte *im Geiste* mit dir, o König, was braucht sich da die Gestalt zu bewegen? Wo wir damals geweilt, das war nicht weniger wirklich als des Königs Schloss; wohin wir gereist, das war nicht weniger wirklich als des Königs Garten. Du, o König, bist gewöhnt an die dauernden Zustände und beargwohnst daher solche plötzlich in nichts sich auflösende Erscheinungen. Aber die höchste Stufe der Verwandlungskraft kann in einem Augenblick das (was in unserem Geist als) Vorbild (vorhanden ist,) zur Wirklichkeit machen.«

Der König war's zufrieden. Er kümmerte sich nicht mehr um die Reichsgeschäfte und hatte keine Lust mehr zu seinen Dienern und Weibern, sondern entschloss sich, in die Ferne zu reisen. Er ließ die acht berühmten Rosse an zwei Wagen spannen und fuhr mit wenigen Getreuen tausend Meilen weit, bis er in das Land der großen Jäger kam. Die großen Jäger brachten dem König das Blut der Schneegans als Trank dar und wuschen seine Füße mit der Milch von Pferden und Rindern. Ebenso den Leuten des zweiten Wagens. Als sie getrunken, fuhren sie weiter und übernachteten am Abhang des Kun Lun, im Süden des roten Wassers. Am andern Tage erstiegen sie den Gipfel des Kun Lun, um das Schloss des Herrn der gelben Erde zu sehen, und erbauten ihm einen Altar, um es der Nachwelt zu überliefern.

Dann weilte er zu Gast bei der Königin-Mutter des Westens, die ihn auf dem Jaspissee bewirtete. Die Königin-Mutter des Westens sang dem König ein Lied vor, und der König stimmte ein. Es war ein sehr rührendes Lied. Dann sah er auch, wo die Sonne einkehrt, die täglich zehntausend Meilen weit läuft. Da seufzte der König und sprach: »Wehe, Wir mehren nicht unsere Tugend und pflegen der Freude. Die Nachwelt wird Uns das als Fehler anrechnen.«

Der König Mu war fast wie die seligen Götter! Es war ihm vergönnt, die zugemessenen Freuden seines Lebens bis auf die Neige zu kosten, und er verschied nach hundert Jahren. Die Welt aber hielt dafür, er sei zur Unsterblichkeit aufgestiegen.

2. Die Lehre vom Schein

Lau Tscheng Dsi wollte bei Meister Yin Wen die Lehre vom Schein erlangen. Aber der teilte ihm drei Jahre lang nichts mit. Da bat Lau Tscheng Dsi um Aufklärung über seine Fehler und Entlassung. Meister Yin Wen machte ihm eine Verbeugung und führte ihn in sein Gemach.

Nachdem er die Leute seiner Umgebung entfernt hatte, sprach er also zu ihm: »Als vor Zeiten Lau Dan (Laotse) nach Westen ging, wandte er sich zu mir und sprach: ›Die Kraft, die zu Zeugungen führt, die Form, die zu Gestaltungen führt, sind beide nur Schein. Was durch Schöpfung und Wandlung begonnen wird, was durch die beiden Weltkräfte verändert wird, heißt Zeugung, heißt Tod. Was die Bestimmung bedingt, die Veränderungen durchdringt, die Gestaltungen verursacht, den Wechsel veranlasst, heißt Wandlung, heißt Schein. Die Macht, die die Welt erschuf, ist geheimnisvoll in ihrem Wirken, tief in ihrem Walten, darum ist sie unerschöpflich und unendlich. Die Macht, die die Einzelgestaltungen verursacht, ist offenbar in ihrem Wirken und flach in ihrem Walten, darum wechselt bei ihnen Entstehen und Vergehen. Wer erkennt, dass Schein und Wandlung dasselbe ist wie Zeugung und Tod, der erst kann die Lehre vom Schein erlangen. Ich und du sind auch Schein, was braucht man ihn also erst noch zu erlernen!‹«

Lau Tscheng Dsi kehrte heim und dachte über die Worte des Meisters Yin Wen tief nach, drei Monate lang. Da hatte er die freie Herrschaft über Sein und Nichtsein. Er konnte die vier Jahreszeiten vertauschen, im Winter Donner und im Sommer Eis machen, die Vögel zu Lauftieren und die Lauftiere zu Vögeln machen. Aber sein Leben lang offenbarte er nicht sein Geheimnis, darum ward es in der Welt nicht überliefert.

3. Magie

Meister Liä Dsı sprach: »Der gute Magier gebraucht seine geheimen Kräfte im Verborgenen, und seine Werke gleichen (nach außen hin) denen der anderen Menschen. Die großen Taten der heiligen Männer der Vorzeit sind nicht notwendig durch die Stärke besonderer Weisheit und Muts vollbracht; vielleicht benützten sie zu ihrer Vollendung die Magie. Wer vermag das zu ergründen?«

4. Wachen und Traum

Im Wachsein gibt es acht Erfüllungen. Im Traumleben gibt es sechs Vorbedeutungen. Die acht Erfüllungen sind: Absicht, Handlung, Erlangen, Verlieren, Trauer, Freude, Geburt, Tod. Diese acht Erfüllungen werden durch die Körperlichkeit bedingt. Die sechs Vorbedeutungen sind: der rechte Traum, der Warnungstraum, der Sehnsuchtstraum, der Wachtraum, der freudige Traum, der Angsttraum. Diese sechs Vorbedeutungen werden durch den Geist eingegeben.

Wer die Entstehung der bedingten Veränderungen nicht kennt, der wird, wenn ein Fall eintritt, über seine Ursachen im Unklaren sein. Wer die Entstehung der bedingten Veränderungen kennt, der wird, wenn ein Fall eintritt, seine Ursachen erkennen. Wer die Ursachen erkennt, der bleibt frei von aller Verwirrung.

Jeder einzelne Körper steht mit seiner Fülle und Leere, seiner Not und Ruhe in durchgehendem Zusammenhang mit der ganzen Welt und steht in Wechselwirkung mit allen Dingen. Darum, wenn die Kraft des Trüben mächtig ist, so träumt man vom Durchschreiten großer Wasser und von Beängstigung; wenn die Kraft des Lichten mächtig ist, so träumt man vom Durchschreiten großer Feuer, von Hitze und Helle. Ist das Trübe und Lichte beides mächtig, so träumt man von Geburt und Tod. Ist man gesättigt, so träumt man vom Spenden; ist man hungrig, so träumt man vom Nehmen. Darum, wer an Leichtblütigkeit (Manie) leidet, der träumt von Ausdehnung; wer an Schwermut (Melancholie) leidet, der träumt vom Ertrinken. Wer mit umgebundenem Gürtel schläft, der träumt von Schlangen. Von wem fliegende Vögel ein Haar im Schnabel halten, der träumt vom Fliegen. Naht man dem Trüben, so träumt man von Feuer, vor einer Krankheit träumt man von Essen. Nachdem man Wein getrunken, ist man traurig; nachdem man gesungen und getanzt, weint man.

Der Meister Liä Dsı sprach: »Was dem Geist von außen her begegnet, zeigt sich als Traum, was dem Körper von außen her begegnet, zeigt sich als Begebenheit. Daher sind die Vorstellungen des Tages und die Träume der Nacht äußere Einwirkungen auf Körper und Geist. Darum, wessen Geist in sich fest geworden, für den verschwinden ganz von selbst

Vorstellungen und Träume. Darum ist es kein leeres Gerede, dass die wahren Menschen des Altertums im Wachen ihr Selbst vergaßen und im Schlafen keine Träume hatten.«

5. Verschiedene Wertung von Wachen und Traum

Im südlichsten Winkel des Westpols ist ein Land. Man weiß nicht, wohin sich seine Grenzen erstrecken. Sein Name heißt Gu-Mang-Reich. Dort kreuzen sich nicht die Kräfte des Trüben und Lichten, darum gibt es nicht den Unterschied von Kälte und Wärme. Das Licht von Sonne und Mond scheint nicht, darum gibt es nicht den Unterschied von Tag und Nacht. Die Leute essen nicht und kleiden sich nicht, sondern schlafen meist. Alle fünfzig Tage wachen sie nur einmal auf. Sie halten das, was sie im Traum tun, für wirklich und das, was sie im Wachen sehen, für nichtig.

Inmitten der vier Meere liegt das Reich der Mitte; es breitet sich im Nord und Süd des (gelben) Flusses aus und erstreckt sich im Ost und West des Großen Berges (Taischan) über tausend Meilen weit. Das Trübe und Lichte ist wohl begrenzt; darum wechselt Kälte und Wärme. Dunkel und Licht ist klar geschieden; darum wechselt Tag und Nacht. Unter den Leuten gibt es Weise und Toren. Die Natur gedeiht üppig, Kunst und Handwerk sind reich entwickelt, Fürst und Volk stehen einander nahe, Sitte und Recht stützen einander. Was sie tun und reden, lässt sich nicht alles einzeln aufzählen. Wachsein und Schlafen wechseln. Was man im Wachen tut, hält man für wirklich, was man im Traume sieht, für nichtig.

Im nördlichsten Winkel des Ostpols ist ein Land, das heißt Fu-Lo-Reich. Sein Klima ist beständig heiß. Sonne und Mond scheinen mit übermäßigem Licht. Die Erde erzeugt nicht gutes Getreide. Die Leute leben von Wurzeln und Baumfrüchten; sie kennen nicht gekochte Speisen. Ihre Natur ist hart und grausam. Starke und Schwache bekämpfen einander. Sie ehren nur den Sieger und fragen nicht nach Recht. Sie laufen meist umher und ruhen selten. Sie wachen stets und schlafen nie.

6. Der reiche Mann und der arme Knecht

Im Reiche Dschou lebte ein Mann namens Yin, der waltete über große Güter. Seine Diener und Knechte hatten Tag und Nacht keine Ruhe. Er hatte einen alten Knecht, der war schwach und gebrechlich; den ließ er umso mehr sich anstrengen. Bei Tage tat der Knecht keuchend seine Arbeit. Des Abends war er erschöpft und schlief fest. Sein Geist wurde frei, und er träumte jede Nacht, dass er ein König sei und über viele Untertanen herrsche. Des ganzen Reichs Geschäfte lagen in seiner Hand. Er lustwandelte in Palästen und Galerien und genoss, was sein Herz begehrte. Seine Wonne war unvergleichbar. Wenn er erwachte, so war er wieder Knecht.

Als ihn einst jemand wegen seiner Mühsale bemitleidete, sprach der alte Knecht: »Lebt der Mensch auch hundert Jahre, so sind sie doch alle in Tag und Nacht geteilt. Ich bin bei Tag ein Sklave. Ist's Mühe, nun gut, so ist's Mühe. Bei Nacht bin ich ein König, dessen Wonnen unvergleichlich sind. Was habe ich da zu klagen?«

Der Herr Yin aber hatte in seinem Herzen viel Arbeit mit weltlichen Geschäften und viele Sorgen, seinen Besitz zu mehren. So ward er müde an Seele und Leib. Des Nachts war er auch erschöpft und schlief ein. Er träumte jede Nacht, dass er ein Knecht sei, der herumlaufen und jeglichen Dienst verrichten musste. Scheltworte gab's und Stockstreiche: nichts wurde ihm erspart. Im Schlafe stöhnte und keuchte er, und erst wenn der Morgen nahte, kam er wieder zur Ruhe.

Als Herr Yin einst einen Freund über sein Leiden befragte, sprach der Freund: »Deine Stellung gibt dir genug an Ehren; an Schätzen und Reichtümern hast du Überfluss. Du bist weit besser daran als andre Menschen. Dass du bei Nacht träumst, du seiest ein Knecht, das entspricht der allgemeinen Erfahrung, dass Freud und Leid der Bestimmung nach sich abwechseln. Du möchtest es im Wachen und Schlafen gleich gut haben; das wird aber niemand zuteil.«

Herr Yin vernahm die Rede seines Freundes. Und er erleichterte die Arbeit seines Knechts und verringerte die Geschäfte, die ihm selber Sorgen machten. Dadurch ward seine Krankheit etwas besser.

7. Das Reh
Traumeswirren

Ein Mann aus Dscheng war in die Steppe gegangen, um Brennholz zu suchen. Da traf er ein aufgescheuchtes Reh. Er fing es, schlug es, tötete es. Auf dass kein anderer es finde, barg er es in einem leeren Graben und deckte es mit Reisern zu. Er konnte seine Freude nicht bemeistern. Doch er verlor plötzlich den Ort, da er es versteckt. So hielt er alles für einen Traum. Er ging des Wegs dahin und sagte sein Erlebnis vor sich hin. Ein andrer vernahm es; er merkte sich seine Reden und fand das Reh.

Als er nach Hause kam, erzählte er seiner Hausfrau und sprach: »Vorhin hat ein Reisigsammler im Traum ein Reh gefangen, doch wusste er nicht seinen Ort. Ich habe es nun gefunden. Er hatte also einen wahren Traum gehabt.« Die Hausfrau sprach: »Du hast wohl im Traum einen Reisigsammler gesehen und so das Reh gefunden. Wo soll denn auf einmal solch ein Reisigsammler herkommen? Nun hast du ja in Wirklichkeit ein Reh gefunden, so ist also dein Traum wahr gewesen.« Der Mann sprach: »Ich habe das gefundene Reh in Händen; was brauche ich zu wissen, ob er geträumt oder ich geträumt?«

Der Reisigsammler ging nach Hause und war über den Verlust des Rehes nicht ärgerlich. In derselben Nacht sah er im Wahrtraum den Ort, da er es verborgen, und träumte auch den Finder, der es gefunden. Am andern Morgen ging er dem nach, was er geträumt, und fand ihn richtig. Nun stritten sie sich um das Reh, und die Sache kam vor den

Richter. Der Richter sprach: »Hast du erst in Wirklichkeit das Reh gefunden und hieltest das dann fälschlich für einen Traum, oder hast du in Wirklichkeit geträumt, dass du das Reh gefunden, und hältst es nun fälschlich für eine Tatsache? Hat jener wirklich dein Reh genommen und streitet nun mit dir um das Reh? Und die Hausfrau behauptet gar, dass er im Traum den Mann und das Reh erblickt und gar niemand war, der das Reh gefunden. Nun haben wir handgreiflich dieses Reh vor uns. Ich bitte, es in zwei Teile zu teilen und den Fürsten von Dscheng darüber zu hören.«

Der Fürst von Dscheng sprach: »Ei, der Richter träumt wohl seinerseits, das Reh der Leute zu teilen!« und fragte den Reichskanzler. Der Reichskanzler sprach: »Ob es Traum war oder nicht; Traum ist etwas, das ich nicht entscheiden kann. Wollte man entscheiden, was Traum, was Wachen war, so könnte das nur der weise Herr der gelben Erde oder Kung Kiu (Konfuzius). Nun gibt es aber keinen Herrn der gelben Erde oder Kung Kiu mehr: wer sollte da entscheiden? Man mag daher nach den Worten des Richters tun.«

8. Schlimme Heilung

Hua Dsi aus Yang Li in Sung erkrankte in seinen mittleren Jahren an Vergesslichkeit. Was er morgens genommen, hatte er abends vergessen; was er abends gegeben, hatte er morgens vergessen; unterwegs vergaß er zu gehen; daheim vergaß er zu sitzen; heute wusste er nicht mehr, was früher war;

später wusste er nicht mehr, was heute war. Das ganze Haus war darüber im Unglück. Man bat den Zeichendeuter. Der fragte das Orakel darüber, aber es kam kein Spruch. Man bat den Zauberer. Der betete darüber, aber er bannte es nicht. Man bat den Arzt. Der kurierte daran, aber es hörte nicht auf.

In Lu war ein Gelehrter, der bot sich selber an, es heilen zu können. Die Angehörigen des Hua Dsi boten ihm die Hälfte ihres Vermögens und baten um sein Mittel. Der Gelehrte sprach: »Das ist wahrlich nicht etwas, das durch Orakel erfragt oder durch Gebete erbeten oder durch Medizinen geheilt werden kann. Ich werde versuchen, sein Herz zu wandeln, seine Sorgen zu ändern, vielleicht wird es hernach besser.«

So versuchte er es denn und entblößte ihn, da bat er um Kleider; er ließ ihn hungern, da bat er um Speise; er sperrte ihn ins Dunkle, da bat er um Licht. Da sagte es der Gelehrte vergnügt seinem Sohne und sprach: »Die Krankheit kann geheilt werden. Doch ist mein Mittel ein Geheimnis, das man nicht andern sagen kann. Lasst einmal alle Umstehenden sich entfernen und mich allein mit ihm bleiben sieben Tage lang.« Sie folgten ihm und wussten nicht, was er mit ihm tat. Und wirklich war die Krankheit vieler Jahre an Einem Morgen ganz verschwunden.

Als Hua Dsi nun zu sich gekommen war, da ward er sehr zornig. Er vertrieb sein Weib und schlug seinen Sohn und nahm einen Speer und verfolgte damit den Gelehrten. Die Leute von Sung hielten ihn fest und fragten, warum er das tue. Hua Dsi sprach: »Vorher war ich in Vergessenheit versunken und gleichgültig. Ich merkte nicht, ob es eine Welt gab oder nicht. Nun bin ich zum Bewusstsein erwacht, und was mir während dieser Jahrzehnte widerfahren an Bestehen und Vergehen, Gewinn und Verlust, Trauer und Freude, Liebe und Hass, regt sich mit tausend Verstrickungen verwirrend in mir. Ich fürchte, dass auch Bestehen und Vergehen, Gewinn und Verlust, Trauer und Freude, Liebe und Hass der Zukunft also mein Herz verwirren werden. Oh, dass ich doch jene Vergessenheit auch nur auf einen Augenblick wiederfinden könnte!«

Dsi Gung vernahm davon und wunderte sich darüber, also dass er es dem Meister Kung erzählte. Meister Kung sprach: »Das ist nichts, das du verstehen könntest.« Er wandte sich darauf an Yän Hui und sagte: »Merk es dir!«

9. Wer ist verrückt?

Herr Pang aus Tsin hatte einen Sohn, der war in seiner Kindheit klug gewesen. Als er aber heranwuchs, da erkrankte er an Verrücktheit. Hörte er Gesang, so hielt er es für Weinen; sah er Weißes, so hielt er es für schwarz; roch er Duft, so hielt er es für Gestank; schmeckte er Süßes, so hielt er es für bitter; tat er Schlechtes, so hielt er es für recht. In seinen Gedanken waren die vier Himmelsrichtungen, Feuer und Wasser, Kalt und Warm, und alles, was auf der Welt ist, in ihr Gegenteil verkehrt.

Ein Mann namens Yang sagte zu seinem Vater: »Der große Mann in Lu (Konfuzius) kennt viele Mittel und Wege; der kann es vielleicht beseitigen. Willst du ihn nicht befragen?« Der Vater ging darauf nach Lu. Als er durch Tschen kam, begegnete er dem Lau Dan. Darum erzählte er ihm den Zustand seines Sohnes.

Lau Dan sprach: »Wie weißt du denn, dass dein Sohn verrückt ist? Heutzutage ist die ganze Welt im Zweifel über Recht und Unrecht und im Irrtum über Gut und Schlecht. Aber es sind viele, die an derselben Krankheit leiden, darum merkt es keiner. Außerdem: wenn ein Mensch verrückt ist, wird dadurch noch nicht seine ganze Familie umgekehrt. Wenn eine Gemeinde verrückt ist, wird dadurch noch nicht das ganze Land umgekehrt. Wenn ein Land verrückt ist, wird dadurch noch nicht die ganze Welt umgekehrt. Wenn aber die ganze Welt verrückt ist, wer will sie dann umkehren? Nun lass einmal die ganze Welt so fühlen wie dein Sohn, dann bist umgekehrt du der Verrückte. Was traurig ist und freudig, Ton, Farbe, Geruch, Geschmack, Recht und Unrecht: wer kann das unbedingt feststellen? Außerdem ist es auch gar nicht ausgemacht, dass das, was ich da zu dir sage, nicht verrückt ist. Was soll da erst der große Mann in Lu, der ein Verbreiter aller Verrücktheit ist! Wie kann der die Verrücktheiten andrer Menschen heilen? Du tätest wohl besser daran, dein Reisegeld zu sparen und schleunigst wieder heimzugehen.«

10. Verfrühte Rührung

Ein Mann aus Yän war in Yän zur Welt gekommen, aber in Tschu aufgewachsen. Als er alt geworden, kehrte er in sein Heimatland zurück. Er kam durch das Land Dsin. Da log ihn ein Mitreisender an, deutete auf die Stadt und sprach: »Das ist die Hauptstadt des Landes Yän.« Da errötete jener Mann und verzog die Mienen. Er deutete auf die Altäre und sprach: »Das sind die Altäre deiner Heimat.« Da seufzte er tief. Er deutete auf eine Hütte und sprach: »Das ist die Behausung deiner Ahnen.« Da schluchzte er und schneuzte sich. Er deutete auf die Gräber und sprach: »Hier ist die Ruhestätte deiner Ahnen.« Da weinte jener Mann fassungslos. Der Mitreisende lachte laut und sprach: »Hahaha, ich habe eben nur Spaß gemacht. Das ist das Land Dsin.« Jener Mann ward sehr beschämt. Und als er dann ins Land Yän kam und wirklich die Hauptstadt und die Altäre seiner Heimat sah und wirklich die Behausung und die Ruhestätte seiner Ahnen sah, da waren seine gerührten Gefühle sehr zusammengeschmolzen.

BUCH IV

Konfuzius
Hingabe ans All

»Und solang du das nicht hast / Dieses: Stirb und Werde / Bist du nur ein trüber Gast / Auf der dunklen Erde.«

1. Welterlösungsschmerzen

Dschung Ni (Konfuzius) weilte einst in der Zurückgezogenheit. Dsi Gung trat ein, um bei ihm zu sein. Er aber sah bekümmert aus. Dsi Gung wagte nicht zu fragen. Er ging wieder hinaus und teilte es Yän Hui mit. Yän Hui ergriff die Zither und sang. Meister Kung hörte es, und richtig rief er ihn zu sich hinein. Er fragte ihn und sprach: »Warum bist du in deiner Einsamkeit so fröhlich?« Yän Hui sprach: »Warum ist der Meister in seiner Einsamkeit bekümmert?« Meister Kung sprach: »Sage mir zuerst, was dich bewegt.« Er sprach: »Ich hörte einst den Meister sagen, wer Frieden mit Gott habe und seinen Willen kenne, brauche niemals Kummer zu haben; darum bin ich fröhlich.«

Der Meister Kung errötete und sprach nach einer Weile: »Das hätte ich gesagt? Deine Gedanken sind auf falscher Bahn. Was ich da früher gesagt habe, das bitte ich durch das, was ich jetzt sage, richtigzustellen. Du hast allerdings erkannt, dass, wer Frieden mit Gott hat und seinen Willen kennt, keinen Kummer hat, aber du hast noch nicht erkannt, dass, gerade wer Frieden mit Gott hat und seinen Willen kennt, den allergrößten Kummer hat.

Nun will ich dir sagen, wie es in Wirklichkeit damit steht. Allein sein Selbst veredeln ohne Rücksicht auf Erfolg oder Nichterfolg, erkennen, dass äußere Schicksale und Verluste nicht unser wahres Ich betreffen, und sich nicht die Gedanken des Herzens verwirren lassen: das ist es, was du meinst, wenn du sagst: wer Frieden mit Gott hat und seinen Willen kennt, hat keinen Kummer.

Ich habe einst die Lieder und Urkunden verbessert, die Lebensregeln und die Kunst gereinigt, um der Nachwelt die Mittel zur Ordnung des Erdkreises zu hinterlassen; nicht nur mein eignes Selbst zu veredeln und den Staat Lu zu ordnen, war meine Absicht dabei. Und doch ging selbst in Lu die Ordnung im Staate verloren, Sittlichkeit und Pflicht verkamen immer mehr, und das Gemüt des Volkes verrohte immer mehr. So wenig vermochte auch nur in einem einzigen Staate der Gegenwart der Sinn jener Lehren durchzudringen. Wie soll es da erst mit dem ganzen Erdkreis in künftigen Zeiten werden!

Ich habe zwar erkannt, dass Lieder und Urkunden, Lebensregeln und Kunst keine Rettung aus der Verwirrung bringen können, aber ich habe das Mittel zur wahren Erneuerung noch nicht gefunden. Das ist der Kummer, den man hat, wenn man Frieden mit Gott hat und seinen Willen kennt.

Immerhin habe ich die Einsicht erlangt, dass, was man so Friede und Erkenntnis nennt, nicht das ist, was die Alten Friede und Erkenntnis nannten. Jenseits dieses Friedens und dieser Erkenntnis ist der wahre Friede und die wahre Erkenntnis. Darum hat man allenthalben Frieden, allenthalben Erkenntnis, allenthalben Kummer und allenthalben Erfolg. Die Lieder und Urkunden, die Lebensregeln und die Kunst braucht man darum nicht zu verwerfen, aber die Erneuerung führen sie nicht herbei.«

Yän Hui stand mit gefalteten Händen nach Norden gewandt und sprach: »Auch ich habe die Einsicht erlangt.« Er ging hinaus und sagte es Dsi Gung. Dsi Gung geriet in äußerste Verwirrung und verlor allen Halt. Er kehrte nach Hause zurück und überließ sich den einstürmenden Gedanken. Sieben Tage lang konnte er weder schlafen noch essen, bis er schließlich zum Gerippe abmagerte. Yän Hui ging häufig zu ihm und sprach ihm zu. Da kehrte er in die Lehre des Meisters zurück, spielte und sang und sagte die Urkunden her ohne Unterbrechung sein ganzes Leben lang.

2. Verschiedene Heiligkeit

Der Kanzler von Tschen weilte als Gast im Staate Lu. Er besuchte den Freiherrn Schu Sun. Der sprach: »Wir haben einen Heiligen im Land.« Der andre fragte: »Doch nicht etwa Kung Kiu?« »Gewiss!«, war die Antwort. »Und woher weiß man, dass er ein Heiliger ist?« Schu Sun sprach: »Ich habe schon oft den Yän Hui sagen hören, dass Kung Kiu es über sich bringt, die Stimmungen auszutilgen, um des Leibes Meister zu werden.«

Der Kanzler von Tschen sprach: »Wir haben auch einen Heiligen im Land. Wisst ihr das nicht?« »Und wie heißt denn dieser Heilige?« »Unter den Schülern Lau Dan's gibt es einen namens Geng Sang Dsi, der den SINN des Lau Dsi erlangt hat. Der kann mit den Ohren sehen und mit den Augen hören.« Der Fürst von Lu hörte davon und wunderte sich sehr. Er sandte einen vornehmen Boten mit reichen Geschenken, um ihn holen zu lassen. Geng Sang Dsi folgte der Einladung und kam. Der Fürst von Lu befragte ihn mit höflichen Worten. Geng Sang Dsi sprach: »Diese Berichte sind falsch. Ich kann sehen und hören, ohne Augen und Ohren zu gebrauchen, aber ich kann nicht den Gebrauch von Aug' und Ohr vertauschen.« Der Fürst von Lu sprach: »Das ist ja noch merkwürdiger. Ich wünschte gerne zu hören, wie das zugeht.« Geng Sang Dsi sprach: »Mein Leib ist eins mit dem Gefühl, das Gefühl ist eins mit der Kraft, die Kraft ist eins mit dem Geist, der Geist ist eins mit dem Jenseits. Das winzigste Wesen, der leiseste Ton, mögen sie ferne sein außerhalb der acht Wüsten oder nahe innerhalb der Augenwimpern, sie haben Einfluss auf mich und ich erkenne sie mit Notwendigkeit. Aber ich weiß nicht, ob es eine sinnliche Empfindung und eine seelische Erkenntnis ist. Ich habe nur die Erkenntnis an sich, nichts weiter.« Der Fürst von Lu war sehr befriedigt und erzählte es Tags darauf dem Dschung Ni (Konfuzius). Dschung Ni lächelte und erwiderte nichts.

3. Der ferne Heilige

Der Statthalter von Schang besuchte den Meister Kung und sprach: »Bist du ein Heiliger?« Meister Kung sprach: »Ein Heiliger! Wie könnte ich das mir unterstehen! Ich bin nur im Lernen bewandert und habe viele Kenntnisse.« Der Statthalter von Schang sprach: »Waren die drei Könige Heilige?« Meister Kung sprach: »Die drei Könige waren tüchtig in der Ausübung von Weisheit und Tatkraft. Waren sie Heilige, so weiß ich das nicht.« »Waren die fünf Herrscher Heilige?« Meister Kung sprach: »Die fünf Herrscher waren tüchtig in der Ausübung von Sittlichkeit und Pflicht. Waren sie Heilige, so weiß ich das nicht.« »Waren die drei Erhabenen Heilige?« Meister Kung sprach: »Die drei Erhabenen waren tüchtig in der Ausübung dessen, was die Zeit verlangte. Waren sie Heilige, so weiß ich das nicht.«

Da verwunderte sich der Statthalter sehr und sprach: »Ja, wer ist dann heilig?« Meister Kung veränderte die Miene und sprach nach einer Weile: »Unter den Leuten der Westgegend, da gibt es ja wohl einen Heiligen. Er ordnet nichts, und doch ist nichts verwirrt, er redet nichts, und alles glaubt von selber, er bessert nichts, und alles geht von selber. Unbegreiflich ist er! Und die Leute finden keinen Namen für ihn. Ich vermute, der ist wohl heilig. Ob er in Wahrheit ein Heiliger ist oder in Wahrheit kein Heiliger ist – das weiß ich nicht.« Der Statthalter schwieg und überlegte in seinem Herzen: »Der Kung Kiu hat mich wohl zum Besten?«

4. Die Hälfte ist mehr als das Ganze

Dsi Hia fragte den Meister Kung und sprach: »Was ist von Yän Hui als Menschen zu halten?« Der Meister sprach: »In der Liebe ist er mir überlegen.« Er sprach: »Was ist von Dsi Gung als Menschen zu halten?« Der Meister sprach: »An Scharfsinn ist er mir überlegen.« Er sprach: »Was ist von Dsi Lu als Menschen zu halten?« Der Meister sprach: »An Kühnheit ist er mir überlegen.« Er sprach: »Was ist von Dsi Dschang als Menschen zu halten?« Der Meister sprach: »An Würde ist er mir überlegen.«

Dsi Hia stand von seinem Platze auf und sprach: »Ja, wie kommt es denn, dass die vier dem Meister dienen?« Der Meister sprach: »Setz dich, ich will es dir erklären. Yän Hui kann wohl lieben, aber er kann nicht widersprechen. Si (Dsi Gung) kann wohl scharfsinnig sein, aber er kann nicht andern zustimmen. Yu (Dsi Lu) kann wohl kühn sein, aber er kann sich nicht vorsichtig zurückhalten. Schi (Dsi Dschang) kann wohl würdevoll auftreten, aber er kann sich nicht andern gesellen. Nimm die Eigenschaften der vier zusammen, um mit mir zu tauschen: ich tue nicht mit. Das ist der Grund, warum sie mir dienen und keinem andern.«

5. Liä Dsi und sein Nachbar

Nachdem Liezi beim Meister Huqiu Zilin studiert und sich mit Bohun Wuren angefreundet hatte, wohnte er wieder in der Südlichen Vorstadt. Hunderte kamen nun, die bei ihm als seine Gefolgsleute wohnen wollten. Doch Liezi hielt diese immer noch für wenig und diskutierte mit ihnen jeden Morgen, ohne dass da einer gewesen wäre, der kein Gehör gefunden hätte. Mit dem Meister aus der Südlichen Vorstadt wohnte er indessen Mauer an Mauer für zwanzig Jahre, ohne dass sie sich einmal besucht oder eingeladen hätten. Trafen sie sich auf der Straße, dann schauten sie, als hätten sie einander nicht gesehen. So meinten die Schüler und Diener, dass Meister Liezi und der Meister aus der Südlichen Vorstadt zweifelsohne verfeindet sein müssten. Da kam jemand aus

Chu und fragte den Meister Liezi: »Warum sind Sie, mein Herr, mit dem Meister aus der Südlichen Vorstadt verfeindet?« Meister Liezi antwortete: »Des Meisters aus der Südlichen Vorstadt Miene ist voll, sein Herz aber ist leer. Seine Ohren hören nichts, seine Augen sehen nichts, sein Mund hat keine Rede, sein Herz kein Wissen und seine Gestalt verändert sich nicht. Wenn ich zu ihm ginge, was sollte ich da tun? Dennoch: Ich will mit dir einmal versuchsweise hingehen.« Und er wählte vierzig Schüler aus, die ihn begleiten sollten.

Als er den Meister aus der Südlichen Vorstadt dann sah, da war dieser tatsächlich wie ein Trugbild, mit dem man nicht in Kontakt treten konnte. Er schaute den Meister Liezi an, ohne dass sein Leib und sein Geist eine Gesprächsbereitschaft ausgestrahlt hätten, so dass sie mit ihm keine Gruppe bilden konnten. Plötzlich aber zeigte der Meister aus der Südlichen Vorstadt auf einen der Letzten aus der Reihe der Schüler des Meister Liezi und sprach ihn an, gelassen und entspannt, als stünde er allein und in der wichtigsten Position da. Darob waren die Schüler des Meisters verblüfft. Als sie nach Hause zurückkehrten, stand ihnen allen die Überraschung ins Gesicht geschrieben. Meister Liezi aber sprach: »Wer die Bedeutung erfasst hat, sagt nichts, und wer im Wissen vorangekommen ist, sagt ebenfalls nichts. Denn wer nichts sagen für Sagen hält, der sagt ebenfalls, und wer nichts wissen für Wissen hält, der weiß ebenfalls. Bei ihm ist nichts, das nicht gesagt wäre und nichts, das er nicht wüsste, nichts, das er sagte und nichts, das er wüsste. So ist das und nichts weiter. Warum macht ihr denn so grundlos verblüffte Gesichter?«
(Übersetzt von Hans van Ess)

6. Die Entwicklung des Liä Dsı

Als Meister Liezi lernte, da wagte er in seinem Herzen nach drei Jahren nicht mehr über Recht und Unrecht nachzudenken, und sein Mund wagte nicht mehr, über Nutzen und Nachteil zu reden. Da bekam er zum ersten Mal einen einzigen Blick des Lao Shang. Nach fünf Jahren dachte er in seinem Herzen wieder an Recht und Unrecht, und mit seinem Mund redete er wieder über Nutzen und Nachteil. Da erst heiterte sich die Miene des Lao Shang auf, und er lächelte. Nach sieben Jahren folgte er dem, was sich sein Herz dachte und kannte wieder kein Recht und Unrecht mehr. Er folgte dem, was sein Mund sagte und kannte wieder nicht Nutzen noch Nachteil. Da erst ließ mich mein Meister erstmals mit ihm auf der Matte sitzen. Nach neun Jahren, da machte ich einen Strich durch die Gedanken meines Herzens und einen Strich durch die Worte meines Mundes. Ich wusste nicht mehr, ob es sich um mein Recht und Unrecht und um meinen Nutzen und Nachteil handelte, oder um Recht und Unrecht, Nutzen und Nachteil der Anderen. Äußeres und Inneres waren vorangekommen.

Danach aber waren meine Augen wie die Ohren, die Ohren wie die Nase, die Nase wie der Mund, und alle Sinne waren gleich. Mein Herz verdichtete sich, der Leib löste sich, Knochen und Fleisch wurden leicht, und ich fühlte nicht mehr, worauf sich der Leib stützte, noch worauf die Füße traten, was das Herz bedachte, noch was die Worte bargen. Wenn es nur noch so ist, dann bleibt dem Verstand nichts mehr verborgen.
(Übersetzt von Hans van Ess)

7. Das Wandern

Anfangs liebte es der Meister Liä Dsı zu wandern. Hu Kiu Dsi sprach: »Du liebst zu wandern. Was ist am Wandern zu lieben?« Liä Dsı sprach: »Des Wanderns Lust ist, dass man die Zwecklosigkeit genießt. Die Menschen wandern zu schau'n, was sie seh'n, ich aber wandere zu schauen den Wechsel. Wandern und wandern: noch niemand gab es, der das Wandern unterscheiden konnte.«

Hu Kiu Dsi sprach: »Dein Wandern gleicht wahrlich dem der andern, und du behauptest dennoch, es sei von dem der andern wahrlich verschieden. Aber bei allem, was man sieht, sieht man beständig auch den Wechsel. Du genießt die Zwecklosigkeit der Außenwelt, aber du hast die Zwecklosigkeit des eignen Ichs noch nicht erkannt. Wer auf das Äußere achthat beim Wandern, versteht nicht, aufs Innere achtzuhaben. Der Wandrer, der nach außen blickt, sucht die Vollkommenheit bei den Dingen. Wer nach innen blickt, findet Genüge im eignen Selbst. Genüge im eignen Selbst zu finden, das ist des Wanderns höchste Stufe. Vollkommenheit bei den Dingen zu suchen, das ist noch nicht die höchste Stufe des Wanderns.«

Darauf wollte Liä Dsı sein Leben lang nicht mehr hinaus und dachte bei sich selbst, dass er das Wandern noch nicht verstehe.

Hu Kiu Dsi sprach: »Wandre zum höchsten Ziel! Wer dieses Ziel des Wanderns erreicht, der weiß nicht mehr, wohin es geht; wer das Ziel des Schauens erreicht, der weiß nicht mehr, was er erblickt. Allen Dingen begegnet er auf seiner

Wanderschaft. Alle Dinge schaut er so. Das ist's, was ich wandern nenne, das ist's, was ich schauen nenne. Darum sage ich: Wandre zum höchsten Ziel! Wandre zum höchsten Ziel!«

8. Selbstlosigkeit als Krankheit

Lung Schu wandte sich an Wen Dschi und sprach: »Eure Kunst ist fein. Ich habe eine Krankheit, könnt Ihr sie heilen?« Wen Dschi sprach: »Ich stehe zur Verfügung. Doch sagt mir erst die Zeichen Eurer Krankheit.«

Lung Schu sprach: »Das Lob meiner Mitbürger ist für mich nicht Ehre. Der Tadel meiner Landsleute ist für mich nicht Schande. Gewinn erfreut mich nicht, Verlust betrübt mich nicht. Leben und Tod gilt mir gleich. Reichtum und Armut gilt mir gleich. Die Menschen gelten mir nicht mehr als Schweine, ich gelte mir nicht mehr als andre. Ich weile in meiner Heimat wie in einer Herberge auf der Wanderschaft. Mein Vaterland ist vor meinen Blicken wie ein fremdes Land. Unter allem diesen leide ich. Titel und Lohn spornt mich nicht an. Strafen und Bußen schrecken mich nicht ab. Wohlergehen und Verfall, Gewinn und Schaden können mich nicht wandeln. Freude und Trauer können mich nicht ändern. Darum bin ich ungeschickt zum Fürstendienst, zum Verkehr mit Verwandten und Freunden, zum Walten über Weib und Kind, zum Herrschen über Diener und Knechte. Was ist das für eine Krankheit, und welches Mittel kann sie heilen?«

Wen Dschi ließ nun den Lung Schu mit dem Rücken gegen das Licht stehen. Er selbst sah ihn vom Innern (des Zimmers) her gegen das Licht an. Dann sprach er: »Ei, ich sehe Euer Herz; seine Stelle ist ganz leer. Beinahe ein Heiliger! Sechs Öffnungen Eures Herzens münden ins All, nur eine Öffnung geht nicht durch. Heutzutage hält man heilige Weisheit für eine Krankheit. Das mag es wohl sein. Das ist aber nicht etwas, das meine geringe Kunst zu heilen vermag.«

9. Das Gesetz des Lebens und des Todes

Das Unbedingte, ewig Zeugende ist der SINN. Dass das im Leben gegründete Leben, obwohl ans Ende kommend, nicht aufhört, ist ewiges Gesetz. Tod, der aus Leben kommt, ist Unglück. Dass das Bedingte ewig stirbt, ist ebenfalls der SINN. Dass der im Tode gegründete Tod, obwohl noch nicht ans Ende gekommen, von selber aufhört, ist ebenfalls ewiges Gesetz. Leben, das aus dem Tode kommt, ist Glück.

Darum, was ohne Mittel Leben zeugt, heißt SINN. Wer diesen SINN auswirkt, findet Vollendung: das ist ewiges Gesetz. Dass, was der Mittel bedarf, stirbt, heißt ebenfalls SINN. Wer diesen SINN auswirkt, ist dem Tod verfallen; auch das ist ewiges Gesetz.

Als Gi Liang starb, blickte Yang Dschu nach seiner Tür und sang. Als Sui Wu starb, strich Yang Dschu über seinen

Leichnam und weinte. Die Menge aber singt, wenn wer geboren wird, und weint, wenn einer stirbt.

10. Wendepunkte

Ist das Auge am Erblinden,
sieht es jedes feinste Härchen.
Ist das Ohr dem Taubsein nahe,
hört es kleinster Mücken Schwirren.
Eh' der Gaumen völlig stumpf wird,
kennt er Wasser nach der Quelle.
Will sich der Geruch verlieren,
kennt er dürren Holzes Moder.
Ist der Körper am Erlahmen,
rastlos muss er sich bewegen.
Eh' im Herzen Wahnsinn dunkelt,
scheidet klar es Recht und Unrecht.
Eh' das Äußerste erreicht ist,
kehrt sich nichts ins Gegenteil.

11. Staat und Anarchismus

Im Flachlande von Dscheng gab es viele weltabgewandte Eremiten; in Ostdorf dagegen viele praktische Staatsmänner. Unter den Anhängern jener Eremiten des Flachlandes war einer namens Be Feng Dsi. Der kam durch die Gegend von Ostdorf und begegnete dem Staatspolitiker Deng Si. Deng Si wandte sich zu seinen Schülern, lächelte und sprach: »Wie wäre es, wenn ich für euch den Ankömmling da ein wenig behandelte?« Seine Schüler sprachen: »Das ist's gerade, was wir sehen möchten.«

Deng Si wandte sich nun an Be Feng Dsi und sprach: »Weißt du wohl, welche Pflichten aus der Bedürfnisbefriedigung erwachsen? Wesen, die sich nur von Menschen füttern lassen, ohne selbst sich nähren zu können, gehören zur Gattung der Hunde und Schweine. Und es steht in der Macht des Menschen, die Wesen, die er füttert, für seine Zwecke zu benützen. Dass deine Genossen sich satt essen und in Ruhe sich kleiden können, ist das Werk der Lenker des Staates. Wenn Alte und Junge in Herden beieinander leben in Ställe eingepfercht, wodurch unterscheiden sich solche Küchengeschöpfe von Hunden und Schweinen?« Be Feng Dsi erwiderte nichts. Da durchbrach einer seiner Schüler die Ordnung, trat vor und sprach: »Hat der Herr Doktor noch nicht gehört, dass es in unserem Land gar viele geschickte Arbeiter gibt? Es gibt Leute, die tüchtig sind in Erd- und Holzarbeiten, Leute, die tüchtig sind in Metall- und Lederarbeiten, Leute, die tüchtig sind in Musik und Tönen, Leute, die tüchtig sind im Schreiben und Rechnen, Leute, die tüchtig sind im Kriegshandwerk, Leute, die tüchtig sind im Tempeldienst. Ganze Scharen von begabten Leuten sind vorhanden. Aber ohne gegenseitige Einordnung können sie einander nicht gebrauchen. Aber die, die sie einordnen, wissen nichts; die, die sie gebrauchen, können nichts. Aber die, die etwas wissen und etwas leisten können, bedienen sich dieser (Leitenden). Darum sind die Lenker des Staates unsere Angestellten. Was braucht der Herr sich da großzutun?«

Deng Si wusste nichts zu erwidern. Er sah seine Schüler an und zog sich zurück.

12. Beherrschte Kraft

Der Graf Gung I war wegen seiner Stärke berühmt unter den Fürsten. Der Herzog Tang Ki erzählte von ihm dem König Süan vom Hause Dschou. Der König richtete Geschenke zu, um ihn zu Gast zu bitten. Der Graf Gung I kam. Sah man seine Gestalt an, so erschien er wie ein Schwächling. Der König Süan hegte Misstrauen in seinem Herzen und sprach zweifelnd: »Wie groß ist deine Stärke?« Graf Gung I sprach: »Meine Stärke reicht hin, die Beine einer Frühlingsheuschrecke zu brechen und einer Herbstzikade Flügel zu ertragen.«

Dem König stieg das Blut zu Kopf, und er sprach: »Die Starken unter meinen Leuten können die Haut eines Nashorns zerreißen und neun Stiere am Schwanze schleppen, und doch sind sie mir zu schwach. Du brichst einer Frühlingsheuschrecke die Beine und hältst die Flügel einer Herbstzikade aus, und doch hört man auf der ganzen Welt von deiner Stärke. Wie geht das zu?«

Der Graf Gung I atmete tief, stand von seiner Matte auf und sprach: »Wahrlich, gut ist deine Frage, o König! Ich wage es, der Wirklichkeit entsprechend zu erwidern: Mein Lehrer war ein Mann namens Schang Kiu Dsi, dessen Stärke niemand auf Erden gewachsen war; doch wussten selbst seine Nächsten nichts davon, darum dass er niemals seiner Stärke sich bediente. Ich diente ihm bis zum Tode. Da sagte er mir: ›Wer Außerordentliches sehen will, muss auf das blicken, was die andern nicht beachten. Wer Unerreichtes erreichen will, muss auf das blicken, was die andern nicht beachten. Wer Unerreichtes erreichen will, muss das pflegen, was die andern nicht tun. Darum, wer sich im Schauen übt, mag erst einen Heuwagen ansehen. Wer sich im Hören übt, mag erst auf Glockenschläge horchen. Was leicht geworden ist im Innern, macht im Äußern keine Schwierigkeiten mehr. Wenn man aber im Äußern keine Schwierigkeiten mehr findet, so dringt der Name nicht über das eigne Heim hinaus.‹

Dass nun mein Name unter den Fürsten bekannt geworden ist, zeigt, dass ich meines Meisters Lehren missachtet und meine Fähigkeiten geoffenbart habe. Aber dennoch beruht mein Name nicht darauf, dass ich meine Stärke missbrauche, sondern darauf, dass ich meine Stärke zu gebrauchen weiß. Ist das nicht besser, als seine Kraft zu missbrauchen?«

13. Sophismen

Prinz Mou von Zhongshan war der fähigste der Prinzen aus dem Staate Wei. Er schätzte es, von Würdigen zu lernen und interessierte sich nicht für die Angelegenheiten des Staates. Er hatte Gefallen an Gongsun Long aus Zhao. Männer wie Yuezheng Ziyu verlachten ihn dafür. Da sagte Prinz Mou: »Warum lacht Ihr mich dafür aus, dass ich Gefallen an Gongsun Long habe?« Ziyu antwortete: »Gongsun Long ist einer, der für sein Handeln keinen Lehrer als Vorbild hat, der ohne Freunde lernt, der scharfzüngig antwortet, ohne dabei wirklich ins Schwarze zu treffen, der übertreibt und sich keiner Schulrichtung verpflichtet fühlt, der das Absonderliche liebt und darum dummes Zeug redet, der die Herzen der anderen in die Irre führen und ihre Münder rhetorisch in die Knie zwingen möchte. Das hat er bei Han Tan und anderen gelernt.«

Da setzte Prinz Mou eine andere Miene auf und sprach: »Warum berichtet Ihr in solch übertriebener Weise von Gongsun Long? Da würde ich doch gerne die Wahrheit hören!« Ziyu antwortete: »Ich lache darüber, wie Gongsun Long den Kong Chuan betrog, indem er sagte: Ein guter Schütze kann dafür sorgen, dass ein hinterer Pfeil das Büschel am Ende eines zuvor abgeschossenen Pfeiles trifft. Er wird so schnell hintereinander schießen, dass sich die Pfeile aneinanderreihen. Wenn dann der vorderste Pfeil das Ziel trifft, dann wird keiner herabfallen, während der hinterste Pfeil noch auf der Sehne ruht. Das sieht so dann aus, als wäre es nur ein einziger Pfeil. Als darüber Kong Chuan sprachlos war, sagte Gongsun Long: ›Das ist noch längst nicht das Wunderbarste! Peng Meng hat einen Schüler namens Hong Chao, der seine Frau einmal einschüchtern wollte, als er wütend auf sie war. Da spannte er den Bogen Rabenschrei mit einem mit Federn aus Ji versehenen Pfeil und zielte auf ihr Auge. Die Spitze des Pfeils war auf die Pupille gerichtet, ohne dass er mit der Wimper gezuckt hätte, doch dann drehte der Pfeil auf den Boden, ohne dass Staub aufgewirbelt worden wäre.‹ So etwas sind doch nicht die Worte eines Klugen!«

Prinz Mou antwortete: »Wahrhaftig: Die Worte eines Klugen sind nichts, das ein Dummer verstehen könnte. Dass der hintere Pfeil das Büschel des vorderen trifft, liegt daran, dass der Schütze hinten und vorne ausgleicht. Dass der Pfeil auf die Pupille gerichtet ist, ohne dass er mit der Wimper zuckt, liegt daran, dass er das Verhalten eines Pfeils ganz genau kennt. Was zweifelt Ihr daran?«

Yuezheng Ziyu sprach: »Meister, als ein Schüler des Gongsun Long müsst Ihr natürlich seine Fehler bemänteln. Da erzähle ich Euch noch das Allergrößte! Gongsun Long machte sich einen Spaß mit dem König von Wei, indem er zu ihm sagte: ›Es kommt vor: ein Ziel entspringt nicht dem Herz. Es kommt vor: ein Fingerzeig trifft nicht zu. Es kommt vor: Dinge sind unerschöpflich. Es kommt vor: ein Schatten bewegt sich nicht. An einem Haar zieht man tausend Pfund. Ein weißes Pferd ist kein Pferd. Ein verwaistes Kalb hatte niemals eine Mutter.‹ Seine Versuche, die Dinge auf den Kopf zu stellen und sich gegen die normalen Beziehungen zu stellen, kann man gar nicht alle aufzählen.«

Prinz Mou erwiderte: »Ihr meint nur, das wäre das ›Allergrößte‹, weil Ihr die verständigsten Worte nicht versteht. Das ist aber nur für Euch das ›Allergrößte‹. Denn wenn man kein Ziel hat, dann ist das Herz in Übereinstimmung. Wenn man auf gar nichts zeigt, dann trifft alles zu. Dass Dinge zu Ende gehen, das gibt es dauernd. Im Falle des Schattens, der sich nicht bewegt, liegt die Erklärung in der Veränderung. Bei ›ein Haar zieht tausend Pfund‹ geht es um eine Extremsituation. Bei ›ein weißes Pferd ist kein Pferd‹ scheidet er Form und Bezeichnung voneinander. Und ein verwaistes Kalb, das niemals eine Mutter hatte, ist kein verwaistes Kalb.«

Yuezheng Ziyu sagte: »Meister, Ihr meint, das Gekreische des Gongsun Long ließe sich alles gut einordnen. Selbst wenn er von einer Müllhalde ausginge, würdet Ihr ihm immer noch glauben.« Da schwieg Prinz Mou für eine Weile, kündigte an, dass er sich nun zurückziehen würde und sagte: »Ich werde Euch noch einmal zu einem Gespräch darüber aufsuchen!«
(Übersetzt von Hans van Ess)

14. Des Volkes Stimme

Yau waltete über dem Erdkreis fünfzig Jahre lang und wusste nicht, ob der Erdkreis in Ordnung sei oder nicht in Ordnung sei, ob die Millionen sich ihm willig fügten oder nicht. Er wandte sich fragend an seine Umgebung. Seine Umgebung wusste es nicht. Er fragte die von außen her zu Hofe kamen, aber auch sie wussten es nicht. Er fragte die auf den Feldern, aber auch sie wussten es nicht. Da ging Yau in geringer Kleidung auf die Wanderschaft. In Kang Kü hörte er die Kinder ein Gassenlied singen:

»Unsre vielen Volksgenossen
Kommen ohne Arg zum Ziele.
Ohne alles eigne Wissen
Folgen sie des Herren Willen.«

Yau war erfreut und fragte: »Wer hat euch dieses Lied gelehrt?« Die Knaben sprachen: »Wir haben's vom Vogte gehört.« Er fragte den Vogt, der sprach: »Das ist ein altes Lied.« Yau kehrte heim zu seinem Schloss. Er berief den Schun und übergab ihm den Erdkreis. Schun weigerte sich nicht und nahm an.

15. Erlösung vom Ich

Guan Yin Hi sprach: »Wer nicht an seinem Eignen haftet, dem gibt sich die Leiblichkeit und die Außenwelt kund. In seinen Handlungen ist er (schmiegsam) wie das Wasser. In seiner Ruhe ist er wie ein Spiegel. In seinen Gegenwirkungen ist er wie das Echo. Darum ist sein SINN ein treues Abbild der Außenwelt. Die Außenwelt widerstrebt wohl ihrerseits dem SINN, aber der SINN widerstrebt nicht der Außenwelt. Darum, wer sich auf diesen SINN versteht, der bedarf nicht des Ohrs noch des Auges, noch der Stärke, noch des Bewusstseins.

Wer diesen SINN begehrt und sucht ihn mit Auge und Ohr, mit der Leiblichkeit und mit Erkenntnis, der ist auf falscher Fährte. Er starrt nach vorne, und plötzlich ist er hinter ihm. Gebraucht man ihn, so erfüllt er alle Leere, tut man ihn ab, so weiß man nicht, wo er geblieben ist. Er ist weder fern, dass man ihn durch bewusstes Suchen finden könnte, noch ist er nahe, dass man ihn durch unbewussten Zufall finden könnte. Nur schweigend erlangt man ihn. Und nur wer sein Wesen zur Vollendung gebracht, erlangt ihn.

Erkennen ohne Leidenschaft, Vermögen ohne Handlungen ist wahres Erkennen und wahres Vermögen. Wer die Aufhebung des Erkennens in sich entwickelt, wie kann der noch leidenschaftlich sein? Wer die Beseitigung des Vermögens in sich entwickelt, wie kann der noch sich in Handlungen verstricken? Wer Irdisches sammelt und Staub aufhäuft, ist, ob er auch Geschäftigkeit meidet, noch nicht zur wahren Vernunft durchgedrungen.«

BUCH V

Die Fragen Tang's
Antinomien

»Und es ist das Ewig Eine / Das sich vielfach offenbart / Klein das Große, groß das Kleine / Alles nach der eignen Art.«

1. Widerstreit der Ideen von Raum und Zeit

Tang vom Hause Yin fragte Gi von Hia und sprach: »Gab es am Uranfang keine Welt?« Gi von Hia sprach: »Wenn es am Uranfang keine Welt gegeben hätte, wie könnte es dann heute eine Welt geben? Da konnten in Zukunft die Menschen auch behaupten, dass es heute keine Welt gebe.«

Tang von Yin sprach: »Dann gibt es also in der Welt kein Vorher und Nachher?« Gi von Hia sprach: »Ende und Anfang in der Welt sind nicht fest begrenzt. Jeder Anfang kann als Ende aufgefasst werden, jedes Ende kann als Anfang gesetzt werden: wie soll ich ihren Verlauf erkennen können? Was jenseits der Welt liegt, was vor den Erscheinungen ist, ist etwas, das ich nicht erkennen kann.«

Tang von Yin sprach: »Gibt es dann im Raum eine äußere Grenze und letzte einfache Teile?« Gi von Hia sprach: »Das weiß ich nicht.« Tang fragte dringender. Gi sprach: »Gibt es einen leeren Raum, so hat er keine Grenzen, gibt es nur erfüllten Raum, so hat er letzte einfache Teile. Wie kann ich das erkennen? Doch kann man jenseits der Grenzen des Leeren noch einmal ein grenzenlos-grenzenloses Leere denken, innerhalb der unendlich kleinen Teile noch einmal unendlich-unendlich kleine Teile denken. Da jenseits des Grenzenlosen noch wieder ein grenzenlos Grenzenloses und innerhalb des unendlich Kleinen noch wieder ein unendlich-unendliches Kleines ist, so kann ich mir denken, dass es keine Grenzen und keine letzten einfachen Teile gibt, nicht aber denken, dass es Grenzen und einfache Teile gibt.«

Tang fragte abermals und sprach: »Und wie ist es jenseits der vier Meere?« Gi sprach: »Grade so wie hier bei uns.« Tang sprach: »Wie willst du das beweisen?« Gi sprach: »Wenn ich nach Osten gehe, so komme ich nach Ying. Dort sind die Leute grade wie hier. Und wenn ich frage, wie es östlich von Ying ist, so ist es dort grade wie in Ying. Gehe ich nach Westen, so komme ich nach Bin. Dort sind die Leute grade wie hier. Und wenn ich frage, wie es westlich von Bin ist, so ist es dort grade wie in Bin. Daher weiß ich, dass es jenseits der vier Meere, jenseits der vier Wüsten, jenseits der vier Pole nicht anders ist als hier.

Weil immer ein Größeres das Kleinere in sich befasst, darum gibt es kein Ende und keine Grenze. Es gibt etwas, das die Natur in sich befasst, wie es auch etwas gibt, das die Welt in sich befasst. Weil es etwas gibt, das die Natur in sich befasst, darum gibt es kein Ende. Weil es etwas gibt, das die Welt in sich befasst, darum gibt es keine Grenze. Wie kann ich auch wissen, ob es um unsere Welt herum nicht noch eine größere Welt gibt? Anderseits übersteigt das auch das Wissen. Immerhin folgt daraus, dass die Welt auch zur Natur gehört. Die Natur aber ist unvollkommen.

(Darum hat vor alters Nü Wa Steine von allen Farben ausgesucht, um den Schaden auszubessern und hat die Beine einer Riesenschildkröte abgebrochen, um sie als die vier Pole aufzustellen. Nach ihm kam Gung Gung; als der mit Dschuan Hü um die Herrschaft stritt, stieß er in seinem Zorn an den Berg Unvollkommen und zerbrach des Himmels Säule und zerriss der Erde Band. Darum fiel der Himmel nach Nordwesten, und Sonne, Mond und Sterne neigen sich seitdem dorthin. Die Erde aber füllt den Südosten nicht mehr aus, darum fließen alle Flüsse und Ströme dorthin«.)

2. Relativität der Gegensätze. *Gleichnis von den Inseln der Seligen*

Tang fragte abermals: »Gibt es in der Natur einen festen Maßstab für Größe und Kleinheit, Länge und Kürze, Gleichheit und Verschiedenheit?« Gi sprach: »Östlich vom Gelben Meer, wer weiß wie viele tausend Meilen weit, ist eine große Untiefe. In Wirklichkeit ist sie ein bodenloser Abgrund, sie heißt das große Grab. Alles Wasser der irdischen Gefilde und der Strom der Milchstraße fließen dorthin. Und doch nimmt es weder zu noch ab. In seiner Mitte waren fünf Berge: der eine heißt Dai Yü (der große Wagen), der zweite heißt Yüan Kiau (der runde Gipfel), der dritte heißt Fang Hu (die viereckige Urne), der vierte heißt Ying Dschou (Atlantis), der fünfte heißt Peng Lai (Irrgarten). Die Berge hatten eine Höhe und unteren Umfang von 30 000 Meilen. Auf ihren Gipfeln war ein ebener Raum, der war 9000 Meilen groß. Zwischen den Bergen waren Zwischenräume von 70 000 Meilen. Und doch galten sie noch als benachbart. Auf ihren Gipfeln sah man lauter Gold und Edelsteine; Vögel und Tiere waren rein wie weiße Seide; Bäume von Perlen und Korallen wuchsen in dichten Wäldern; Blumen und Früchte waren duftend und süß. Wenn man davon aß, ward man frei von Alter und Tod. Die Leute, die dort wohnten, waren alle Engel und Feen. Jeden Tag und jede Nacht flogen sie zueinander, sich zu besuchen in zahllosen Scharen.

Aber der fünf Berge Wurzeln waren lose, darum schwammen sie immer mit Flut und Wogen auf und ab, hin und her und standen keinen Augenblick fest. Die Engel verdross das, und sie sagten es dem Herrn. Der Herr fürchtete, sie möchten nach dem Westpol getrieben werden und so der Wohnplatz der Engelscharen verloren gehen. Darum befahl er dem Yü Giang (Anfangsgrenze), fünfzehn ungeheure Seeschildkröten zu bringen, die auf ihren Köpfen die Berge tragen sollten. In dreimaliger Wechselfolge sollte jede immer 60 000 Jahre Dienst tun. So wurden die fünf Berge dann fest und bewegten sich nicht mehr.

Im Reiche des Drachenfürsten aber lebte ein Riese. Der hob den Fuß und kam mit ein paar Schritten an den Ort der fünf Berge. Er angelte mit einem Male sechs der Schildkröten und nahm sie miteinander auf den Rücken und kehrte in sein Land zurück. Dort röstete er die Schalen, um Orakel zu gewinnen. So trieben die beiden Berge Dai Yü und Yüan Kiau nach dem Nordpol und versanken im großen Meer. Von den Engeln aber wurden viele Millionen heimatlos. Der Herr ward zornig und verringerte das Reich des Drachenfürsten, dass es bedrückt ward, und verkleinerte seine Bewohner, dass sie kürzer wurden.

Zur Zeit des Fu Hi (brütender Atem) und des Schen Nung (göttlicher Landmann) waren die Leute ihres Reiches an hundert Fuß hoch. Vom Mittelbezirk nach Osten, 400 000 Meilen, kommt man an das Dsiau-Yau-Reich. Dort sind die Leute anderthalb Fuß hoch. Am Nordostpol gibt es Menschen, die heißen Dsingleute, die werden neun Zoll groß. Im Süden von Ging gibt es Geister der Unterwelt (Schildkröten?), die 500 Jahre lang jung sind und 500 Jahre altern. In uralten Zeiten gab es große Götterbäume, die 8000 Jahre wuchsen und 8000 Jahre alterten. Im Moderboden wachsen Pilze, die morgens entstehen und abends sterben. In den Frühlings- und Sommermonaten gibt es Eintagsfliegen, die im Regen entstehen und sterben, sobald sie an die Sonne kommen.

Nördlich vom kahlen Norden ist ein großer Ozean, der Himmelssee. Da gibt es einen Fisch, der ist wohl tausend Meilen breit und entsprechend lang. Sein Name ist Kun. Es gibt einen Vogel, der heißt Peng, dessen Flügel gleichen vom Himmel fallenden Wolken, und sein Leib ist entsprechend groß. Und doch weiß die Welt nicht, dass es solche Wesen gibt. (Der große Yü ging hin und sah sie, Be I kannte und benannte sie, I Giän hörte davon und zeichnete es auf.)

Zwischen den Flüssen Giang und Pu entstehen winzige Lebewesen namens Dsiau Ming, die in Scharen herbeifliegen und im Augenwinkel einer Mücke sich sammeln, ohne einander zu stoßen. Sie brüten und nisten, sie gehen und kommen, und die Mücke merkt nichts davon. Selbst Leute, die so scharf sehen wie ein Li Dschu und Dsi Yü, und wenn sie sich am hellen Tage die Augen reiben und die Brauen hochziehen, um sie zu sehen, erblicken nicht ihre Gestalt. Selbst Leute mit so feinem Gehör wie Li Yü und Schi Guang, und wenn sie sich in stiller Nacht die Ohren putzen und den Kopf ducken, um auf sie zu horchen, so vernehmen sie nicht ihren Laut. Nur der Herr der gelben Erde und Yung Tscheng Dsi, als sie auf dem Kung Tung wohnten und drei Monate fasteten, also dass ihr Herz erstarb und ihr Leib welkte, erblickten sie allmählich im Geiste als große Massen wie den Abhang des

Sungberges; sie hörten sie allmählich im Äther als lautes Rollen wie des Donners Ton.

Im Staate Wu und Tschu (Südchina) wächst ein großer Baum, sein Name ist Pumalobaum. Er wächst im Winter, seine Früchte sind gelbrot und schmecken sauer. Die Schale und der Saft sind gut für das Wechselfieber. Die Leute vom Tsi-Bezirk (Nordchina) hielten den Baum für wertvoll und brachten ihn über den Huaifluss, da wurde der wilde dornige Apfelsinenbusch daraus. Der Mainavogel geht nicht über den Dsi-Fluss. Wenn der Dachs über den Wen-Fluss geht, so stirbt er. Das sind die Einflüsse des Klimas. Obwohl daher die einzelnen Arten an Gestalt und Kraft verschieden sind, so sind sie von Natur gleichmäßig ausgestattet, so dass sie nicht miteinander tauschen möchten. Ihr Leben ist durchaus vollkommen, ihr Anteil ist durchaus genügend. Woher soll ich da wissen, ob es einen festen Maßstab für Groß und Klein oder für Lang und Kurz oder für Gleichheit und Verschiedenheit gibt?«

3. Berge versetzender Glaube

Die beiden Berge Tai Hing und Wang We sind 700 Meilen im Geviert und zehntausend Klafter hoch. Sie standen ursprünglich südlich von Gi Dschou und nördlich von Ho Yang (an der Grenze zwischen Nord- und Mittelchina). In Nordberg lebte ein einfältiger Mann, der war an die neunzig Jahre alt. Er wohnte im Angesicht der Berge und war unwillig, dass der Nordhang der Berge den Ausgang und Eingang versperrte. Er versammelte sein Haus und sagte nachdenkend: »Wäre es nicht möglich, dass wir mit aller Kraft die steilen Gipfel abtragen, so dass wir nach Yü Dschou im Süden einen Durchgang haben, der nach Han Yin geht?« Und sie versprachen es alle einander. Sein Weib äußerte Zweifel und sprach: »Deine Kraft reicht nicht mehr aus, um ein kleines Erdhäufchen zu beseitigen, wie soll es da erst mit dem Tai-Hing- und Wang-Wu-Berge werden? Und wo wollt ihr denn die Erde und die Steine hintun?« Alle sprachen: »Wir werfen sie ans Ende des Gelben Meeres im Norden des dunkeln Landes.« Darauf führte er Sohn und Enkel hinaus ans Werk. Die drei zerklopften die Steine, schaufelten Erde, luden sie in Körbe und beförderten sie ans Ende des Gelben Meeres. Unter den Nachbarn war die Witwe eines Mannes namens Hauptstädter, die hatte einen Nachgeborenen, der eben die Zähne wechselte. Der sprang herzu und half mit. Der Winter hatte mit dem Sommer gewechselt, als sie zum ersten Male heimkehrten.

In Flusseck aber war ein weiser Greis, der verlachte sie und wollte sie abhalten und sprach: »Groß, wahrlich, ist dein Unverstand. Mit deiner alterswelken Kraft kannst du kein Gräschen des Berges mehr ausreißen, wie viel weniger Erde und Steine.« Der einfältige Alte von Nordberg atmete tief und sprach: »Dein Herz ist hart, undurchdringlich hart. Da ist dieses schwache Kind der Witwe besser. Wenn ich auch sterbe, so bleibt mein Sohn noch am Leben. Mein Sohn zeugt wieder Enkel, die Enkel zeugen wieder Söhne, deren Söhne haben wieder Söhne, deren Söhne haben wieder Enkel. So gehen die Geschlechter der Söhne und Enkel in unerschöpflicher Folge weiter. Dem Berg aber wird nichts hinzugefügt. Warum also sollte es zu schwer sein, ihn abzutragen?« Der weise Greis von Flusseck hatte nichts darauf zu erwidern.

Einer der schlangenhaltenden Götter hörte davon und fürchtete, es möchte kein Ende nehmen. So sagte er es dem Herrn. Der Herr ward bewegt von diesem Glauben und befahl den zwei Söhnen des Kua Wo (Ameisenfürsten), die beiden Berge auf den Rücken zu nehmen und den einen östlich des Nordens und den anderen südlich von Yung zu vergraben. Seither gibt es südlich von Gi und nördlich von Han keinen trennenden Wall mehr.

4. Der Durst des Sonnenjägers

Kua Fu (Prahlhans), seine Kraft nicht ermessend, jagte dem Bilde der Sonne nach und folgte ihm bis an die Grenze des Winkeltals. Da ward er durstig und begehrte zu trinken. Er ging hin und trank den Gelben Fluss und den We-Fluss aus. Aber diese Flüsse genügten ihm nicht, so wandte er sich nach Norden, um den großen Sumpf auszutrinken. Aber ehe er hinkam, verdurstete er auf dem Wege. Er ließ seinen Stab fallen, der, vom Fett und Fleisch des Leichnams durchtränkt, den Deng-Wald erzeugte. Der Deng-Wald aber wuchs viele tausend Meilen weit.

5. Notwendigkeit und Freiheit

Der große Yü sprach: »Innerhalb des ganzen Erdkreises hängt alle Beleuchtung ab von Sonne und Mond, alle Zeitbestimmung von den Sternen, alle Regelung von den Jahreszeiten, alle Notwendigkeit von dem großen Jahreszyklus. Die vom Geist erzeugten Naturwesen sind verschieden an Form, früh endend oder lange lebend. Nur der Heilige durchdringt ihr Gesetz.«

Gi von Hia sprach: »Und doch gibt es auch Leben, das nicht vom Geist abhängt, Gestalt, die nicht von den Dualkräften abhängt, Licht, das nicht von Sonne und Mond abhängt, unabhängig vom Töten früh Endendes, unabhängig von Pflege lange Lebendes, Ernährung, die nicht vom Brote abhängt, Kleidung, die nicht von Gewerben abhängt. Bewegung, die nicht von Schiff und Wagen abhängt. Deren Gesetz ist die Freiheit. Das kann auch der Heilige nicht durchdringen.«

6. Das Paradies

Als Yü Land und Wasser ordnete, da verirrte er sich und kam vom Weg ab. Er geriet in ein Land, das am nördlichen Strande des Nordmeeres liegt, niemand weiß, wie viele hunderttausend Meilen von dem Tsi-Lande entfernt. Das Land heißt das Ende des Nordens. Man weiß nicht, wovon sein Gebiet begrenzt wird. Dort gibt es nicht Wind noch Regen, nicht Reif noch Tau. Nicht leben dort die Geschlechter der Tiere und Vögel, der Kerfe und Fische. Ringsum eben steigt es in die Lüfte. In dieses Landes Mitte ist ein Berg. Sein Name heißt Hu Ling (Urnenhals). Seine Gestalt ist wie eine Urne. Auf seinem Gipfel ist eine Öffnung. Ihre Gestalt ist wie ein runder Ring. Ihr Name heißt Wirkung des Feuchten. Wasser strömt daraus hervor, das heißt Götterbrunnen. Sein Duft ist herrlicher als Orchideen und Pfeffer. Sein Geschmack ist lieblicher als Wein und Most. Die eine Quelle teilt sich in vier Bäche, die strömen den Berg hinab und durchfließen das ganze Land nach allen Enden. Der Erde Kraft ist milde: kein giftiger Hauch macht krank. Der Menschen Art ist sanft: sie folgen der Natur ohne Zank und Streit. Ihr Herz ist weich und ihr Leib ist zart: fern ist ihnen Hochmut und Neid. Alte und Junge wohnen friedlich beieinander: nicht haben sie Fürsten und Knechte. Männer und Frauen wandeln zusammen: nicht freien sie und lassen sich freien. Sie wohnen am Ufer des Wassers; nicht pflügen sie noch ernten sie. Die Luft ist weich und lau: nicht weben sie noch kleiden sie sich. Hundertjährig sterben sie: nicht gibt es Krankheit und vorzeitigen Tod. Das Volk lebt in Frieden und Seligkeit ohne Maß. Sie haben Freude und Wonne, sie kennen nicht Verfall und Alter, Trauer und Bitternis. Sie lieben die Töne. Sie fassen sich bei den Händen und singen Wechselgesänge. Den ganzen Tag endet nicht ihr Sang. Sind sie hungrig und müde, so trinken sie aus dem Götterbrunnen, und Kraft und Wille kommt ins Gleiche. Wird's zu viel, so werden sie trunken und wachen nach zehn Tagen wieder auf. Sie baden im Götterbrunnen, und ihre Haut wird feucht und glatt, und nach zehn Tagen erst verliert sich der Duft.

König Mu von Dschou, als er nach Norden wanderte, kam durch ihr Land und vergaß der Heimkehr drei Jahre lang. Als er zum Hause Dschou zurückgekehrt war, da sehnte er sich nach jenem Lande zurück voll Unruhe, also dass er sich selbst verlor. Er nahm nicht Wein noch Speise, er rief nicht seinen Weibern und Dienern. Und erst nach Monaten erholte er sich wieder.

7. Relativität der Moral

Guan Dschung drängte den Herzog Huan von Tsi, mit ihm zusammen eine Reise zu machen und die verschiedenen Staaten bei der Mündung des Liau-Flusses zu besuchen. Beinahe hätte er ihn dazu gebracht.

Da machte Si Peng Gegenvorstellungen und sprach: »Eure Hoheit wohnen in dem großen Staate Tsi, sein Volk ist zahlreich, seine Berge und Flüsse gewähren schöne Aussicht, üppig gedeiht die Natur, es blühen Sitte und Recht, die Kunst verschönt das Leben, zauberhafte Pracht ziert die Schlösser, treue Diener füllen den Hof, ein Ruf: und Millionen sind gewärtig, ein Wink: und alle Fürsten gehorchen dem Befehl. Warum sollte man sich nach anderem sehnen und die Altäre von Tsi verlassen, um den Völkern der Barbaren nachzugehen? Das ist ein altersschwacher Gedanke des Vaters Dschung, der kein Gehör verdient.«

Der Herzog stand auf die Worte des Si Peng hin von dem Vorhaben ab und sagte es Guan Dschung. Der sprach: »Wahrlich, das ist etwas, das über den Gesichtskreis von Peng hinausgeht. Ich fürchte, dass es keinen anderen Weg gibt, jene Völker kennen zu lernen. Wozu dieses Kleben an den Reichtümern von Tsi? Wozu diese Beachtung der Worte des Peng?«

Die Bewohner der südlichen Länder scheren sich die Haare kurz und gehen nackt; die Bewohner der nördlichen Länder winden sich Turbane um den Kopf und gehen in Pelzen; die Bewohner der mittleren Länder tragen Hüte und Mützen und gehen in Kleidern. Je nach seiner Beschaffenheit begünstigt der Boden den Ackerbau, den Handel, die Jagd, den Fischfang. Dass man im Winter Pelze trägt, im Sommer Linnen, dass man zu Wasser Schiffe hat und auf dem Lande Wagen: das sind Erfindungen stillen Nachdenkens, deren Vollendung durch die Natur bewirkt wird.

Im Osten von Yüo ist das Land der Dschä Mu. Wird der erste Sohn geboren, so schlachten und essen sie ihn; das nennen sie Pflicht gegen die jüngeren Brüder. Stirbt der Großvater, so nehmen sie die Großmutter auf den Rücken und setzen sie aus; denn sie sagen: mit dem Weib eines Geistes darf man nicht zusammenwohnen. Im Süden von Tschu ist das Land der Feuermenschen. Wenn ihre Angehörigen sterben, so lassen sie ihr Fleisch verwesen und werfen es weg, dann begraben sie ihre Gebeine. Auf diese Weise erfüllen sie die Pflicht der Pietät. Im Westen von Tsin ist das Land der I-Kü. Wenn ihre Angehörigen sterben, so sammeln sie Reisig und verbrennen sie. Wenn sie anbrennen, so steigt der Rauch empor. Das nennen sie: in den Himmel fahren. Dadurch erfüllen sie die Pflicht der Pietät. Dies alles gilt bei den Oberen als Staatsgesetz und bei den Unteren als fester Brauch, ohne dass man sich darüber zu wundern brauchte.

8. Konfuzius in Verlegenheit

Meister Kung wanderte im Osten. Da sah er zwei kleine Knaben, die sich stritten. Er fragte nach dem Grund; da sprach der eine Knabe: »Wenn die Sonne aufgeht, ist sie den Menschen näher, zurzeit des Mittags ist sie ferner.« Der andere sprach: »Wenn die Sonne aufgeht, ist sie ferner und zur Mittagszeit näher.«

Der erste Knabe sprach: »Wenn die Sonne aufgeht, ist sie so groß wie ein Wagenrad, zur Mittagszeit ist sie nur noch wie ein Teller. Was ferner ist, sieht kleiner aus, was näher ist, sieht größer aus. Ist's nicht also?« Der andere Knabe sprach: »Wenn die Sonne aufgeht, so ist sie trübe und kühl. Zur Mittagszeit aber fühlt sie sich wie kochendes Wasser. Was näher ist, ist heißer; was ferner ist, ist kühler. Ist's nicht also?«

Meister Kung konnte die Frage nicht entscheiden. Da lachten die beiden Knaben und sprachen: »Wer will behaupten, dass du viel weißt?«

9. Die Macht des Gleichgewichts

Gleichgewicht ist das höchste Weltgesetz. Wird es auf die Körperwelt angewandt, so verhalten sich die Dinge entsprechend. Lässt man auf ein Haar, das sich im Gleichgewichtsmittelpunkt befindet, zwei gleich schwere Kräfte frei schwebend wirken und das Haar zerreißt, so ist das ein Zeichen, dass es sich nicht im Gleichgewichtsmittelpunkt befand. Ist es genau im Gleichgewichtsmittelpunkt, so bewirken die zerreißenden Kräfte kein Zerreißen. Die Leute halten das nicht für wahr, aber es gibt natürlich auch solche, die die Wahrheit davon erkennen.

Dschan Ho benützte einen einzelnen Seidenfaden als Angelschnur, die Granne einer Ähre als Angelhaken, eine dünne Gerte als Angelrute und ein gespaltenes Korn als Köder und konnte damit einen Fisch, der einen ganzen Wagen füllte, fangen in einem hundert Klafter tiefen Abgrund, mitten in brausendem Wirbel, ohne dass die Angelschnur zerriss, der Haken sich streckte oder die Rute sich krümmte.

Der König von Tschu hörte es und wunderte sich darüber. Er berief ihn und fragte nach dem Grund davon. Dschan Ho sprach: »Ich hörte meinen verstorbenen Vater von der Geschicklichkeit des Pu Dsu Dsi im Schießen reden. Er benützte einen schwachen Bogen und befestigte den Pfeil an einer dünnen Leine und benützte den Wind, um ihn zu treiben. Damit holte er zusammen zwei Kraniche aus den höchsten Wolkenregionen herunter, weil sein Sinnen gesammelt war und die Bewegung der Hände dem Gleichmaß der Kräfte sich anpasste.

Ich ahmte seinem Beispiel nach und lernte das Angeln. Nach fünf Jahren erst hatte ich den geheimen Sinn erfasst. Wenn ich nun dem Flusse nahe mit der Angelrute in der Hand, so habe ich keine anderen Gedanken im Sinn als nur die Vorstellung der Fische. Ich werfe die Leine und versenke die Angel, ohne dass meine Hand ihr ein Gewicht verliehe, so dass von der Außenwelt her keine Verwirrung kommen kann. Wenn die Fische meine Angel und meinen Köder sehen, so halten sie es für sinkende Stäubchen oder Schaumblasen und schnappen danach ohne Bedenken.

Deshalb kann man mit Schwäche Starkes meistern, mit Leichtem Schweres bewegen. Wenn du, o Großkönig, in Wahrheit also über dem Reiche zu walten vermagst, so kannst du die Welt bewegen, als fasstest du sie in der Hand, und hast nicht einmal Arbeit davon.« Der König von Tschu sprach: »Gut.«

10. Austausch der Herzen

Gung Hu von Lu und Tsi Ying von Dschau waren beide krank und baten gemeinsam den Biän Tsüo, um Heilung zu erlangen. Biän Tsüo heilte sie. Als sie beide gesund waren, redete er zu Gung Hu und Tsi Ying also: »Die Krankheit, die ihr eben hattet, war von außen in die Eingeweide eingedrungen und konnte daher mit Arzneien geheilt werden. Nun habt ihr aber auch eine Krankheit, die mit euch zusammen geboren ist und mit euch zusammen wächst. Wie wäre es, wenn ich sie euch kurierte?« Die beiden Männer sprachen: »Wir möchten gerne erst das Ergebnis der Untersuchung hören.«

Biän Tsüo sprach zu Gung Hu: »Dein Wille ist stark und deine Kraft ist schwach, darum mangelt es dir nicht an Vorsätzen, wohl aber an der Ausführung. Tsi Yings Wille ist schwach und seine Kraft ist stark, darum denkt er zu wenig und leidet an Eigensinn. Wenn ich eure Herzen austausche, so kommt ihr ins rechte Gleichgewicht.«

Biän Tsüo gab den beiden nun einen giftigen Wein zu trinken, dass sie bewusstlos wurden drei Tage lang. Dann schnitt er ihnen die Brust auf, nahm die Herzen heraus und setzte sie vertauscht wieder ein. Dann gab er ihnen einen Göttertrank. Da kamen sie wieder zu sich wie zuvor. Die beiden verabschiedeten sich und kehrten heim.

Nun aber ging Gung Hu in das Haus des Tsi Ying und nahm dessen Weib und Kinder in Besitz. Weib und Kind aber kannten ihn nicht. Ebenso ging Tsi Ying nach dem Hause des Gung Hu und nahm dessen Weib und Kind. Ebenso wenig kannten ihn Weib und Kind. Die beiden Häuser stritten darob miteinander und baten den Biän Tsüo um Entscheidung. Biän Tsüo machte ihnen die Gründe klar. Da hatte der Streit ein Ende.

11. Die Macht der Töne I
Zitherspiel

Wenn Gu Ba die Zither schlug, so kreisten die Vögel über ihm und die Fische sprangen aus dem Wasser hervor. Der Musikmeister Wen von Dscheng hörte es. Er verließ sein Haus und folgte dem Meister Siang auf seinen Wanderungen. Er rührte mit dem Finger die Saiten drei Jahre lag, ohne dass es eine Melodie wurde. Der Meister Siang sprach: »Geh nur wieder nach Hause.«

Meister Wen legte die Zither weg, seufzte und sprach: »Nicht daran liegt es, dass ich die Saiten nicht zu rühren wüsste, nicht daran, dass ich keine Melodie zustande brächte; was mir im Sinne liegt, das bezieht sich nicht auf die Saiten; worauf ich ziele, das bezieht sich nicht auf die Töne. Solange ich innerlich im Herzen das noch nicht erreicht, kann ich ihm äußerlich auf dem Instrument noch keinen Ausdruck geben; darum wage ich nicht, die Hand zu regen und die Saiten zu rühren. Doch gebt mir noch eine kleine Weile Frist und seht dann, was ich kann.«

Nicht lange danach trat er wieder vor den Meister Siang. Der sprach: »Wie steht's mit deinem Zitherspiel?« Der Meister Wen sprach: »Ich habe es erreicht; bitte, prüfet mein Spiel.«

Darauf schlug er während des Frühlings die Schang-Saite an und ließ das achte Rohr begleiten. Da erhob sich plötzlich ein kühler Wind, und Kraut und Baum trugen Früchte. Als es Herbst geworden, schlug er die Güo-Saite an und ließ das zweite Rohr erwidern. Da kam laue Luft linde geflossen, und Kraut und Baum entfalteten ihre Pracht. Während des Sommers schlug er die Yü-Saite an und ließ sie von dem elften Rohr begleiten. Da fiel Reif und Schnee durcheinander, die Flüsse und Seen wurden plötzlich starr. Als es Winter geworden, da schlug er die Dschi-Saite an und ließ das fünfte Rohr erwidern. Da ward der Schein der Sonne stechend heiß, und das harte Eis schmolz rasch zusammen. Zuletzt ließ er die Gung-Saite ertönen und vereinigte sie mit den vier anderen Saiten, da säuselten liebliche Winde, glückbringende Wolken schwammen, süßer Tau fiel herab, und kräftig rauschten die Quellen.

Der Meister Siang schlug an sein Herz und sprang empor und sprach: »Zauberhaft ist Euer Spiel. Auch der Meister Kuang (der Wolken und Winde) mit seinen Melodien (meistern konnte) und Dsou Yän (der) mit seiner Flöte (dem eisigen Norden Korn entlockte) konnten es nicht besser. Sie mögen mit der Zither unter dem Arm und der Flöte in der Hand Euch hinten nachfolgen.«

12. Die Macht der Töne II
Gesang

Süo Tan lernte den Gesang bei Tsin Tsing. Noch ehe er dessen Kunst erschöpft, hielt er dafür, dass er fertig sei; so nahm er Abschied und wollte heimkehren. Tsin Tsing hielt ihn nicht zurück. Beim Abschiedsmahl am Scheideweg schlug er den Takt und sang eine Elegie. Von deren Klang erzitterten die

Bäume des Waldes, und von dem Echo wurden die ziehenden Wolken aufgehalten. Süo Tan bat da um Verzeihung und flehte wieder zurück zu dürfen. Sein Leben lang wagte er nicht mehr von Heimkehr zu reden.

Tsin Tsing wandte sich an seinen Freund und sprach: »Vor alters lebte in Han ein Mädchen namens Wo. Die kam einst nach Osten bis Tsi. Da mangelte es ihr an Brot. Sie kam durch Yung Men und sang für Geld, um Nahrung zu bekommen. Nachdem sie weg war, umgab der Nachklang noch die Dachbalken drei Tage lang, ohne zu verklingen, so dass die Anwesenden dachten, sie sei noch nicht gegangen.

Sie kam an einer Straßenherberge vorbei. Die Leute der Herberge beschimpften sie. Da erhob sie ihre Stimme, klagte und weinte, dass meilenweit die Alten und die Jungen vor Wehmut Tränen vergossen und sich ansahen und drei Tage lang nicht essen konnten. Dann liefen sie ihr nach und holten sie ein. Da erhob sie abermals die Stimme und sang ein Lied, dass meilenweit die Alten und die Jungen vor Freude hüpften und sprangen, ohne sich halten zu können. Und sie vergaßen ihre frühere Trauer und entließen sie reich beschenkt.

Darum sind die Leute von Yung Men noch bis auf den heutigen Tag geschickt im Singen und Klagen; denn sie ahmen die Nachklänge Wo's nach.«

13. Musikverständnis

Be Ya war ein guter Zitherspieler. Dschung Dsi Ki war ein guter Zuhörer. Wenn Be Ya die Zither schlug und die Ersteigung eines hohen Berges im Sinne hatte, so sprach Dschung Dsi Ki: »Wundervoll, so steil und kühn wie der Große Berg!« Hatte er fließendes Wasser im Sinne, so sprach Dschung Dsi Ki: »Vortrefflich, so wogend und wallend wie Fluss und Strom.« Was Be Ya dachte, erriet Dschung Dsi Ki mit Sicherheit.

Als sie einst im Schatten des Großen Berges wanderten, wurden sie plötzlich von einem heftigen Regen überrascht und machten halt unter einem überhängenden Felsen. Be Ya war trübselig gestimmt, nahm seine Zither und spielte. Erst spielte er eine Weise von tropfendem Regen, dann schuf er den Laut von stürzenden Bergen. Welche Melodie er immer spielte, Dschung Dsi Ki erriet sofort seine Stimmung.

Da legte Be Ya die Zither weg und sagte seufzend: »Vortrefflich, vortrefflich hörst du, was ich im Sinne habe. Die Bilder, die du ersinnst, sie gleichen meiner Stimmung. Unmöglich ist es mir, dir mit meinen Tönen zu entgehen.«

14. Der Automat

Der König Mu vom Hause Dschou machte einst einen Jagdausflug nach Westen und kam über das Kunlungebirge, doch hatte er noch nicht den Yän-Berg (wo die Sonne untergeht) erreicht, als er wieder umkehrte. Noch ehe er im Reiche der Mitte angekommen war, wurde ihm unterwegs ein Mechaniker dargebracht mit Namen Ning Schi. Der König Mu ließ ihn vor sich kommen, fragte ihn und sprach: »Was hast du für Fertigkeiten?« Ning Schi sprach: »Ich werde versuchen, alles zu tun, was mir befohlen wird. Doch habe ich schon ein Werk fertig, das du, o König, erst besehen wollest.« Der König Mu sprach: »Komm morgen damit, so will ich es mit dir besehen.«

Am anderen Tage meldete sich Ning Schi beim König. Der König ließ ihn vor sich kommen und sprach: »Was ist das für ein Mensch, der da mit dir kommt?« Er erwiderte: »Den habe ich gemacht, er kann singen.« Der König sah mit Erstaunen, wie er mit Hofschritten gehen, sich verneigen und aufrichten konnte wie ein richtiger Mensch. Der Mechaniker fasste ihn am Kinn, da sang er richtig im Tone. Er schüttelte ihm die Hand, da schlug er auch den Takt dazu. Tausenderlei verschiedene Kunststücke konnte er machen, wie man es haben wollte. Der König hielt ihn für einen wirklichen Menschen. Alle seine Weiber und Sklavinnen sahen mit ihm zu.

Als nun die Kunststücke zu Ende waren, da blinzelte der Sänger den Sklavinnen in der Umgebung des Königs zu. Da ward der König sehr zornig und wollte den Ning Schi auf der Stelle töten lassen. Ning Schi erschrak sehr und schnitt den Sänger eilends auseinander, um dem König zu zeigen, dass er ganz zusammengesetzt sei aus Leder, Holz, Leim, Lack, aus weißen, schwarzen, roten und blauen Teilen.

Der König untersuchte ihn, da sah er, dass im Innern Leber, Galle, Herz, Glieder, Gelenke, Haare, Zähne alles künstlich gemacht war mit vollendeter Geschicklichkeit. Zusammengesetzt sah er wieder aus wie vorher. Er nahm zur Probe das Herz heraus, da konnte der Mund nicht mehr reden; er nahm die Leber heraus, da konnten die Augen nicht mehr sehen; er nahm die Nieren heraus, da konnten die Füße nicht mehr gehen.

Da erst begann der König Mu sich zu freuen und sprach aufatmend: »Wie? Kann denn die Kunst der Menschen die Werke des Schöpfers erreichen?« Er berief den zweiten Wagen, lud ihn (den Automaten) auf und nahm ihn mit sich heim.

Ban Schu mit seiner Wolkenleiter, Mo Di mit seinem Drachenflieger hielten sich für äußerst geschickt. Ihre Schüler Dung Men Gia und Kin Gu Li hörten von der Kunst des Ning Schi und sagten es ihren beiden Meistern. Da wagten die beiden Meister ihr ganzes Leben lang nicht mehr über Kunst zu reden, sondern nahmen stets Zirkel und Richtmaß zur Hand.

15. Die beiden Schützen

Gan Ying war ein tüchtiger Bogenschütze der alten Zeit. Spannte er den Bogen, so brachen die Tiere zusammen und die Vögel fielen herunter. Sein Schüler namens Fe We, der bei ihm das Schießen gelernt hatte, übertraf an Geschicklichkeit noch seinen Meister. Gi Tschang wiederum wollte das Schießen bei Fe We lernen.

Fe We sprach: »Du musst erst lernen, nicht zu blinzeln. Danach erst kann vom Schießen die Rede sein.« Gi Tschang ging heim und legte sich unter den Webstuhl seines Weibes und verfolgte mit dem Auge die auf- und niedergehenden Rahmen. Nach zwei Jahren hatte er es so weit gebracht, dass er nicht blinzelte, ob auch eine Ahle mit der Spitze ihm ins Auge fiel. Das sagte er Fe We.

Fe We sprach: »Das ist's noch nicht. Nun musst du sehen lernen, dass du Kleines groß siehst und Unsichtbares deutlich. Dann sag mir's.« Gi Tschang hing nun an einem Haar eine Laus im Fenster auf. Nach der blickte er innen vom Zimmer aus. Nach zehn Tagen wurde sie allmählich größer. Nach drei Jahren sah er sie wohl so groß wie ein Wagenrad, so dass er andere Dinge alle so groß wie Berge sah. Da nahm er einen Bogen aus Horn von Yän und einen Pfeil aus Rohr von Scho und schoss nach ihr. Er durchbohrte das Herz der Laus, ohne dass das Haar abriss. Das sagte er Fe We. Fe We machte einen Luftsprung, schlug sich auf den Leib und sprach: »Du hast's erreicht.«

Da nun Gi Tschang die Kunst des Fe We innehatte, überschlug er, dass nunmehr auf der ganzen Welt nur noch ein einziger Mensch es mit ihm aufnehmen könne. Und er gedachte den Fe We zu töten. Sie trafen sich im Walde, und die beiden Männer schossen aufeinander. Auf halbem Wege trafen sich die Spitzen ihrer Pfeile, und sie fielen zur Erde, ohne den Staub zu erregen. Fe We's Pfeile waren zuerst alle. Gi Tschang hatte noch einen Pfeil, den schoss er ab. Fe We aber parierte ihn mit der Spitze eines Dornes, ohne ihn zu fehlen.

Darauf brachen die beiden in Tränen aus, ließen ihre Bogen fallen und warfen sich auf offener Straße voreinander nieder und schlossen einen Bund als Vater und Sohn. Sie schnitten sich in den Arm und schworen, dass sie ihre Kunst niemand verraten wollten.

16. Wagenlenkung

Der Lehrer des Zaofu trug den Namen Taidou. Als Zaofu begann, bei ihm das Wagenlenken zu lernen, hielt er sich an die Sitte und gab sich sehr unterwürfig. Doch drei Jahre lang sprach ihn Taidou nicht an. Erst als Zaofu sich noch strikter an die Sitte hielt, sprach er ihn mit folgenden Worten an: »In einem alten Lied heißt es:

> Der Sohn eines guten Bogenmachers
> Wird sicherlich zunächst mit Körben beginnen.
> Der Sohn eines guten Schmiedes
> wird sicherlich mit Lederschürzen beginnen.

Schau dir erst einmal an, wie ich laufe. Wenn du so läufst wie ich, dann kannst du sechs Zügel halten und sechs Pferde lenken.« Zaofu antwortete: »Ich werde mich ganz an Euren Befehl halten.«

Da stellte Taidou eine Reihe von Holzklötzen auf, auf denen ein Fuß gerade eben Platz hatte. Er platzierte sie genau nach Berechnung eines Schrittes, stieg darauf und ging los. So ging er voran und wieder zurück, ohne ein einziges Mal auszugleiten. Zaofu lernte das und hatte nach drei Tagen genau dieselbe Fertigkeit. Da seufzte Taidou und sprach: »Wie flink du bist, das hast du schnell begriffen. Alles, was du lenken wirst, geht genau so. Gerade eben hast du das Laufen mit deinen Füßen begriffen und mit dem Herzen geantwortet. Wenn du das auf das Wagenlenken überträgst, dann heißt das, dass du die Enden von Zaum und Zügel ausgeglichen halten und durch Straffen und Lockern den Druck auf den Lippen harmonisch gestalten musst. Du musst aus deiner Brust heraus richtig einschätzen und den richtigen Rhythmus durch deine Handflächen einhalten. Wenn du es innen in deinem Herzen gefunden hast und außen mit dem Willen des Pferdes übereinstimmst, dann kannst du voran und zurück, als trätest du auf eine Schnur, und drehen und wenden genau wie von einem Zirkel oder einem Winkelmaß vorgeschrieben. Du wirst sehr weite Wege zurücklegen und doch noch Atem und Kraft übrig haben. Dann hast du die Kunst wahrhaft erfasst.

Wenn du den richtigen Druck am Zaum gefunden hast, dann reagiere darauf mit den Zügeln. Wenn du ihn an den Zügeln gefunden hast, reagiere darauf mit der Hand, und wenn du ihn mit der Hand gefunden hast, dann reagiere darauf mit dem Herzen. Dann brauchst du nicht mehr mit den Augen zu schauen und nicht mehr mit der Peitsche zu drängen. Dein Herz wird müßig sein und deine Gliedmaßen aufrecht, die Sechs Zügel werden nicht durcheinandergeraten, und die 24 Hufe werden genau auf die richtige Stelle treten. In Drehen und Wenden, Vor- und Zurückgehen wirst du immer in Übereinstimmung mit dem Rhythmus sein. Dann wirst du in der Lage sein zu erreichen, dass jenseits deiner Wagenräder keine überzählige Spur entsteht und jenseits der Tritte der Rösser kein überflüssiges Land betroffen ist. Niemals mehr wirst du die Engpässe in Bergen und Tälern spüren oder die Weite der Ebene, denn sie werden dir alle so sein wie Eines.

Ich bin mit meiner Kunst am Ende. Probier es aus.«
(Übersetzt von Hans van Ess)

17. Die drei kostbaren Schwerter

Schwarz-Ei (He Luan) aus We tötete aus altem Groll den Kiu Bing Dschang (Strahlende Schönheit). Kiu Bing Dschang's Sohn Ehrlich (Lai Dan) beschloss seinen Vater zu rächen. Seine Erregung war heftig und zeigte sich deutlich in seinem Äußeren. Man konnte die Körner zählen, die er aß, und er lief beständig wie vom Winde getrieben umher. Aber obwohl voll Grimm, konnte er doch keine Waffen führen, um jenem zu vergelten. Auch schämte er sich, andrer Leute Kraft zu borgen. Er schwur, mit dem Schwert in der Hand den Schwarz-Ei abzuschlachten.

Schwarz-Ei aber war von roher Gesinnung und überaus großer Kraft. Er konnte hundert Mann widerstehen. Seine Sehnen und Knochen, Haut und Fleisch waren nicht nach andrer Menschen Art. Er konnte seinen Hals dem Schwerte hinhalten und seine Brust den Pfeilen darbieten. Ihre Spitze brach ab und bog sich, ohne dass sein Leib eine Verletzung zeigte. Er pochte auf sein Vermögen und seine Kraft und sah auf Ehrlich wie auf ein eben aus dem Ei gekrochenes Kücken.

Der Freund Ehrlichs namens Rathilf (Schen To) sprach zu ihm: »Du grollst dem Schwarz-Ei aufs äußerste, und doch nimmt dich Schwarz-Ei nur allzu leicht. Was denkst du zu tun?« Ehrlich vergoss Tränen und sprach: »Ich wollte, du gäbest mir einen Rat!« Rathilf sprach: »Ich habe gehört, dass der Ahn des Großen Vollkommenen (Kung Dschou) im Staate We das kostbare Schwert der Kaiser aus dem Hause Yin überkommen hat, mit dem ein einziger Knabe drei Heere in die Flucht schlagen kann. Ob du nicht darum bittest?«

Darauf ging Ehrlich nach We und trat vor den Großen Vollkommenen. Er befolgte den Brauch der Wagensklaven und brachte ihm erst sein Weib und seine Kinder dar und sagte hinterher sein Begehren.

Der Große Vollkommene sprach: »Ich habe drei Schwerter, unter denen du wählen kannst. Aber mit allen dreien kann man keinen Menschen töten. Doch will ich dir erst ihre Eigenschaften sagen. Das erste heißt ›Verhaltenes Licht‹. Schaut man danach, so kann man es nicht sehen, bewegt man es, so erkennt man nicht, was es trifft. Es ist verborgen und spurlos. Es durchdringt die Dinge, und die Dinge merken es nicht.

Das zweite heißt ›Erlangtes Schattenbild‹. Wenn man vor Tagesanbruch, wenn Dunkel und Licht sich mischen, oder am Abend des Tages, an der Grenze der Dämmerung und Helle nach Norden gewandt es untersucht, so sieht man ganz schwach etwas wie ein vorhandenes Ding, ohne dass man seine Form erkennen kann. Was es trifft, das gibt ganz verstohlen einen Klang. Es durchdringt die Dinge, und die Dinge empfinden keinen Schmerz.

Das dritte heißt ›Nächtliche Übung‹. Wenn es eben Tag geworden ist, so sieht man seinen Umriss, aber nicht sein Licht. Bei Nacht sieht man sein Licht, aber nicht seine Form. Wenn es auf ein Ding trifft, so dringt es schrecklich durch, aber sowie es durchgedrungen ist, schließt sich die Wunde wieder. Man fühlt Schmerz, aber die Klinge färbt sich nicht mit Blut. Diese drei Schätze sind seit dreizehn Geschlechtern überliefert und haben noch nichts zu tun gehabt mit Weltgeschäften, sie waren geborgen in ihrer Hülle und haben die Scheide noch nie verlassen.«

Ehrlich sprach: »Immerhin, ich bitte gewisslich um das dritte.« Der Große Vollkommene gab ihm zunächst Weib und Kind zurück, dann fastete er mit ihm sieben Tage lang, darauf überreichte er ihm in der Tiefe der Nacht kniend das dritte Schwert. Ehrlich warf sich ebenfalls nieder, nahm es und kehrte heim.

Als Ehrlich nun mit dem Schwert in der Hand dem Schwarz-Ei nachging, da war Schwarz-Ei betrunken und lag unter dem Fenster. Er durchhieb ihn vom Hals bis zu den Lenden dreimal. Schwarz-Ei wachte nicht auf. Da dachte Ehrlich,

Schwarz-Ei sei tot, und zog sich vergnügt zurück. Er begegnete Schwarz-Ei's Sohn unter der Türe und schlug ihn dreimal, gleich als streiche er durch die Luft. Da begann Schwarz-Ei's Sohn zu lachen und sprach: »Was bist du für ein Narr und winkst mir dreimal!«

Da merkte Ehrlich, dass er mit dem Schwert niemand töten könne, und kehrte seufzend heim. Als Schwarz-Ei erwachte, fuhr er sein Weib an und sprach: »Du hast mich in meinem Rausch unbedeckt liegen lassen, davon habe ich Halsweh und Lendenschmerzen bekommen.« Sein Sohn sprach: »Vorhin ist Ehrlich da gewesen. Er begegnete mir unter der Tür und winkte dreimal nach mir, davon habe ich auch Schmerzen im Leib und Gliederreißen bekommen. Der Kerl hat uns untergekriegt.«

18. König Mu

Als König Mu von Zhou mit einem großen Heer gegen die Westlichen Rong zog, da boten die Westlichen Rong ein Schwert aus Kunwu dar und einen feuerabweisenden Stoff. Das Schwert war einen Fuß und acht Zoll lang und hatte eine rote Klinge aus getrimmtem Stahl. Man konnte mit ihm Jade so ritzen, als ritzte man in Lehm. Wenn man den feuerabweisenden Stoff wusch, dann warf man ihn einfach ins Feuer. Er erhielt dann die Farbe des Feuers, und der Schmutz nahm die Farbe des Stoffes an. Nahm man ihn aus dem Feuer heraus und schüttelte ihn, dann leuchtete er so wie Schnee.

Ein kaiserlicher Prinz meinte, einen solchen Gegenstand gebe es nicht, und diejenigen, die davon berichteten, redeten Unsinn. Xiao Shu aber sprach: »Mein Prinz, Ihr glaubt zu fest an Euch selbst und verrennt Euch zu fest in fehlgeleiteter Vernunft.«
(Übersetzt von Hans van Ess)

BUCH VI

Freiheit und Notwendigkeit

»Wie an dem Tag, der dich der Welt verliehen / Die Sonne stand zum Gruße der Planeten / Bist alsobald und fort und fort gediehen / Nach dem Gesetz, wonach du angetreten. / So musst du sein, dir kannst du nicht entfliehen / So sagten schon Sibyllen, so Propheten / Und keine Zeit und keine Macht zerstückelt / Geprägte Form, die lebend sich entwickelt.«

1. Streit der Urmächte

Die Willenskraft sprach zum Schicksal: »Deine Wirkungen können sich den meinigen nicht vergleichen.« Das Schicksal sprach: »Was hast du für Wirkungen auf die Natur, dass du dich mir vergleichen willst?« Die Willenskraft sprach: »Langes und kurzes Leben, Erfolg und Misserfolg, Ehre und Niedrigkeit, Armut und Reichtum: das alles steht in meiner Macht.«

Das Schicksal sprach: »Der Großvater Peng war nicht weiser als die heiligen Herrscher Yau und Schun und wurde doch achthundert Jahre alt. Yän Yüan (der Lieblingsjünger Kungs) war an Begabung nicht geringer als die andern und musste doch mit zweiunddreißig Jahren sterben. Kungs Geisteskraft war nicht geringer als die der Fürsten seinerzeit, und doch kam er in Not zu Tschen und Tsai. Der Wandel des Tyrannen Dschou Sin aus dem Hause Yin war nicht besser als der der drei Vollkommenen zu seiner Zeit, und doch saß er auf dem Herrscherthron. Der würdige Gi Dscha wurde nicht mit dem Wu-Gebiet belehnt, und der Mörder Heng aus dem Hause Tiän kam in den Besitz der Alleinherrschaft im Staate Tsi.

Die unbeugsam guten Brüder Be I und Schu Tsi verhungerten am Schou-Yang-Berg, das böse Haus Gi ward reicher als Dschan Kin.

Wenn das alles durch dein Vermögen, o Willenskraft, gekommen ist, warum gabst du gerade jenem so langes Leben und diesem so kurzes? Warum gabst du dem Heiligen Misserfolg und dem Sünder Erfolg? Warum machtest du den

Würdigen niedrig und den Narren geehrt? Warum machtest du die Guten arm und die Bösen reich?«

Die Willenskraft sprach: »Wenn es so ist, wie du redest, dann habe ich allerdings keine Wirkung auf die Natur. Dass die Natur sich so verhält, das ist dann also etwas, das du gemacht?«

Das Schicksal sprach: »Wenn ich doch Schicksal heiße, wie kann da noch von ›machen‹ die Rede sein? Das Gerade treibe ich, das Krumme dulde ich. Hohes Alter, das aus sich selber kommt; frühes Sterben, das aus sich selber kommt; Erfolg und Misserfolg, Ehre und Niedrigkeit, die aus sich selber kommen: die kann ich auch nicht erkennen, die kann ich auch nicht erkennen.«

2. Gleich und doch ungleich

Es war ein Herr von Nordhausen (Be Gung), der sprach zu dem Herrn von Westheim (Si Men): »Ich bin von demselben Alter wie du, und die Leute schaffen dir Erfolg; wir sind vom selben Stamm, und die Leute ehren dich; wir haben dieselbe Gestalt, und die Leute lieben dich; wir reden dieselben Worte, und wir haben dasselbe Amt, und die Leute achten dich; wir pflügen dieselben Felder, und die Leute schaffen dir Reichtum; wir treiben dieselben Geschäfte, und die Leute schaffen dir Gewinn; ich kleide mich in grobe Wolle, ich nähre mich von schwarzem Brot, ich wohne in einer strohgedeckten Hütte, und will ich reisen, so muss ich zu Fuß gehen. Du kleidest dich in Samt und Seide; du issest Reis und Fleisch, du wohnst unter hohem Dache und fährst vierspännig aus. In der Heimat setzt du dich mit heiterer Gelassenheit über mich hinweg, bei Hofe bist du hochfahrend und stolz gegen mich. Seit Jahren meiden wir den gegenseitigen Verkehr und gehen nie mehr gemeinsam auf Reisen. Denkst du, dass du an Wesensart mir überlegen bist?« – Der von Westheim sprach: »Ich weiß nicht, was der eigentliche Grund ist. Aber was du machst, hat Misserfolg, und was ich mache, das gelingt: das ist doch wohl ein Beweis, dass wir uns durch Fülle und Ärmlichkeit unterscheiden. Und was du da redest von Dingen, in denen du mir gleich seiest, kommt nur von deiner dicken Stirn.«

Der von Nordhausen hatte darauf nichts zu erwidern; er verlor seine Selbstachtung und ging nach Hause. Unterwegs begegnete er dem Lehrer Ostweiler (Dung Go). Der Lehrer sprach: »Was läufst du so verlassen und einsam hin und her, und deine Schritte zeigen tiefe Scham?« Der von Nordhausen erzählte seine Geschichte. Da sprach der Lehrer Ostweiler: »Ich will dir deine Beschämung abnehmen und wieder mit dir zu dem Westheim gehen.« Er fragte jenen nun: »Womit hast du den Nordhausen so sehr beschämt? Sage es alles der Wahrheit gemäß!« Der von Westheim sprach: »Der Nordhausen sagte, dass er an Alter, Stamm, Jahren, Gestalt, Worten und Taten mir gleich sei, aber an Ehre und Reichtum hinter mir zurückstehen müsse. Ich habe daraufhin zu ihm gesagt: ›Ich weiß nicht, was der eigentliche Grund ist. Aber was du machst, hat Misserfolg, und was ich mache, das gelingt: das ist doch wohl ein Beweis, dass wir uns durch Fülle und Ärmlichkeit unterscheiden. Und was du da redest von Dingen, in denen du mir gleich seiest, kommt nur von deiner dicken Stirn.‹«

Der Lehrer Ostweiler sagte: »Fülle und Ärmlichkeit ist nach deinen Worten beschränkt auf den Unterschied des Wesens der Begabung. Ich fasse eure Fülle und Ärmlichkeit anders auf. Der Nordhausen da hat Fülle des Wesens, aber ein ärmliches Schicksal, du hast Fülle des Schicksals, aber ein ärmliches Wesen. Deine Erfolge sind nicht durch deine Weisheit errungen, Nordhausen hat sich seine Misserfolge nicht durch Torheit zugezogen. Das sind alles Wirkungen des Himmels, nicht der Menschen. Dass du dich der Fülle des Schicksals rühmst, und Nordhausen der Fülle seines Wesens sich schämt, kommt beides daher, dass ihr die Naturgesetze nicht kennt.« Der von Westheim sprach: »Herr, haltet ein! Ich will nie wieder so reden!«

Als nun Nordhausen heimkam, da zog er seinen groben Wollkittel an und fühlte sich so warm wie in Fuchs- oder Dachspelzen. Er aß seine Bohnenkerne, und sie schmeckten ihm so gut wie der feinste Reis; er barg sich in seiner Strohhütte, als säße er im Schatten weiter Hallen. Er fuhr in seinem Heuwagen so behaglich wie in einer Staatskarosse. Er hatte seine ganze Lebensfreudigkeit wiedergefunden und wusste nicht mehr, ob Ehre oder Schande auf der Seite des anderen oder auf seiner Seite seien.

Lehrer Ostweiler hörte es und sprach: »Der Nordhausen hat lange geschlafen, und doch konnte ein einziges Wort ihn aufwecken. Der ist leicht aus der Fassung zu bringen.«

3. Beispiel aus der Geschichte für die Unfreiheit der Handlungen

Die beiden Männer Guan I Wu (Guan Dschung) und Bau Schu Ya waren gute Freunde. Sie lebten beide im Staate Tsi. Guan I Wu diente dem Prinzen Giu, Bau Schu Ya diente dem Prinzen Siau Be. Der Herzog von Tsi handelte in seinem Hause nach der Gunst. Die Söhne seiner Nebenfrauen hatten dieselben Rechte wie die legitimen Prinzen. Die Leute im Volke fürchteten, dass daraus Unruhen entstehen möchten. Guan I Wu und sein Kollege Schau Hu zogen sich daher mit dem Prinzen Giu in den Staat Lu zurück, während Bau Schu Ya mit dem Prinzen Siau Be nach dem Staate Gü sich zurückzog.

Nach dem Tode des alten Herzogs erhob sich sein Enkel Wu Dschi (gegen den legitimen Nachfolger Siang. Der Usurpator wurde jedoch selbst vom Volke umgebracht). Da nun der Staat Tsi ohne Fürsten war, stritten die beiden Prinzen um die Thronfolge. Guan I Wu kämpfte mit dem Prinzen Siau Be auf dem Wege von Gü und traf ihn mit einem Pfeil auf das Gürtelschloss (dennoch behielt Siau Be die Oberhand). Als Siau Be nun als Herzog eingesetzt war, da drängte er den Fürsten von Lu, den Prinzen Giu zu töten. Dessen einer Minister, Schau Hu, ging mit ihm in den Tod. Guan I Wu (der sich nicht getötet hatte) wurde eingekerkert.

Da sprach Bau Schu Ya zu dem Herzog Huan (dem früheren Prinzen Siau Be): »Guan I Wu hat die Fähigkeit, das Reich zu leiten.« Herzog Huan sprach: »Der ist mein Feind, ich möchte ihn töten.« Bau Schu Ya sprach: »Ich habe sagen hören, ein würdiger Fürst kenne keinen persönlichen Groll, und dann: wer sein Herr zu sein vermag, der vermag auch sicher Herr des Reichs zu sein. Wenn Ihr die Vorherrschaft im Reiche erstrebt: ohne Guan I Wu lässt sie sich nicht erreichen. Darum müsst Ihr, o Fürst, ihn befreien.« Darauf verlangte der Herzog den Guan I Wu. Der Staat Lu lieferte ihn aus. Als er nach Tsi kam, empfing ihn Bau Schu Ya auf dem Felde und löste seine Fesseln. Der Herzog Huan beschenkte ihn und gab ihm seinen Platz noch über den Geschlechtern Gau und Guo. Bau Schu Ya war ihm persönlich unterstellt. Es wurde ihm die Leitung des Staates übertragen und der Titel »Vater Dschung« verliehen. Und Herzog Huan gewann die Vorherrschaft im ganzen Reiche.

Guan I Wu sprach seufzend: »In meiner Jugend, als ich in Bedrängnis war, habe ich mit Bau Schu Ya Geschäfte gemacht. Bei der Verteilung der Güter nahm ich selber den größeren Anteil. Bau Schu Ya hielt mich darum nicht für habgierig, sondern wusste, dass ich es aus Armut tat. Ich machte mit Bau Schu Ya zusammen Pläne und hatte großen Misserfolg. Bau Schu Ya hielt mich darum nicht für töricht, sondern wusste, dass Gelingen und Misslingen seine Zeit hat. Ich war dreimal im Amt gewesen und war dreimal von meinem Herrn weggejagt worden. Bau Schu Ya hielt mich darum nicht für unbrauchbar, sondern wusste, dass ich die rechte Gelegenheit noch nicht gefunden. Ich stand dreimal in der Schlacht und habe dreimal dem Feind den Rücken gekehrt. Bau Schu Ya hielt mich darum nicht für feige, sondern wusste, dass ich eine alte Mutter hatte. Als Prinz Giu unterlegen, ging Schau Hu mit ihm zusammen in den Tod. Ich kam ins dunkle Verlies und hatte Schmach und Schande zu tragen.

Bau Schu Ya hielt mich darum nicht für ehrlos, sondern wusste, dass ich mich nicht um Kleinigkeiten schäme, aber es als Schmach achte, wenn mein Name nicht auf Erden bekannt wird. Die mich erzeugten, sind Vater und Mutter, der mich kennt, ist Bau Schu Ya.«

Unsere Zeit rühmt Guan und Bau als treue Freunde und den Prinzen Siau Be als einen, der es verstand, fähige Menschen in seinen Dienst zu ziehen. Aber in Wirklichkeit kommt ihnen das Lob der Freundestreue und der Tüchtigkeit im Gebrauche fähiger Menschen nicht zu. Damit soll nicht gesagt sein, dass andere eine höhere Stufe in der Freundestreue oder in der Tüchtigkeit im Gebrauch fähiger Menschen einnehmen. Dass Schau Hu in den Tod ging, war nicht seine freie Tat; er konnte gar nicht anders als in den Tod gehen. Dass Bau Schu den Würdigsten empfahl, war nicht seine freie Tat; er konnte gar nicht anders als ihn empfehlen. Dass Siau Be seinen Feind verwandte, war nicht seine freie Tat; er konnte gar nicht anders als ihn verwenden.

Als Guan I Wu schließlich erkrankte, da fragte Siau Be und sprach: »Vater Dschungs Krankheit ist schwer, wir dürfen's uns nicht verschweigen. Wenn es nun zum Äußersten kommt, wem kann ich dann den Staat anvertrauen?« Guan I Wu sprach: »An wen denken Eure Hoheit?« Siau Be sprach: »Bau Schu Ya ist wohl geeignet.« Guan I Wu erwiderte: »Er ist nicht geeignet. Er führt den Wandel eines reinen, unbestechlichen, tüchtigen Gelehrten. Mit Leuten, die nicht seine Lebensrichtung haben, kommt er nicht aus. Hört er einmal, dass jemand sich etwas hat zuschulden kommen lassen, so vergisst er das sein Leben lang nicht. Betraute man ihn mit der Verwaltung des Staates, so würde er den Fürsten in Verwickelungen bringen und das Volk unzufrieden machen. Diese Verfehlungen dem Fürsten gegenüber würden rasch zum Ende führen.« Siau Be sprach: »Ja, wer ist dann geeignet?« Er erwiderte: »Es wird wohl niemand anders übrig bleiben als Si Peng (der persönliche Feind des Guan I Wu). Er ist ein Mensch, der sich nichts daraus macht, wenn er in hoher Stellung ist; dadurch entgeht er dem Neid der Untergebenen. Er stellt sich selbst die höchsten Ziele und hat Mitleid mit denen, die schlechter sind als er. Mit der Kraft des geistigen Wesens die Menschen zur Pflicht zu bringen, das ist die Sache des berufenen Heiligen; durch Spenden die Menschen zur Pflicht zu bringen, das ist die Art der würdigen Männer. Wer mit seiner Würde von oben her den Menschen naht, der wird niemals die Menschen für sich gewinnen; wer sich aber mit seiner Würde unter die Menschen hinuntergibt, der wird sicher die Menschen gewinnen. Was er im Staate an Besitz erwirbt, wird nicht bekannt; was er im Hause an Besitz erwirbt, bleibt ungesehen. Wenn es also nicht anders geht, so ist Si Peng geeignet.«

Und dennoch hat nicht etwa Guan I Wu den Bau Schu Ya benachteiligt: er konnte gar nicht anders als ihn benachteiligen. Nicht er hat den Si Peng bevorzugt; er konnte gar nicht anders als ihn bevorzugen. Es mag wohl vorkommen, dass man einen, den man anfangs bevorzugt hat, schließlich benachteiligen muss, oder dass man einen, den man schließlich bevorzugt, erst benachteiligt hatte. Das Kommen und Schwinden der Art des Benehmens hängt nicht von uns ab.

4. Deng Xi und Zichan

Deng Xi hielt fest an der Theorie, dass es immer zwei Möglichkeiten gibt, und lieferte unerschöpflich Argumente. Als Zichan die Regierung führte, schrieb er einen Kodex auf Bambusstreifen. Der Staat Zheng übernahm ihn, und mehrfach übte er Kritik an der Politik des Zichan. Zichan musste sich dem beugen. Da ließ Zichan ihn festnehmen und verstümmeln, und eines Tages richtete er ihn hin. Demzufolge war es nicht so, dass Zichan den Kodex auf Bambusstreifen hätte gebrauchen können: Er kam nicht umhin, ihn anzunehmen. Und es war nicht so, dass Deng Xi in der Lage gewesen wäre, den Zichan dazu zu zwingen, sich zu beugen, sondern er kam einfach nicht umhin, sich zu beugen. Schließlich: Es war nicht so, dass Zichan in der Lage gewesen wäre, den Deng Xi hinzurichten: Er kam nicht umhin, ihn hinzurichten.
(Übersetzt von Hans van Ess)

5. Gesetz des Zufalls

Wenn etwas, das die Möglichkeit zu leben hat, auch wirklich lebt, so ist das Glück vom Himmel. Wenn etwas, das reif zum Sterben ist, auch wirklich stirbt, so ist das Glück vom Himmel. Wenn etwas, das die Möglichkeit zum Leben hätte, nicht zum Leben kommt, so ist das Strafe vom Himmel. Wenn etwas, das reif zum Sterben wäre, nicht zum Sterben kommt, so ist auch das Strafe vom Himmel.

Dass solches, das die Möglichkeit zum Leben oder Sterben hat, nun auch wirklich das Leben oder das Sterben erreicht: das kommt vor. Dass solches, das nicht die Möglichkeit zum Leben oder Sterben hat, dennoch lebt oder stirbt: auch das kommt vor.

Das, was also das Leben zum wirklichen Leben macht, das Sterben zum wirklichen Sterben macht, das liegt nicht in der Außenwelt und liegt nicht in unserem Ich, sondern es ist beides Schicksal: die Erkenntnis findet hier unübersteigliche Grenzen. So heißt es:

Unfassbar, ohne Grenzen,
Trifft aus sich selbst des Himmels SINN das Ziel.
Unendlich, ohne Teile,
Schließt aus sich selbst des Himmels SINN den Kreis.
Sichtbares und Unsichtbares können nicht dagegen,
Heilige und Weise können nichts dazu,
Geister und Teufel können nicht entwischen.
Das auf sich selbst Beruhende
Stillet, wirket,
Ebnet, sänftigt,
Leitet, wartet.

6. Die drei Doktoren und das Geheimnis des Lebens

Yang Dschu hatte einen Freund namens Gi Liang. Gi Liang wurde krank, und nach sieben Tagen war es sehr schlimm mit ihm geworden. Sein Sohn umarmte ihn schluchzend. Er wollte einen Arzt rufen. Gi Liang sagte zu Yang Dschu und sprach: »So weit also treibt mein Sohn seine Dummheit! Willst du mir nicht den Gefallen tun und ein Lied singen, um ihn zur Besinnung zu bringen?« Yang Dschu sang darauf also:

»Was kein Gott im Himmel weiß,
Soll der Mensch es merken?
Keine Hilfe kommt vom Himmel,
Keine Schuld des Menschen gibt es.
Wahrlich ich und wahrlich du
Können es nicht wissen;
Ärzte wohl und Zaubrer wohl:
Sollten die es wissen?«

Aber der Sohn wurde nicht zur Besinnung gebracht und rief schließlich drei Ärzte. Der eine hieß Eisenbart (Kiau), der zweite hieß Einverstanden (Yü), und der dritte hieß Schwarz (Lu). Sie untersuchten sein Leiden.

Herr Eisenbart sagte zu Gi Liang und sprach: »Wärme und Kälte stehen nicht im Einklang. Geist und Leib haben nicht das rechte Verhältnis. Die Krankheit kommt von Hunger und Sättigung, Genuss und Begierde, Sorgen des Geistes und zerstreuenden Beschäftigungen. Sie kommt nicht vom Himmel und nicht von Geistern; obwohl es schlimm steht, kann man dagegen angehen.« Gi Liang sprach: »Ein ganz gewöhnlicher Doktor!« Und er trieb ihn hinaus.

Herr Einverstanden sprach nun: »Bei dir war von Anfang an die Kraft des Mutterleibes nicht ausreichend, die Milch war zu reichlich. Die Krankheit ist nicht von gestern und heute, ihre Ursachen haben sich allmählich entwickelt. Sie ist unheilbar.« Gi Liang sprach: »Ein guter Arzt.« Und er gab ihm zu essen.

Herr Schwarz sprach: »Deine Krankheit kommt nicht vom Himmel noch von Menschen noch von Geistern. Als du mit dem Leben deine körperliche Gestalt erhieltest, da hat sie sich gebildet. Der sie gemacht hat, kennt sie auch wohl. Was sollen die Arzneien und Pulver nützen?« Gi Liang sprach: »Ein göttlicher Arzt.« Und er entließ ihn reich beschenkt. Plötzlich wurde dann die Krankheit Gi Liang's von selber wieder gut.

Nicht durch sorgfältige Pflege kann man das Leben verlängern, nicht durch Liebe zum Leben kann man Fülle gewinnen. Ebenso wenig kann man durch Verachtung des Leibes ein frühes Ende herbeiführen, durch Vernachlässigung des Lebens es dürftiger machen.

Darum kommt es vor, dass, wer sein Leben werthält, es verliert; wer es verachtet, doch nicht stirbt; wer es liebt, nicht seine Fülle gewinnt; wer es unwichtig nimmt, es doch nicht dürftiger macht. Das scheint verkehrt, es ist aber nicht verkehrt, sondern es kommt davon her, dass Leben und Tod, Fülle und Dürftigkeit auf sich selber beruhen.

Es kommt auch vor, dass einer sein Leben werthält und

es behält; dass einer es verachtet und stirbt; dass einer es liebt und seine Fülle gewinnt; dass einer es unwichtig nimmt und in Dürftigkeit kommt. Das scheint der gerade Lauf zu sein, es ist aber nicht der gerade Lauf, sondern auch das kommt davon, dass Leben und Tod, Fülle und Dürftigkeit auf sich selber beruhen.

7. Fügung ins Unvermeidliche

Yü Hiung redete mit dem König Wen und sprach: »Was lang an sich ist, dem kann man nichts zufügen; was kurz an sich ist, das kann man nicht verringern. Solches entzieht sich aller Berechnung.«

Lau Dan redete mit Guan Yin und sprach:

»Wer weiß den Grund davon,
Dass der Himmel einen hasst!«

Damit meint er, dass es sich nicht verlohnt, den Gedanken des Himmels nachzuspüren und Glück und Unglück auszurechnen.

8. Pessimismus

Yang Bu fragte (seinen älteren Bruder Yang Dschu) und sprach: »Es gibt hier Menschen, die sind Brüder an Jahren, in ihren Worten, in ihrer Begabung, in ihrem Aussehen und unterscheiden sich doch wie Vater und Sohn in Beziehung auf ihre Lebensdauer, auf Rang, auf Ruhm, auf Liebe und Hass der Menschen. Das macht mir zu schaffen.«

Meister Yang sprach: »Die Alten hatten ein Wort, das ich mir gemerkt habe und das ich dir sagen will: Was so ist, wie es ist, ohne dass man die Gründe für sein Sosein kennt, das ist Schicksal. Nun aber folgt undurchdringliches Dunkel und gesetzloser Zufall sowohl dem, der handelt, als auch dem, der nicht handelt. Die Tage kommen und gehen. Wer kann die Ursache davon ergründen? Das alles ist Schicksal.

Wer sich nun dem Schicksal überlässt, für den gibt es kein hohes Alter und kein frühes Sterben. Wer sich der Notwendigkeit überlässt, für den gibt es kein Recht und Unrecht. Wer sich seinem Gefühl überlässt, für den gibt es kein Widerstreben oder Folgen. Wer sich der Natur überlässt, für den gibt es nicht Ruhe noch Gefahr. Von dem kann man sagen, dass er an nichts glaubt und an alles glaubt. Der hat die Wahrheit unverfälscht. Wozu gehen? Wozu kommen? Wozu traurig sein? Wozu fröhlich sein? Wozu handeln? Wozu nicht handeln?«

9. Unabhängigkeit

Im Buche des Herrn der gelben Erde heißt es:

»Der höchste Mensch weilt wie ein Leichnam und bewegt sich wie in Fesseln; er weiß weder, warum er verweilt, noch, warum er nicht verweilt; er weiß weder, warum er sich bewegt, noch, warum er sich nicht bewegt. Er ändert weder vor den Blicken der Menge sein äußeres Benehmen, noch kann man von ihm sagen, dass, wenn er den Blicken der Menge entzogen ist, er sein äußeres Benehmen nicht verändert. Einsam geht er, einsam kommt er, einsam äußert er sich, einsam zieht er sich in sich zurück. Wer kann ihn hindern?«

10. Das Naturgesetz in der Geisteswelt

Verschlagene und Reizbare, Zurückhaltende und Heftige: diese vier Menschenarten wandern miteinander auf der Welt umher. Jeder geht seinen Zielen nach, und bis ans Ende der Tage verstehen sie gegenseitig ihre Gefühle nicht; jeder hält seine Weisheit für die tiefste.

Redegewandte und Einfältige, Alberne und Kriecher: diese vier Menschenarten wandern miteinander auf der Welt umher. Jeder geht seinen Zielen nach, und bis ans Ende der Tage verkehren sie nicht miteinander; jeder hält seine Kunst für die feinste.

Heimtückische und Unverschämte, Voreilige und kalte Spötter: diese vier Menschenarten wandern miteinander auf der Welt umher. Jeder geht seinen Zielen nach, und bis ans Ende der Tage bringen sie einander nicht zur Besinnung; jeder denkt, dass sein Verstand es erfasst habe.

Heuchler und Aufdringliche, Tollkühne und Zaudernde: diese vier Menschenarten wandern miteinander auf der Welt umher. Jeder geht seinen Zielen nach, und bis ans Ende der Tage bringen sie einander nicht vorwärts; jeder hält seinen Wandel für tadellos.

Gesellschaftsmenschen und Selbstgewisse, Tyrannen und Vereinsamte: diese vier Menschenarten wandern miteinander auf der Welt umher. Jeder geht seinen Zielen nach, und bis ans Ende der Tage beachten sie einander nicht; jeder hält sich für zeitgemäß.

Das ist der Zustand der Menge. Ihr Äußeres ist vielgestaltig, und doch folgen sie alle den ewigen Gesetzen und sind dem Schicksal unterworfen.

11. Der Schein trügt

Das beinahe Vollkommene ist dem Vollkommenen ähnlich; aber es ist von Anfang an unvollkommen. Das beinahe Verkommene ist dem Verkommenen ähnlich; aber es ist von Anfang an nicht verkommen. So entsteht die Betörung aus der Ähnlichkeit. Die Grenzen solcher Ähnlichkeiten sind verschwommen. Wer das Ähnliche ungetrübt zu unterscheiden vermag, der fürchtet nicht äußeres Unheil und freut sich nicht inneren Glücks.

Wann es die rechte Zeit ist zu wirken, und wann es die rechte Zeit ist innezuhalten, kann auch der Weiseste nicht wissen. Wer sich dem Schicksal überlässt, betrachtet die Außenwelt und das eigne Ich mit gleichen Gefühlen. Wer der Außenwelt und dem eignen Ich mit verschiedenen Gefühlen gegenübersteht, der ist noch nicht so weit wie einer, der mit verbundenen Augen und mit verstopften Ohren, im Rücken eine Felswand und vor sich einen Sumpfgraben, dasteht und doch nicht hineinstürzt.

Darum heißt es: Tod und Leben kommen vom Schicksal, Armut und Misserfolg hängen von der Zeit ab. Wer über ein vorzeitig abgebrochenes Leben murrt, kennt das Schicksal nicht. Wer über Armut und Misserfolg murrt, kennt die Zeit nicht. Im Tode nicht zagen, unter Misserfolg nicht trauern: das heißt das Schicksal kennen und sich der Zeit fügen.

Menschen, die viele Weisheit besitzen, ermessen Gewinn und Schaden, beurteilen, was nichtig ist und was wirklich, und berechnen der Menschen Gefühle: zur Hälfte erreichen sie ihr Ziel, zur Hälfte nicht. Menschen mit geringer Weisheit ermessen nicht Gewinn und Schaden, beurteilen nicht, was nichtig ist und was wirklich, und berechnen nicht der Menschen Gefühle: zur Hälfte erreichen sie ihr Ziel und zur Hälfte nicht. Was ist darum für ein Unterschied zwischen Ermessen und Nichtermessen, zwischen Beurteilen und Nichtbeurteilen, zwischen Berechnen und Nichtberechnen? Nur wer nichts ermisst und alles ermisst, der erreicht das Vollkommene und hat keinen Verlust, und doch kennt er nicht die Vollkommenheit, noch kennt er den Verlust; denn

Vollkommenheit, Nichtsein, Verlust beruhen alle auf sich selber.

12. Der Nutzen des Todes

Herzog Ging von Tsi wanderte auf dem Kuhberg. Als er von Norden der Hauptstadt seines Landes nahte, da vergoss er Tränen und rief aus: »Wie schön bist du, o Land! So üppig, so prächtig, glitzernd im Tau! Muss ich dies Land verlassen und sterben? Oh, gäbe es doch keinen Tod in der Welt! Wenn ich von hier scheide, wohin werde ich dann kommen?« Der Geschichtsschreiber Kung und Liang Kiu Gü taten es ihm beide nach und sprachen schluchzend: »Wir hängen von des Fürsten Gnade ab, und unsere Speise ist einfaches Gemüse und geringes Fleisch. Wir fahren mit alten Mähren und Rumpelwagen und möchten dennoch nicht sterben. Wie viel mehr (Grund zur Klage) hat da erst unser Fürst!«

Nur Meister Yän lächelte für sich. Der Herzog wischte seine Tränen ab, wandte sich an Meister Yän und sprach: »Der Spaziergang hat Uns traurig gemacht, und Kung und Gü haben es Uns beide nachgetan und auch geweint. Warum lachst du allein?« Meister Yän erwiderte und sprach: »Wenn die Würdigen ewig dauerten, so wären der Große Herzog und der Herzog Huan ewig am Leben geblieben. Wenn die Mutigen ewig dauerten, so wären die Herzöge Dschuang und Ling ewig am Leben geblieben. Wenn nun alle diese Fürsten heute noch lebten, so könnten Eure Hoheit im Schilfmantel und Strohhut auf den Feldern stehen. In diesem bemitleidenswerten Zustand hättet Ihr keine Muße gehabt, ans Sterben zu denken, und wie wäre es dann überhaupt möglich geworden, dass Eure Hoheit auf den Thron gekommen wären? Dadurch, dass in beständigem Wechsel jeder weilte und dann wieder ging, kam die Reihe an Eure Hoheit. Darüber nun aber Tränen zu vergießen, ist nicht wahre Seelengröße. Ich habe einen Fürsten gesehen ohne wahre Seelengröße und habe Diener gesehen, die ihm schmeichelnd nach dem Munde redeten. Als ich dies beides sah, da habe ich mir erlaubt, heimlich für mich zu lächeln.«

Der Herzog Ging schämte sich. Er erhob den Becher sich selbst zur Strafe, und er bestrafte seine beiden Diener, jeden mit zwei Bechern Weins.

13. Nach wie vor

Unter den Leuten von We lebte ein Mann namens Wu vom Osttor. Als sein Sohn starb, ward er nicht traurig. Da sprach sein Hausverwalter zu ihm: »Auf der ganzen Welt gab es keinen Menschen, der seinen Sohn so liebte wie Ihr. Nun Euer Sohn gestorben ist, warum seid Ihr nicht traurig?« Wu vom Osttor sprach: »Es gab eine Zeit, da ich immer ohne Sohn war, und in jener Zeit, da ich noch keinen Sohn hatte, war ich nicht traurig. Nun ist mein Sohn gestorben, und es ist wieder ebenso wie früher, da ich noch keinen Sohn hatte. Was sollte ich da traurig sein?«

14. Willenskraft und Schicksal

Der Landmann benützt die Jahreszeiten; der Kaufmann strebt nach Gewinn; der Arbeiter sucht nach Kunstgriffen; der Beamte benützt seine Macht: so äußert sich die Willenskraft. Doch dem Landmann wird Regen oder Trockenheit zuteil, dem Kaufmann Gewinn oder Verlust, dem Beamten Erfolg oder Misserfolg: so äußert sich das Schicksal.

BUCH VII

Yang Dschu

»So wälz ich ohne Unterlass / Wie Sankt Diogenes mein Fass / Bald ist es Ernst, bald ist es Spaß / Bald ist es Lieb, bald ist es Hass / Bald ist es Dies, bald ist es Das / Es ist ein Nichts und ist ein Was / So wälz ich ohne Unterlass / Wie Sankt Diogenes mein Fass.«

1. Über den Ruhm

Yang Dschu übernachtete bei seinen Wanderungen in Lu einmal im Hause der Familie Meng. Herr Meng fragte und sprach: »Schließlich ist doch jeder nichts weiter als ein Mensch; wozu dient der Ruhm?« Er antwortete: »Die nach Ruhm trachten, tun es, um reich zu werden.« – »Wenn aber einer reich ist, warum hört er auch dann noch nicht auf?« Er antwortete: »Um der Ehre willen.« – »Wenn aber einer geehrt ist, warum hört er auch dann noch nicht auf?« Er antwortete: »Um des Todes willen.« – »Wenn einer tot ist, was kann er dann da noch wollen?« Er antwortete: »Er kann für seine Kinder und Enkel sorgen.« – »Wie kann denn der Ruhm den Kindern und Enkeln nützen?« Er sprach: »Der Berühmte hat selber viel Mühsal und Sorgen. Die, denen sein Ruhm zugutekommt, das sind seine Stammesangehörigen; die Gewinn davon haben, sind seine Landsleute: wie viel mehr erst seine Kinder und Enkel!« – »Wer aber nach Ruhm trachtet, muss uneigennützig sein; Uneigennützigkeit aber führt zur Armut. Wer nach Ruhm trachtet, muss demütig sein; Demut aber führt zur Niedrigkeit.« Er sprach: »Guan Dschung war Kanzler in Tsi. Sein Fürst war ausschweifend, er war auch ausschweifend; sein Fürst war üppig, er war auch üppig. In seiner Willensrichtung stimmte er mit ihm überein; in seinen Worten richtete er sich nach ihm. Sein Weg hatte Erfolg, und die Vorherrschaft im Reiche ward errungen. Nach seinem Tode aber war er einfach Guan Dschung und nichts weiter. Der Mann Tiän war Kanzler in Tsi. War der Fürst übermütig, so zeigte er sich herablassend; war der Fürst habgierig, so zeigte er sich freigebig. Alles Volk fiel ihm zu, und er kam so auf den Thron von Tsi, und seine Nachkommen haben es bis auf den heutigen Tag noch ununterbrochen zu genießen.« – »So bringt also wahrer Ruhm in Armut und heuchlerischer Ruhm in Reichtum?« Er sprach: »Was wahr ist, erlangt keinen Ruhm; was Ruhm genießt, ist nicht wahr. Alle die berühmten Männer sind Heuchler und nichts weiter. Vor alters haben Yau und Schun heuchlerischerweise das Reich dem Hü Yu und Schan Küan angeboten, darum haben sie das Reich nicht verloren und erfreuten sich eines hundertjährigen Alters. Be I und Schu Tsi haben in Wahrheit auf den Thron von Gu Dschu verzichtet und haben auch tatsächlich für immer ihr Reich verloren, also dass sie am Schou-Yang-Berge Hungers starben. An diesen Beispielen kann man sehen, zu welch verschiedenen Erfolgen Wahrheit und Heuchelei führen.«

2. Carpe Diem

Yang Dschu sprach: »Die höchste Grenze menschlichen Lebens sind hundert Jahre. Hundert Jahre erreicht unter Tausenden nicht einer. Doch nehmen wir an, es gebe so einen: die Zeit seiner Kindheit und Unreife und die des gebrechlichen Alters nimmt etwa die Hälfte davon ein; davon nimmt die Zeit, die man nachts im Schlafe verbringt und die tags im Wachen unbenützt verstreicht, wieder etwa die Hälfte weg; Schmerzen und Krankheit, Trauer und Verdruss, Verlust und

Misserfolg, Kummer und Sorgen nehmen von dem Rest wieder etwa die Hälfte weg. Innerhalb der übrig bleibenden Zahl von etwa zehn Jahren kommt auf die Zeit, in der man vollkommen frei sich selbst genießt, ungetrübt von jeglicher Spur sorgender Gedanken, kaum einer Stunde Spanne.

In eines Menschen Leben, was bleibt da also noch an Freuden übrig? Es bleibt Genuss, es bleibt die Schönheit der Töne und Farben; doch des Genusses kann man sich auch nicht dauernd ungetrübt erfreuen, an Tönen und Farben kann man sich auch nicht dauernd ungetrübt ergötzen; dazu kommen noch die Überredungen und Einschränkungen von Lohn und Strafe, die hemmenden und treibenden Einflüsse von Namen und Vorbildern. In rastloser Hast streitet man um eitles Lob während der Spanne Zeit, um nach dem Tode überflüssige Verherrlichung zu erreichen. Nutzlos zügelt man Ohren und Augen und achtet auf Recht und Unrecht der Triebe des Leibes. So bringt man sich umsonst um den höchsten Genuss der Gegenwart und ist auch nicht der einen Stunde freier Herr. Wodurch unterscheidet sich ein solches Leben noch von den Ketten und Fesseln eines schweren Verbrechers?

Die Menschen der grauen Vorzeit hatten erkannt, dass des Lebens Dauer flüchtig ist, hatten erkannt, dass es flüchtig dem Tode zueilt; darum ließen sie in ihren Handlungen ihrem Herzen freien Lauf und widerstrebten nicht den natürlichen Neigungen, und was augenblicklich dem Leibe schmeichelte, das taten sie nicht ab. So ließen sie sich nicht um des Ruhmes willen überreden; sie folgten ihrer Natur und ließen sich treiben, und aller Wesen Neigungen ließen sie gewähren. Sie waren nicht auf Ruhm nach dem Tode aus, so wurden sie auch von der Strafe nicht erreicht. Und Ruhm und Lob der früheren oder späteren Zeit und ihrer Lebensjahre zugemessene Zahl beachteten sie nicht.«

3. Gleichmacher Tod

Yang Dschu sprach: »Verschieden sind die Wesen voneinander während des Lebens; im Tode sind sie gleich. Im Leben gibt es Weise und Narren, Vornehme und Geringe und dadurch Unterschiede; mit dem Tode kommt Verwesung, Fäulnis, Auflösung, Vernichtung und dadurch Gleichheit. Und trotzdem steht Weisheit oder Narrheit, Vornehmheit oder Niedrigkeit nicht in der Menschen Macht; Verwesung und Fäulnis, Auflösung und Vernichtung steht ebenso wenig in ihrer Macht.

Darum, die da leben, leben nicht aus sich selber; und die sterben, sterben nicht aus sich selber; die Weisen sind nicht weise aus sich selber; und die Narren sind nicht Narren aus sich selber; die Vornehmen sind nicht vornehm aus sich selber; und die Niedrigen sind nicht niedrig aus sich selber. Vielmehr ist es die Gesamtheit aller Wesen, die gleichzeitig lebt und gleichzeitig stirbt, gleichzeitig weise ist und gleichzeitig närrisch, gleichzeitig vornehm und gleichzeitig niedrig.

Einer stirbt mit zehn Jahren, ein anderer stirbt mit hundert Jahren. Vollkommene Heilige sterben, ebenso wie bösartige Narren sterben. Im Leben waren es Patriarchen (Yau und

Schun); im Tode sind es Modergebeine. Im Leben waren es Scheusale (Giä und Dschou); im Tode sind es Modergebeine. Als Modergebeine sind sie eins; wer erkennt noch ihre Verschiedenheit? Darum lasst uns des Lebens Gegenwart ergreifen! Wozu sich sorgen um das, was nach dem Tode kommt!«

4. Übermäßige Tugend

Yang Dschu sprach: »Be I war nicht frei von Begehren; seine übermäßige Sucht nach Reinheit brachte ihn dazu, dass er sich dem Hungertod ergab. Dschan Gi (Liu Hia Hui) war nicht frei von Leidenschaft; seine übermäßige Sucht nach Keuschheit war es, die ihn dazu brachte, dass er sich der Einsamkeit ergab. Also vermag Reinheit und Keuschheit das Gute zu verfehlen.«

5. Die Nachteile von Armut und Reichtum

Yang Dschu sprach: »Unter den Jüngern Kungs war Yüan Hiän (Yüan Si), der in ärmlichen Verhältnissen in Lu lebte. Dsi Gung anderseits erwarb sich Reichtümer in We. Yüan Hiän nahm durch seine Armut Schaden an seiner Gesundheit; Dsi Gung machte durch seinen Reichtum seinen Leib müde. So ist also Armut nicht das Wünschenswerte und Reichtum nicht das Wünschenswerte. Worin besteht nun das Wünschenswerte? Ich sage, das Wünschenswerte besteht darin, dass man sich seiner Gesundheit freut, dass man seinem Leib Bequemlichkeit schafft. So hält sich, wer es versteht, sich seiner Gesundheit zu freuen, ferne von Armut, und wer es versteht, seinem Leibe Bequemlichkeit zu schaffen, ferne von Reichtum.«

6. Vom Nutzen des Mitleids

Yang Dschu sprach: »Die Alten hatten ein Wort: ›Im Leben soll man Mitleid miteinander haben; im Tode soll man voneinander lassen.‹ Dieses Wort hat es getroffen. Der Grundsatz des gegenseitigen Mitleids ist nicht eine Sache des bloßen Gefühls: in Zeiten der Überarbeitung verschafft er Erleichterung, dem Hunger verschafft er Sättigung, der Kälte verschafft er Erwärmung, dem Misserfolg verschafft er Erfolg.

Der Grundsatz, voneinander zu lassen, heißt nicht, dass man nicht umeinander trauert; nur braucht man (den Toten) keine Perlen und Edelsteine in den Mund zu geben, keine gestickten Seidengewänder anzuziehen, keine Schlachtopfer darzubringen und keine prächtigen Geräte aufzustellen.«

7. Pflege des Lebens und Bestattung der Toten

Bau Schu Ya befragte den Guan I Wu über die Pflege des Lebens. Guan I Wu sprach: »Sich ausleben ist das Ganze! Nichts verhindern, nichts unterdrücken!« Bau Schu sprach: »Und wie macht man das in jedem Falle?« Guan I Wu sprach: »Lass deine Ohren hören, was sie begehren! Lass deine Augen sehen, was sie begehren! Lass deine Nase riechen, was sie begehrt! Lass deinen Mund reden, was er begehrt! Lass deinen Leib genießen, was er begehrt! Lass deinen Willen tun, was er begehrt!

Die Ohren verlangt es nach Klängen und Tönen; wenn man sie ihnen nicht zu hören gibt, so unterdrückt man die Ausbildung des Gehörs. Die Augen verlangt nach Schönheit und Farben; wenn man sie ihnen nicht zu sehen gibt, so unterdrückt man die Ausbildung des Sehvermögens. Die Nase verlangt nach Düften und Wohlgerüchen; wenn man sie ihr nicht zu riechen gibt, so unterdrückt man die Ausbildung des Riechvermögens. Den Mund verlangt über Recht und Unrecht zu reden; wenn man ihn nicht darüber sprechen lässt, so unterdrückt man die Ausbildung der Klugheit. Den Leib verlangt der Pracht und Fülle zu genießen; wenn man ihn nicht gewähren lässt, so unterdrückt man sein Wohlbefinden. Den Willen verlangt darnach, sich unbehindert auszuwirken; wenn man ihn nicht so handeln lässt, so unterdrückt man seine Natur.

Alle diese Unterdrückungen sind schlimme Tyrannen. Wer diese schlimmen Tyrannen beseitigt, der kann fröhlich sein Ende erwarten, sei es einen Tag, einen Monat, ein Jahr oder zehn Jahre lang. Das nenne ich Pflege des Lebens. Wer diese schlimmen Tyrannen festhält, ihrer gedenkt und sie nicht preisgibt, der schleicht elend dahin, um ein hohes Alter zu erreichen; und ob er hundert Jahre alt würde oder tausend Jahre oder zehntausend: ich nenne das nicht Pflege des Lebens.«

Guan I Wu sprach: »Nachdem ich dir nun über die Pflege des Lebens gesprochen, wie steht es da wohl mit der Bestattung des Toten?« Bau Schu Ya sprach: »Die Bestattung des Toten ist Nebensache; was braucht man darüber zu reden?« Guan I Wu sprach: »Ich möchte es aber doch von dir hören.« Bau Schu Ya sprach: »Wenn ich erst tot bin, was geht das Weitere mich dann noch an? Mag man mich verbrennen oder ins Wasser werfen; mag man mich begraben oder offen liegen lassen; mag man mich in Stroh wickeln und in einen Graben werfen oder in prächtige Gewänder hüllen und in einem steinernen Sarkophag beisetzen: das alles mag gehen, wie es will!«

Da blickte Guan I Wu den Bau Schu Ya an und sprach: »Des Lebens und des Todes Sinn haben wir beide erfasst.«

8. Die beiden Übermenschen

Dsi Tschan war Kanzler in Dscheng, und nachdem er die Gewalt im Staate drei Jahre lang in seiner Hand vereinigt hatte, da folgten die Guten seinem Einfluss, und die Bösen scheuten seine Strenge. So kam der Staat Dscheng in Ordnung, und die übrigen Reichsfürsten fürchteten ihn. Er aber hatte einen älteren Bruder namens Gung Sun Tschan und einen jüngeren Bruder namens Gung Sun Mu. Der ältere war dem Wein ergeben und der jüngere der Frauenschönheit.

Vor dem Hause des älteren standen Tausende von Weinfässern aufgestapelt, und die Hefe lag in Haufen umher. Wenn man auf hundert Schritt dem Tore nahte, so beleidigte der Geruch von Trebern und ungegorenem Wein die Nase. Und nun erst seine Unmäßigkeit im Weingenuss! Er kümmerte sich nicht um des Weltlaufs Sicherheit oder Gefahr, nicht um Reue oder Verzweiflung menschlicher Vernunft, nicht um Besitz oder Verlust im eigenen Hause, nicht um Zuneigung oder Entfremdung seiner Verwandten, nicht um Freude und Trauer über Leben und Tod, ja selbst wenn Wassersnot und Feuersnot, Schwert und Spieß gleichzeitig ihn bedroht hätten, er hätte es nicht beachtet.

Der jüngere hatte sich in seinen hinteren Gemächern einen Harem von Dutzenden von Zimmern angelegt, den er mit ausgesucht jungen und schönen Mädchen gefüllt hatte. Und nun erst seine Ausschweifung in Wollust! Die Verwandten trieb er weg, und mit den Freunden brach er. Er zog sich in die inneren Gemächer zurück und trieb dort Tag und Nacht sein Wesen. Alle drei Monate kam er nur einmal hervor, und selbst dabei war ihm noch nicht wohl. Wenn in der Gegend irgendwo eine besonders schöne Jungfrau war, so sandte er sicher Geschenke, um sie herbeizulocken, brauchte Kuppler, um sie zu verführen, und ließ nicht ab, ehe er sie bekommen.

Dsi Tschan war Tag und Nacht darüber bekümmert. Er suchte heimlich den Deng Si auf, um ihn um Rat zu fragen, und sprach: »Ich weiß, dass man erst sein Selbst in Ordnung bringen muss, um auf die Familie Einfluss zu gewinnen, dass man erst sein Haus in Ordnung bringen muss, um auf den Staat Einfluss zu gewinnen. Dieser Grundsatz besagt, dass man im engsten Kreise anfangen muss, um weitere Kreise zu erreichen. Nun habe ich im Staate Ordnung geschaffen, aber meine Familie ist in Unordnung. Das ist der verkehrte Weg. Was für ein Mittel gibt es nun, um die beiden Herren zurechtzubringen? Willst du mir's nicht kundtun?« Deng Si sprach: »Ich wundere mich schon lange darüber; aber ich habe nicht gewagt, zuerst davon zu reden. Willst du sie nicht schleunigst zur Ordnung bringen, indem du ihnen die Wichtigkeit von Leib und Leben klarmachst und sie anziehst durch die Erhabenheit von Recht und Sitte?«

Dsi Tschan befolgte die Worte Deng Si's und benützte eine freie Stunde, um seine Brüder zu besuchen. Und er redete mit ihnen also: »Was den Menschen vor dem Tiere auszeichnet, das ist sein sinnender Verstand; worauf der sinnende Verstand uns weist, das ist Sitte und Recht. Wenn man in allen Stücken nach Sitte und Recht lebt, so kommt man zu Ehren und Ämtern; wenn man von seinen Leidenschaften sich treiben lässt und sich der Völlerei und Wollust ergibt, so bringt man Leib und Leben in Gefahr. Wenn ihr meine

Worte zu Herzen nehmt und morgens Buße tut, so habt ihr abends schon ein Amt.«

Die beiden Brüder sprachen: »Das wissen wir schon längst und haben auch schon längst unsere Wahl getroffen! Wir brauchten nicht auf dich zu warten, um das zu erfahren. Es ist ein seltenes Glück zu leben; der Tod aber kommt ganz von selbst. Was ist das für ein Gedanke, das seltene Glück des Lebens preiszugeben, um auf den Tod zu warten, der doch ganz von selbst kommt; Sitte und Recht hochzuhalten, um vor den Menschen zu prahlen; seinen Gefühlen und seiner Natur Gewalt anzutun, um den Ruhm herbeizulocken! Wenn wir das tun wollten, wären wir dann nicht so gut wie schon tot? Wir wünschen die Freuden dieses einen Lebens auszukosten und die Genüsse der Gegenwart zu erschöpfen. Darum kennen wir nur die Sorge, dass, wenn der Leib überfüllt ist, der Genuss am Trunk gehindert wird, dass, wenn die Kraft erschöpft ist, die Befriedigung der Lust gehindert wird; nicht aber beunruhigen wir uns darüber, dass unser Name stinkend wird und unser Leib und Leben in Gefahr kommt. Du aber kannst doch mit deiner Geschicklichkeit, den Staat zu ordnen, vor der Welt prahlen! Nun willst du auch noch mit deinem Geschwätz unser Herz verwirren und mit Ehre und Ämtern unseren Gedanken schmeicheln. Ist das nicht gemein oder erbärmlich?

Nun wollen wir einmal mit dir rechten. Wenn einer tüchtig ist in der Ordnung des Äußeren, so ist es noch lange nicht sicher, dass die Welt durch ihn in Ordnung kommt; aber er selbst hat eitel Mühsal. Wenn einer dagegen tüchtig ist, sein Inneres in Ordnung zu bringen, so ist damit noch lange nicht gesagt, dass die Welt durch ihn in Unordnung kommt; aber sein eignes Wesen hat eitel Behagen. Deine Art, das Äußere in Ordnung zu bringen, mag wohl zeitweise in einem Staat Erfolg haben; aber sie stimmt nicht überein mit dem Herzen der Menschen. Unsere Art, das Innere in Ordnung zu bringen, kann auf die ganze Welt ausgedehnt werden, und das Verhältnis zwischen Fürst und Untertan käme schließlich dadurch zur Ruhe. Wir haben schon lange im Sinne gehabt, dich diese Kunst zu lehren. Nun kommst stattdessen du zu uns, um uns in jener Kunst zu unterweisen!«

Dsi Tschan kam in Verlegenheit und hatte nichts zu erwidern. Am anderen Tag teilte er es dem Deng Si mit. Deng Si sprach: »Du lebst mit Übermenschen zusammen und hast es nicht gewusst; wer will behaupten, dass du weise seist! Dass der Staat Dscheng in Ordnung ist, ist Zufall und nicht dein Verdienst.«

9. Der ungerechte Mammon

Duan Mu Schu im Staate We war ein Nachkomme Dsi Gungs. Er überkam das Vermögen seiner Vorfahren, so dass in seinem Hause Zehntausende von Goldstücken aufgehäuft waren. Da er nicht Ordnung halten konnte, so ließ dieser Nachkomme seinen Wünschen freien Lauf. Was die Menge zu tun begehrt, woran sich Menschengedanken zu erfreuen trachten: alles tat er, an allem erfreute er sich. Mauern und Häuser, Terrassen und Wandelgänge, Gärten und Parks, Teiche und Weiher, Speise und Trank, Wagen und Gewänder, Klänge der Musik und dienende Sklavinnen; das alles hatte er so reichlich wie die Fürsten von Tsi und Tschu. Was immer seinen Stimmungen zusagte, was Auge, Ohr und Mund ergötzen konnte, und waren es auch Erzeugnisse ferner Gegenden, die nicht im eignen Lande wuchsen: alles schaffte er herbei, als wären es Dinge innerhalb der eignen Zäune und Wände. Und wenn er reiste, so fragte er nicht nach Hindernissen und Gefahren durch Berge und Ströme, nicht nach Länge und Ferne der Wege und Straßen: überall kam er hin, so leicht wie andere Menschen ein paar Schritte gehen. Der Gäste und Besucher verkehrten in seiner Halle täglich an die hundert. In der Küche ging Rauch und Feuer nie aus. In dem Saale über der Terrasse hörten die Klänge der Musik nie auf. Was von den aufgetragenen Speisen übrig blieb, verteilte er unter seine Verwandten; was die Verwandten übrig ließen, verteilte er in der Nachbarschaft; was in der Nachbarschaft noch übrig blieb, verteilte er im ganzen Reich.

Als er nun in die sechziger Jahre kam und Leib und Seele alterten, da gab er seine häuslichen Geschäfte auf und verteilte alles. Was seine Kammern bargen an Perlen und Edelsteinen, Wagen und Gewändern, Weibern und Sklavinnen, war im Laufe eines Jahres alles zu Ende. Für seine Söhne und Enkel ließ er keinen Besitz mehr übrig. Und als er krank ward, war nichts mehr da, um Heilkräuter und Pulver zu kaufen. Als er starb, war kein Geld mehr da für seine Beerdigung.

Alle Leute im ganzen Reich hatten aber seine Wohltaten genossen. Sie taten sich nun zusammen und brachten Geld auf, um ihn zu beerdigen, und erstatteten seinen Söhnen und Enkeln ihr Vermögen wieder zurück.

Kin Gu Li (der Schüler des Mo Di) hörte davon und sprach: »Duan Mu Schu war ein Narr, der seinem Ahn Schande machte.«

Duan Gan Scheng hörte davon und sprach: »Duan Mu war ein großartiger Mensch, dessen Geist den seines Ahns noch übertraf. Wie er handelte, was er tat, davor scheuen sich die Gedanken der Menge, und doch hat er die wahre Vollkommenheit erlangt. Die Herren von We aber halten viel auf sich selbst wegen ihrer Moralvorschriften. Sie sind allerdings nicht imstande, die Gesinnung dieses Mannes zu verstehen.«

10. Es ist alles ganz eitel

Meng Sun Yang fragte den Meister Yang und sprach: »Angenommen, ein Mensch suche dadurch, dass er sein Leben werthält und seinen Leib liebevoll pflegt, die Unsterblichkeit zu erlangen: ist das zu billigen?« Jener sprach: »Die Naturgesetze dulden keine Unsterblichkeit.« – »Nehmen wir an, er suche seine Lebensdauer zu verlängern: ist das zu billigen?« Er sprach: »Die Naturgesetze dulden keine Verlängerung des Lebens. Das Leben kann man nicht durch Werthaltung bewahren; den Leib kann man nicht durch liebevolle Pflege gesund erhalten. Und dann: was hat denn die Verlängerung des Lebens für einen Zweck? Die Neigungen und Abneigungen der Gefühle bleiben sich gleich von alters her bis heute, die Sicherheit und Unsicherheit der Glieder bleibt sich gleich von alters her bis heute, die Freuden und Leiden der Weltgeschäfte bleiben sich gleich von alters her bis heute, Wandel und Wechsel von Ordnung und Verwirrung bleiben sich gleich von alters her bis heute. Wenn man das alles erst einmal gehört hat, wenn man es gesehen hat, wenn man es mitgemacht hat: so hat man in hundert Jahren schon zum Überdruss daran; wie bitter müsste da erst eine weitere Verlängerung des Lebens sein!«

Meng Sun Yang sprach: »Wenn es also steht, dass ein früher Tod besser ist als ein langes Leben, so kann man ja sein Ziel erreichen, wenn man sich in die Schärfe des Schwertes stürzt oder ins Wasser oder Feuer springt.«

Meister Yang sprach: »Nicht also! Wenn man schon einmal im Leben steht, so muss man es unwichtig nehmen und über sich ergehen lassen, seine Wünsche beobachten und so den Tod erwarten. Kommt dann der Tod heran, so muss man ihn auch unwichtig nehmen und über sich ergehen lassen, beobachten, was erfolgt, und sich so der Auflösung überlassen. Beides muss man unwichtig nehmen, beides über sich ergehen lassen; was braucht es des Zögerns oder der Hast in dieser Spanne Zeit?«

11. Wert der Selbstsucht

Yang Dschu sprach: »Be Tscheng Dsi Gau gab nicht Ein Haar her, um der Außenwelt zu nützen. Er ließ sein Reich im Stich und pflügte in der Verborgenheit sein Feld. Der Große Yü gab sein ganzes Ich hin, ohne sich zu nützen. Sein ganzer Leib verrunzelte darob. Die Menschen des Altertums gaben kein Haar her, und wenn sie damit der ganzen Welt hätten nützen können. Und umgekehrt, wenn alle in der ganzen Welt ihnen huldigen wollten, so nahmen sie es nicht an. Kein einziger gab ein Haar her, kein einziger nützte der Gesamtheit, und die Gesamtheit war in Ordnung.«

Meister Kin fragte den Yang Dschu und sprach: »Würdet Ihr wohl auf ein einziges Härchen Eures Leibes verzichten, wenn Ihr damit der ganzen Welt könntet aufhelfen?« Meister Yang sprach: »Der Welt kann unmöglich mit Einem Haar geholfen werden.« Meister Kin sprach: »Nehmen wir an, es könnte ihr dadurch geholfen werden: würdet Ihr es tun?« Meister Yang gab keine Antwort.

Meister Kin ging weg und redete mit Meng Sun Yang darüber. Meng Sun Yang sprach: »Ihr versteht des Meisters Sinn nicht. Darf ich es Euch erklären? Würdet Ihr bereit sein, Euch die Haut ritzen zu lassen, wenn Ihr zehntausend Goldstücke dafür bekämet?« Er sprach: »Ich würde es tun.« Meng Sun Yang sprach: »Würdet Ihr bereit sein, Euch ein Glied abhacken zu lassen, wenn Ihr ein Königreich dafür bekämet?« Meister Kin schwieg. Nach einer Weile sprach Meng Sun Yang: »Ein Haar ist weniger als die Haut, die Haut ist weniger als ein Glied, das ist klar. Doch handelt es sich in dem Verhältnis von Haar und Haut, von Haut und Gliedern nur um ein Weniger oder Mehr. Ein Haar ist freilich nur der zehntausendste Teil des ganzen Leibes, aber warum soll man auch nur diesen Einen Teil gering achten?« Meister Kin sprach: »Ich vermag Euch nichts darauf zu erwidern. Aber die Sache steht so, dass, wenn man Eure Worte dem Lau Dan und Guan Yin vorlegte, sie *Euch* recht geben würden, wenn man aber meine Worte dem Mo Di und dem Großen Yü vorlegte, sie *mir* recht geben würden.«

Meng Sun Yang wandte sich darauf an seine Jünger und redete von anderen Dingen.

12. Vom Leiden der Gerechten und vom Glück der Gottlosen

Yang Dschu sprach: »Alles Gute in der Welt sagt man dem Schun und dem Yü, dem Herzog Dschou und dem Kung Dsi nach, alles Üble in der Welt dem Giä und Dschou Sin. Aber Schun hatte zu pflügen im Süden des (gelben) Flusses und bildete Gefäße am Donnersumpf (Le Dsche); keinen Augenblick konnte er seinen Gliedern Ruhe gönnen; sein Mund erfreute sich nicht an köstlichen Speisen; die Liebe seiner Eltern hatte er nicht, und seine Geschwister waren ihm nicht zugetan. Als er dreißig Jahre verbracht, da heiratete er, ohne es ihnen anzuzeigen, und als er endlich das Reich von Yau überkam, da war er schon hochbetagt, und sein Geist war schon stumpf geworden. Sein Sohn Schang Gün war unbrauchbar; so musste er den Thron dem Yü abtreten. Unter Not und Kummer kam er zum Tode. Er war der unglücklichste und elendeste unter allen Menschen.

Yü's Vater Gung sollte Land und Wasser in Ordnung bringen. Als seine Bemühungen keinen Erfolg hatten, da ward er lebenslänglich verbannt auf den Flügelberg (Yüschan). Yü hatte seine Erbschaft zu übernehmen und musste seinem Feinde dienen. Nur der Urbarmachung des Landes galt sein Bemühen. Ein Sohn ward ihm geboren, und er konnte sich nicht um ihn kümmern. Er kam an seiner Tür vorbei und hatte keine Zeit einzutreten. Sein ganzer Leib war verrunzelt; an Händen und Füßen hatte er Schwielen und Beulen. Als er endlich das Reich von Schun überkam, da wohnte er in einer ärmlichen Hütte mit prächtiger Kleidung und Krone. Unter Not und Kummer kam er zum Tode. Er war der geplagteste und sorgenvollste unter allen Menschen.

Als der König Wu starb, da war sein Sohn Tscheng noch jung und schwach. So musste sein Bruder, der Herzog von Dschou, des Himmelssohnes Herrschaft verwalten. Sein eigner Bruder, der Herzog Yau, war unzufrieden. Im ganzen Reiche liefen üble Gerüchte über ihn um, so dass er drei Jahre lang fern von der Hauptstadt verweilen musste. Er musste seinen älteren Bruder hinrichten und seinen jüngeren Bruder verbannen, und kaum rettete er sein eignes Leben. Unter Not und Kummer kam er zum Tode. Er war der bedrohteste und beunruhigteste unter allen Menschen.

Kung Dsi erkannte den Weg der Herrscher und Könige und war bereit, den Einladungen der Fürsten seiner Zeit zu folgen. In Sung wollten sie ihn töten durch Fällen des Baumes (unter dem er saß). Aus dem Staate We musste er sich heimlich flüchten; im Staate Schang und Dschou hatte er Misserfolg; im Staate Tschen und Tsai wurde er eingeschlossen. In seiner Heimat geschah ihm Unrecht vom Haupt des Hauses Gi, und er ward verhöhnt von Yang Hu. Unter Not und Kummer kam er zum Tode. Er war der umhergetriebenste und gehetzteste unter allen Menschen.

Alle diese vier Heiligen hatten während ihres Lebens nicht Einen Tag der Freude. Wohl ernteten sie nach ihrem Tode jahrhundertelangen Ruhm; aber in Wirklichkeit gewannen sie mit diesem Ruhme nichts, von allem Lob wissen sie nichts mehr, von allen Ehrungen wissen sie nichts mehr. Sie unterscheiden sich in nichts von einem dürren Baumstumpf und einem Erdenkloß.

Der Tyrann Giä dagegen überkam die Schätze vieler Geschlechter, er saß geehrt auf dem Herrscherthron. Er hatte genügend Verstand, um der Knechte Schar von sich fernzuhalten. Der Schrecken, der von ihm ausging, reichte hin, um alles innerhalb der Meere zittern zu machen. Er ließ den Genüssen seiner Sinne freien Lauf und führte bis zu Ende aus, was immer in seinem Sinne stand. In Saus und Braus kam er zum Tode. Er war der glücklichste und ungebundenste unter allen Menschen.

Dschou Sin überkam ebenfalls die Schätze vieler Geschlechter und saß geehrt auf dem Herrscherthron. Dem Schrecken, der von ihm ausging, war nichts unmöglich, und seinem Willen war niemand ungehorsam. Er gab sich seinen Leidenschaften hin im Innern des Palastes und folgte seinen Lüsten die langen Nächte hindurch. Er verbitterte sich nicht das Leben durch Sitte und Recht. In Saus und Braus kam er zum Untergang. Er war der freieste und unbeschränkteste unter allen Menschen.

Diese beiden Bösewichter hatten während ihres Lebens die Freude, ihren Lüsten folgen zu können. Wohl luden sie nach ihrem Tode den Namen von Narren und Scheusalen auf sich; aber in Wirklichkeit verloren sie durch diesen Namen nichts, von allen Verleumdungen wissen sie nichts mehr, von allen Beschimpfungen wissen sie nichts mehr. Sie unterscheiden sich in nichts von einem dürren Baumstumpf und einem Erdenkloß.

Jenen vier Heiligen sagt man nun wohl Gutes nach; aber sie hatten Bitternis bis zu ihrem Ende und sind den allen gemeinsamen Weg in den Tod gegangen. Jenen beiden Bösewichtern sagt man wohl Übles nach; aber sie genossen der Freuden bis zu ihrem Ende und sind ebenfalls den allen gemeinsamen Weg in den Tod gegangen.«

13. Ich hab mich nie mit Kleinigkeiten abgegeben

Yang Dschu wurde beim König von Liang vorgelassen und sagte, die Welt zu ordnen gehe im Handumdrehen. Der König von Liang sprach: »Du, o Lehrer, hast eine Frau und eine Nebenfrau und kannst sie nicht in Ordnung halten; du hast drei Morgen Gartenland und kannst sie nicht bestellen; und nun sagst du, die Welt zu ordnen gehe im Handumdrehen: wie ist das?«

Er erwiderte: »Haben Eure Hoheit schon beim Schafhüten zugesehen? Für eine Herde von hundert Schafen bedarf es nur eines halbwüchsigen Knaben, der mit der Peitsche in der Hand hintendrein geht. Will er nach Osten, so gehen sie nach Osten; will er nach Westen, so gehen sie nach Westen. Wollte man den Erzvater Yau ein einziges Schaf führen und den Erzvater Schun mit der Peitsche in der Hand hintendrein gehen lassen, so kämen sie nicht vorwärts damit.

Ferner habe ich gehört, dass ein Fisch, der ein Boot verschlingen kann, nicht in kleinen Bächen schwimmt und dass die hochfliegenden Schwäne sich nicht in schmutzigen Tümpeln sammeln. Warum? – Weil ihr Sinn ins Weite steht. Die Töne der gelben Glocke und der großen Flöte darf man beim Reigen nicht zusammen laut erklingen lassen. Warum? – Weil ihre Klänge einander zu fern stehen.

Wer Großes in Ordnung bringen will, ordnet nicht Geringes; wer ein großes Werk vollbringen kann, vollbringt kein kleines. So ist das.«

14. Vergänglichkeit

Yang Dschu sprach: »Der grauen Vorzeit Taten sind ausgelöscht: wer mag sie noch verzeichnen? Der drei Erhabenen Taten sind schwankend zwischen Sein und Nichtsein. Der fünf Herrscher Taten sind von sagenhaftem Schleier umwoben. Der drei Könige Taten, teils verborgen, teils offenbar, sind so, dass von Millionen nicht eine bekannt ist. Was man in seinem eignen Leben an Taten teils gehört, teils gesehen hat, ist so, dass man von Zehntausenden nicht eine weiß; ja selbst die Taten vor unseren Augen sind so, dass, ob sie Dauer haben oder vergänglich sind, man unter Tausenden noch nicht von einer wissen kann.

Die Zahl der Jahre vom grauen Altertum bis auf unsere Tage entzieht sich aller Berechnung. Würdige und Narren, Gute und Böse, Siegende und Unterliegende, die recht hatten und die unrecht hatten: alle sind sie vergangen und ausgelöscht, der ganze Unterschied ist der, dass die einen zögernder, die anderen flüchtiger dahingingen.

Einer kurzen Spanne Zeit Lob oder Tadel so zu Herzen nehmen, dass man Geist und Leib beunruhigt und bemüht, um nach dem Tode für einige hundert Jahre seinem Namen eine Dauer zu geben, die doch nicht imstande ist, die modernden Gebeine zu beleben: was ist das für eine Lebensfreude!«

15. Der Mensch inmitten der Natur

Yang Dschu sprach: »Der Mensch ist das Ebenbild von Himmel und Erde und vereinigt in sich die Natur der fünf Elemente. Von allen Lebewesen am meisten Vernunft hat der Mensch, und doch ist der Mensch so beschaffen, dass er sich nicht auf seine Nägel und Zähne verlassen kann zu seiner Verteidigung; Muskeln und Haut sind nicht stark genug, um Widerstand zu leisten; er kann nicht schnell genug laufen, um Schaden zu entgehen; er hat keine Haare oder Federn, um sich vor Kälte und Hitze zu schützen. Zu seiner Ernährung bedarf er der Außenwelt; dabei muss er sich aber seines Verstandes bedienen und kann sich nicht auf seine Kraft verlassen. Darum schätzt er den Verstand hoch, weil ihm die Erhaltung des eignen Ichs wertvoll erscheint, und er schätzt die rohe Kraft gering, weil die Vergewaltigung der Dinge der Außenwelt minderwertig erscheint.

Dennoch ist unser Ich nicht in unserer Hand; einmal geboren, wächst es sich mit Notwendigkeit aus. Ebenso wenig ist das Nicht-Ich in unserer Hand; einmal besessen, geht es mit Notwendigkeit wieder verloren. Das Leben hängt allerdings vom Ich ab, aber ebenso hängt die Ernährung vom Nicht-Ich ab. Selbst wenn unser Ich in voller Blüte des Lebens steht, ist es nicht möglich, es in die Hand zu bekommen; selbst wenn wir mit dem Nicht-Ich in Verbindung bleiben, ist es nicht möglich, es in die Hand zu bekommen. Wer das Nicht-Ich in der Gewalt hätte und sein eignes Ich in der Gewalt hätte, der könnte willkürlich verfügen über alles, was in der Welt Ich und Nicht-Ich heißt; dazu aber wäre wohl nur ein Berufener imstande. Wer sich mit jedem Ich in der Welt und mit jedem Nicht-Ich in der Welt in eins zu setzen vermöchte, der wäre der Vollkommene Mensch – ja das ist die Vollkommenheit der Vollkommenheit.«

16. Sklaven und Herren der Güter des Lebens

Yang Dschu sprach: »Vier Gründe sind es, dass die lebenden Menschen nicht zur Ruhe kommen: der eine ist das lange Leben, der zweite ist der Ruhm, der dritte ist der Rang und Stand, und der vierte ist der Besitz. Um dieser vier Dinge willen fürchten sie die Geister, fürchten sie die Menschen, fürchten sie die Macht und fürchten sie die Strafe. Die das tun, sind Menschen, die nicht zur Besinnung kommen. Man kann sie töten, man kann sie am Leben lassen: ihr Schicksal wird von außen her bestimmt.

Wer seinem Los nicht widerstrebt, was braucht der hohes Alter zu begehren? Wer sich nicht um Ansehen kümmert, was braucht der Ruhm zu begehren? Wer nicht nach Macht trachtet, was braucht der Rang und Stand zu begehren? Wer nicht nach Reichtum gierig ist, was braucht der Besitz zu begehren? Die solches tun, sind mit sich selbst im Reinen. Auf der ganzen Welt finden sie keinen Gegner; ihr Schicksal wird von innen her bestimmt. Darum sagt ein Sprichwort:

Die Leute ohne Ehr und Amt
Sind nur zur halben Last verdammt,
Und schafft man Speis' und Kleidung ab,
Gräbt man der Staatsgewalt ihr Grab.«

17. Bauernglück

Ein Sprichwort aus Dschou sagt: »Den Bauer kann man durch Sitzen umbringen.« Morgens geht er hinaus, und nachts kommt er zurück, und er selber sieht darin die unabänderliche Naturordnung. Er schlürft seinen Bohnenbrei, isst seine Kräuter und Wurzeln und hält das für die feinsten Gerichte. Seine Muskeln sind rauh und dick; seine Sehnen und Gelenke sind verzogen und steif. Lässt man ihn auch nur einen Morgen lang ruhen in einem weichen Bett mit seidenen Vorhängen und reicht ihm feinen Reis und Fleisch und Orchideen und Apfelsinen, so wird's ihm übel zu Mut; sein Leib wird unruhig, er bekommt Fieber und wird krank. Wenn die Fürsten von Schang und Lu in dieselbe Lage gebracht würden wie ein Bauer, so könnten sie's auch keine Stunde lang aushalten, ohne zu ermatten. Darum ist den gemeinen Leuten in dem, wodurch sie sich befriedigt fühlen und was sie für schön halten, auf der ganzen Welt niemand über.

Es war einmal ein Bauer im Staate Sung, der immer in groben, hänfenen Kleidern ging, so dass er kaum sich durch den Winter brachte. Als der Frühling kam, ging er aufs Feld hinaus zu arbeiten und wurde warm im Sonnenschein. Er wusste gar nicht, dass es auf der Welt weite Hallen und warme Häuser, prächtige Kleider und Fuchs- und Dachspelze gäbe. Darum sagte er zu seinem Weib und sprach: »Wenn einem die Sonne auf den Rücken scheint, dann wird man warm; das hat noch kein Mensch entdeckt; das Mittel will ich unserem Herrn anbieten, der wird mich sicher reichlich dafür belohnen.« Ein reicher Mann in seinem Weiler sprach da zu ihm also: »Es war einmal ein Mann, dem schmeckten wilde Bohnen, und er hielt Nesselstengel, Sellerie und Wasserlinsen für vorzüglich und lobte sie vor den angesehenen Männern des Orts. Die angesehenen Männer nahmen davon und kosteten, aber es brannte sie im Mund und machte ihnen Leibgrimmen; alle lachten ihn aus und verachteten ihn, und er schämte sich gewaltig darob. Ihr seid wohl auch so einer von diesem Schlag.«

18. Unersättlichkeit der Moral

Yang Dschu sprach: »Bequeme Wohnung, schöne Kleider, feine Speisen und schöne Frauen: wer diese vier Dinge hat, was braucht der mehr zu begehren? Wer diese Dinge hat und dennoch mehr begehrt, der ist eine unersättliche Natur; eine unersättliche Natur aber ist wie eine Made im Haushalt der Welt.

(Was man so zum Beispiel) Pflichttreue nennt, ist keineswegs ausreichend, dem Herrn, dem man dient, Ruhe zu verschaffen; aber sie ist vollständig ausreichend, das eigne Ich in Gefahr zu bringen. Uneigennützigkeit ist keineswegs ausreichend, den Nebenmenschen zu nützen; aber sie ist vollständig ausreichend, das eigne Leben zu schädigen.

Wenn erst die Oberen Ruhe finden, ohne auf die Pflichttreue angewiesen zu sein, dann wird der Ruhm der Pflichttreue verblassen; wenn erst die Nebenmenschen ihren Nutzen finden, ohne auf ihre gegenseitige Uneigennützigkeit angewiesen zu sein, dann wird der Ruhm der Uneigennützigkeit aufhören.

Dass Fürsten und Untertanen miteinander Ruhe finden und die Mitwelt und das eigne Ich miteinander Ruhe finden: das war der Sinn des Altertums.«

19. Beschränkter Nutzen des Ruhms

Meister Yü sprach: »Die den Namen abtun, haben keine Sorgen.« Lau Dan sprach: »Der Name ist der Gast der Wirklichkeit.« Aber weit und breit rennt alles dem Namen nach ohne Aufhören. Den Namen darf man allerdings nicht abtun; den Namen darf man allerdings nicht bloß als Gast betrachten, denn wer heute einen Namen hat, der ist geehrt und herrlich; wer keinen Namen hat, der ist niedrig und verachtet. Wer geehrt und herrlich ist, der hat Freude und Wonne; wer niedrig und verachtet ist, der hat Kummer und Bitternis. Kummer und Bitternis widerstreben der Natur, Freude und Wonne entsprechen der Natur. Das sind sehr wirkliche Zusammenhänge. Wozu also den Namen abtun? Wozu also den Namen als Gast behandeln? Aber man hasse es, den Namen festzuhalten und dadurch die Wirklichkeit beeinflussen zu lassen. Wer den Namen festhält und dadurch die Wirklichkeit beeinflussen lässt, der wird dereinst darüber zu klagen haben, dass er sich unrettbar in Gefahr und Verderben gestürzt. Wahrlich, nicht untätig verharre man, unentschieden zwischen Freude und Wonne und Kummer und Bitternis.

BUCH VIII

ZUSAMMENTREFFEN DER VERHÄLTNISSE

»Dein Los ist gefallen, verfolge die Weise / Der Weg ist begonnen, vollende die Reise / Denn Sorge und Kummer verändern es nicht / Sie schleudern dich ewig aus gleichem Gewicht.«

1. Was man vom Schatten lernen kann

Meister Liä Dsı lernte bei Hu Kiu Dsi Lin.

Hu Kiu Dsi Lin sprach: »Wisst Ihr, dass, wer sich hinten hält, dadurch sein Selbst behalten mag?«

Liä Dsı sprach: »Ich möchte erfahren, was es heißt, sich hinten zu halten.« Er sprach: »Blickt auf Euren Schatten, so wisst Ihr es!«

Liä Dsı wandte sich und betrachtete seinen Schatten. Krümmte er seinen Körper, so war sein Schatten krumm, richtete er seinen Körper auf, so war sein Schatten gerade. Ob der Schatten krumm war oder gerade, wurde von dem Körper bestimmt und nicht von ihm selber. Sich beugen und sich ausdehnen, wie es den Verhältnissen entspricht, und es nicht selber bestimmen, das heißt sich hinten halten und dadurch vorne weilen.

Guan Yin redete mit Meister Liä Dsı und sprach: »Sind die Worte schön, ist auch das Echo schön; sind die Worte hässlich, ist auch das Echo hässlich. Ist der Leib lang, so ist auch der Schatten lang; ist der Leib kurz, so ist auch der Schatten kurz. Der Name (der uns zuteilwird) ist wie ein Echo (unserer Reden). Unser eignes Ergehen ist der Schatten (unserer Taten). So heißt es: Achte auf deine Worte, so wirst du Übereinstimmung finden! Achte auf deine Taten, so wirst du Nachfolger finden! Darum sieht der Berufene auf das, was von einem Menschen ausgeht, und erkennt daraus das, was ihm zuteilwird; er betrachtet das Vergangene und erkennt daraus das Kommende. Das ist der Grund seines Vorherwissens. Das Maß liegt im eignen Selbst; das Richten liegt bei den Menschen. Wenn die Menschen mich lieben, so habe ich sie sicher (erst) geliebt; wenn die Menschen mich hassen, so habe ich sie sicher (erst) gehasst. Tang und Wu haben die Welt geliebt, darum wurden sie Könige. Giä und Dschou Sin haben die Welt gehasst, darum gingen sie zugrunde. So wurden sie gerichtet.

Wer Messen und Richten beides versteht, aber ohne den SINN, der gleicht einem Menschen, der hinausgehen wollte, aber nicht durch die Tür; der wandeln wollte, aber nicht auf dem Weg. Schwerlich wird es ihm gelingen, sich Nutzen zu schaffen. Betrachte Schen Nungs und Fu Hi's (Yu Yän's) geistige Kräfte! Forsche nach in den Büchern der Könige von Yü, Hia, Schang und Dschou! Überlege die Worte der Weisen und Würdigen: Bestand und Untergang, Blüte und Vernichtung ward niemals anders gewirkt als auf diesem Wege.«

2. Wahrer Reichtum und Kampf ums Dasein

Yän Hui sprach: »Da sagt man, dass das Suchen nach dem SINN reich macht. Wer aber Perlen hat, ist auch reich, wozu braucht es da des SINNS?«

Meister Liä Dsı sprach: »Giä und Dschou Sin nahmen nur den Gewinn wichtig und verachteten den SINN der Wahrheit; darum gingen sie zugrunde. Ich halte es dir zugute, dass ich mit dir noch nicht darüber gesprochen habe. Menschen, die sich nicht um Pflichten kümmern, sondern nur essen und nichts weiter tun, sind wie Hühner und Hunde. Sie stoßen und streiten um den Futterplatz, also dass der Stärkste Herrscher bleibt: das ist die Art der Tiere. Wenn man es aber macht wie die Tiere und dabei doch erwartet, dass die Menschen einen achten, so wird man damit schwerlich Erfolg haben. Wenn die Menschen einen aber nicht achten, so kommt man in Gefahr und Schande.«

3. Die Ursachen des Erfolges

Liä Dsı lernte das Bogenschießen und fragte den Guan Yin Dsi um Rat. Der sprach: »Wisst Ihr, *warum* Ihr trefft?«

Er erwiderte: »Ich weiß es nicht.«

Guan Yin Dsi sprach: »Dann ist's noch nicht das richtige.«

Darauf zog er sich zurück und übte drei Jahre lang. Dann kam er wieder und sagte es dem Guan Yin Dsi an.

Der sprach: »Wisst Ihr, warum Ihr trefft?«

Liä Dsı sprach: »Ich weiß es.«

Guan Yin Dsi sprach: »Dann ist's das richtige. Haltet fest daran und verliert es nicht! Nicht nur beim Bogenschießen, auch beim Wirken im Staate und am eignen Selbst verhält es sich so. Darum erforscht der Berufene nicht Dauer oder Untergang, sondern er forscht nach ihren Ursachen.«

4. Gefahren des Stolzes

Liä Dsı sprach: »Wer durch jugendliche Schönheit hervorragt, wird leicht stolz; wer durch Kraft hervorragt, wird leicht gewalttätig, und es lohnt sich nicht, mit solchen über den SINN der Wahrheit zu reden. Wenn einer, der noch nicht fleckig ist und grau, über den SINN der Wahrheit redet, der trifft ihn nicht; wie viel weniger kann ein solcher darnach *handeln!* Wer aber selbst gewalttätig ist, dem teilen die Menschen nichts mit; wem die Menschen nichts mitteilen, der ist verlassen und ohne Helfer. Die Würdigen können sich auf die Menschen verlassen, darum werden sie alt, ohne zu verwelken, und ihre Erkenntnis ist gründlich, ohne verwirrt zu sein. Deshalb besteht die Schwierigkeit beim Ordnen eines Staates darin, dass man die Würdigen erkennt, und nicht darin, dass man sich selbst für würdig hält.«

5. Kunst und Natur: Das Maulbeerblatt

Ein Mann aus Sung machte für seinen Fürsten ein Maulbeerblatt aus Nephrit. Drei Jahre brauchte er, bis es fertig war. Mit spitzem Messer war es geschnitzt, und Rippen, Stiel und alle feinsten Äderchen waren sorgfältig und dabei doch glatt ausgeführt, so dass, wenn es unter wirkliche Maulbeerblätter gemischt wurde, man es nicht herausfinden konnte. Dieser

Mann wurde daraufhin wegen seiner Geschicklichkeit in Sung auf Staatskosten unterhalten.

Der Meister Liä Dsı hörte davon und sprach: »Wenn die Natur bei der Erzeugung der Geschöpfe alle drei Jahre nur Ein Blatt fertigbringen würde, so gäbe es wohl wenig Dinge mit Blättern. Darum vertraut der Berufene auf die Gestaltungskraft des SINNS und nicht auf Weisheit und Geschicklichkeit.«

6. Selbstbewusste Armut

Der Meister Liä Dsı war arm, so dass er in seinem ganzen Äußeren den Anblick des Hungers bot.

Ein Fremder erzählte es dem Fürsten Dsi Yang von Dscheng und sprach: »Liä Yü Kou ist doch wohl ein Weiser, der im Besitz des SINNS der Wahrheit ist. Er wohnt im Reiche Eurer Hoheit und ist arm. Schätzt Eure Hoheit denn die Weisen gar nicht?«

Da ließ Dsi Yang von Dscheng durch einen Beamten ihm Getreide überbringen. Meister Liä Dsı empfing den Abgesandten am Tor, verneigte sich zweimal vor ihm und lehnte die Gabe ab. Als der Abgesandte weg war, ging Meister Liä Dsı wieder in sein Haus zurück. Sein Weib blickte ihn an, presste die Hand aufs Herz und sprach: »Ich habe gehört, dass Weib und Kind eines Mannes, der im Besitz des SINNS der Wahrheit ist, eitel Freude und Wonne haben. Wir aber müssen Hunger leiden. Und nun, da der Fürst unserer Lage entgegenkam und dir ein Geschenk von Speise machte, nimmst du es nicht an. Wahrlich ein bitteres Los!«

Meister Liä Dsı sprach lächelnd zu ihr: »Der Fürst kennt mich nicht von sich aus, sondern auf anderer Leute Reden hin hat er mir das Geschenk von Getreide geschickt und mich dadurch schwer beleidigt. Und das noch dazu auf anderer Leute Reden hin! Das war der Grund, warum ich nicht annahm.« Schließlich erhob sich tatsächlich das Volk und machte einen Aufruhr, in dem Dsi Yang getötet wurde.

7. Wenn zwei dasselbe tun

In Lu lebte ein Mann namens Schi; der hatte zwei Söhne. Der eine liebte die Gelehrsamkeit, der andere liebte das Waffenhandwerk. Der Gelehrte wandte sich an den Fürsten von Tsi, um seine Gelehrsamkeit an den Mann zu bringen. Der Fürst von Tsi nahm ihn auf und machte ihn zum Erzieher sämtlicher Prinzen. Der Kriegstüchtige ging nach Tschu und wandte sich an den König von Tschu, um seine Künste an den Mann zu bringen. Der König war erfreut und machte ihn zum General. Durch das Einkommen der beiden Brüder wurde die ganze Familie reich, und durch ihren Rang machten sie ihren Eltern Ehre.

Schi hatte einen Nachbarn namens Meng. Der hatte ebenfalls zwei Söhne, die denselben Beruf ausübten, und doch waren sie von Armut bedrückt. Er war lüstern nach dem Besitz der Familie Schi. Darum wandte er sich an sie und bat um Auskunft über das Mittel zu solch einem raschen Vorwärtskommen. Die beiden Söhne sagten ihm alles der Wirklichkeit gemäß. Da wandte sich der eine Sohn des Meng nach Tsin, um seine Gelehrsamkeit beim König von Tsin an den Mann zu bringen.

Der König von Tsin sprach: »Heutzutage kämpfen die Landesfürsten mit aller Kraft; worauf alles ankommt, sind Waffen und Proviant. Wenn ich mit Liebe und Gerechtigkeit mein Reich in Ordnung bringen wollte, so wäre das der (sicherste) Weg zum Verderben.«

Darauf ließ er ihn verschneiden und ließ ihn laufen.

Der andere Sohn ging nach We, um beim Fürsten von We seine (kriegerischen) Künste an den Mann zu bringen.

Der Fürst von We sprach: »Mein Land ist schwach und eingezwängt zwischen große Reiche. Den großen Reichen diene ich, den kleinen Reichen helfe ich. Das ist der Weg, um Ruhe zu finden. Wenn ich mich auf Waffengewalt verlassen wollte, so brauchte ich nicht lange auf mein Verderben zu warten. Wenn ich den Mann da aber unbeschädigt weglasse, so würde er sich an ein anderes Reich wenden und mir nicht geringen Verdruss bereiten.«

Darauf ließ er ihm die Füße abhauen und ihn so nach Lu zurückbringen.

Als sie zurück waren, da schlugen sich der Vater und seine Söhne auf die Brust und kamen scheltend zu Schi.

Der sprach: »Wer die Zeit trifft, dem gelingt es; wer die Zeit verfehlt, der kommt ins Verderben. Euer Weg war derselbe wie meiner, und doch ist der Erfolg verschieden; das kommt davon, dass ihr die Zeit nicht getroffen, nicht etwa davon, dass ihr in euren Taten es verfehlt hättet. Außerdem gibt es auf der Welt keine Wahrheit, die unter allen Umständen richtig wäre, und keine Handlung, die unter allen Umständen unrichtig wäre. Was in früheren Tagen gebraucht wurde, wird heute vielleicht verworfen. Was heute verworfen wird, wird später vielleicht gebraucht. Ob etwas gebraucht wird oder nicht gebraucht wird, das folgt nicht einer festen Regel. Wie man eine Gelegenheit benützt, die rechte Zeit trifft, den Verhältnissen sich anpasst, dafür gibt es kein Rezept, das kommt alles auf die Klugheit an. Fehlt es an dieser Klugheit, so mag man einen Herrn nehmen, gelehrt wie Kung Kiu und gewandt wie Lü Schang: er geht hin und hat sicher Misserfolg.«

Vater Meng und seine Söhne gaben sich zufrieden und sagten ohne Groll: »Wir begreifen es, Ihr braucht es uns nicht noch einmal zu sagen.«

8. Wer andern eine Grube gräbt

Der Herzog Wen von Dsin zog aus, um die Reichsfürsten zu versammeln, denn er wollte den Staat We bekämpfen. Da blickte der Prinz Tschou zum Himmel empor und lachte.

Der Herzog sagte: »Was lachst du?«

Er sprach: »Ich lache über einen Nachbarn von mir, der seine Frau auf einem Besuch nach ihrem Elternhaus begleitete. Unterwegs sah er ein Mädchen, das Maulbeerblätter pflückte. Die gefiel ihm, und er plauderte mit ihr. Als er sich aber nach seiner Ehefrau umblickte, da hatte die auch einen gefunden, der ihr zuwinkte. Das ist der Grund, warum ich zu lachen wage.«

Der Herzog verstand den Wink und hielt ein. Er führte sein Heer zurück, aber noch ehe er angekommen war, waren an der Nordgrenze seines Staates (die Hunnen) eingefallen.

9. Vom Schaden des Spürsinns

Der Staat Dsin hatte unter Räubern zu leiden. Es gab aber einen Mann namens Hi Yung, der die Räuber am Gesicht erkannte. Indem er die Stelle zwischen Augenbrauen und Augenlid prüfte, fand er den Tatbestand heraus. Der Fürst von Dsin ließ ihn alle Räuber beobachten, und unter Hunderten und Tausenden entging ihm nicht einer. Darüber war der Fürst von Dsin hocherfreut.

Er teilte es (seinem Kanzler) Dschau Wen Dsi mit und sprach: »Ich habe einen Mann gefunden, durch den ich sämtliche Räuber des ganzen Reiches beseitigen kann; was brauche ich noch mehr!«

Wen Dsi sprach: »Wenn Eure Hoheit sich auf solche Untersuchungen verlässt, um der Räuber habhaft zu werden, so werden die Räuber niemals alle werden, und außerdem wird Hi Yung nicht eines natürlichen Todes sterben.«

Eines Tages kam die ganze Schar der Räuber zusammen zu gemeinsamer Beratung. Sie sprachen: »Wer uns alle diese Schwierigkeiten bereitet, das ist Hi Yung.« Darauf taten sie sich zusammen und ermordeten ihn heimlich.

Als der Fürst von Dsin das hörte, erschrak er sehr. Er berief sofort den Wen Dsi, teilte es ihm mit und sprach: »Es ist richtig so gegangen, wie Ihr gesagt: Hi Yung ist tot. Was für ein Mittel gibt es nun, um der Räuber habhaft zu werden?«

Wen Dsi sprach:

»Wer die Fische auf dem Grunde sieht,
Fällt leicht ins Wasser hinein.
Wer die Gedanken der Menschen errät,
Kommt leicht in Not und Pein.

Wenn Eure Hoheit wünschen, dass es keine Räuber mehr gibt, so gibt es kein besseres Mittel, sie als Würdige zu erheben und sich ihnen anzuvertrauen, damit die Oberen die Unterweisung erkennen, durch die Einfluss auf die Unteren ausgeübt werden kann. Wenn das Volk erst Ehrgefühl hat, so wird niemand mehr Räuber sein wollen.«

Daraufhin berief der Fürst den Sui Hui zur Leitung des Staates, und die Räuberbanden zogen sich über die Grenze zurückt nach Tsin.

10. Der Alte am Wasserfall

Als Konfuzius von Wei nach Lu heimkehrte, da ließ er seine Equipage an einer Brücke über den Gelben Fluss rasten, um ihn sich anzusehen. Da gab es einen Wasserfall, der dreißig Klafter tief herabstürzte, so dass das Wasser neunzig Meilen weit schäumte. Fische und Schildkröten konnten dort nicht schwimmen, Riesenschildkröten und Warane dort nicht wohnen. Da sah er einen einzelnen Mann, der im Begriffe war, den Wasserfall zu durchqueren. Konfuzius hieß jemanden am Ufer entlangzugehen und ihn aufzuhalten mit den Worten: »Dieser Wasserfall ist dreißig Klafter tief, und die Strömung schäumt noch in neunzig Meilen Entfernung, Fische und Schildkröten können hier nicht schwimmen, Riesenschildkröten und Warane hier nicht wohnen. Wir sind der Meinung, dass man ihn schwerlich durchqueren kann!« Der Mann aber ließ sich von seiner Absicht nicht abbringen, schwamm hindurch und kam dann wieder heraus. Konfuzius fragte ihn: »Seid Ihr einfach nur geschickt? Oder habt Ihr eine besondere Methode oder Technik? Wie macht Ihr das, dass Ihr hier herein- und auch wieder herauskommen könnt?« Der Mann erwiderte: »Als ich das erste Mal hineinging, da tat ich das mit Treu und Glauben, und als ich wieder heraus wollte, da machte ich mich noch einmal mit Treu und Glauben daran. Treu und Glauben halten meinen Leib in der wogenden Strömung. Ich wage auf keinen Fall, selbst etwas dazutun zu wollen. Das ist der Grund, weshalb ich hinein- und dann wieder herauskommen kann.«

Konfuzius sagte zu seinen Schülern: »Meine zwei, drei

Schüler, versteht das! Selbst das Wasser kann man sich durch Treu und Glauben und durch eine wahrhaftige Persönlichkeit zum Freund machen. Um wie viel leichter geht das mit den Menschen?«
(Übersetzt von Hans van Ess)

11. Belehrung durch Andeutung

Der weiße Prinz (Be Gung) fragte den Meister Kung und sprach: »Kann man mit den Menschen in geheimen Anspielungen reden?«

Meister Kung antwortete nicht.

Der weiße Prinz fragte darauf: »Wie ist's, wenn man einen Stein ins Wasser wirft?«

Meister Kung sprach: »In Wu gibt's gute Taucher, die ihn holen können.«

Jener sprach: »Wie steht's aber, wenn man Wasser ins Wasser gießt?«

Meister Kung sprach: »Der Koch J Ya konnte das Wasser der Flüsse Dschi und Yung, wenn es zusammengegossen war, noch am Geschmack unterscheiden.«

Der weiße Prinz sprach: »Dann kann man also nicht mit anderen Menschen durch geheime Anspielungen sich verständigen?«

Meister Kung sprach: »Wieso nicht? Es braucht nur einen, der den Sinn der Worte versteht. Mit einem, der den Sinn der Worte versteht, braucht man nicht in Worten zu reden.

Wer Fische fangen will, der wird nass; wer Tiere verfolgt, muss laufen. Das tun diese Leute nicht zu ihrem Vergnügen. Darum ist das Höchste des Redens: nicht zu reden, das Höchste des Handelns: nicht zu handeln; denn Leute mit unzureichender Erkenntnis bekämpfen immer nur die Äußerungen.«

Der weiße Prinz verstand (die Meinung) nicht. Darum (empörte er sich und) kam schließlich in einem Badehause (in das er sich geflüchtet) um.

12. Festhalten des Sieges

Der Kanzler Dschau Siang Dsi (von Dsin) ließ durch (den Feldherrn) Sin Dschi Mu Dsi die wilden Stämme im Norden des Reichs (Di) angreifen. Er siegte und nahm die beiden Bezirke der östlichen und der mittleren Horde ein. Er entsandte einen Eilboten, um die Nachricht zu überbringen. Siang Dsi war gerade beim Essen und wurde traurig darüber.

Seine Leute sprachen zu ihm: »An *einem* Morgen zwei Städte zu unterwerfen, das ist doch etwas, worüber sich die Menschen freuen. Weshalb zeigt Eure Hoheit sich darüber traurig?«

Siang Dsi sprach: »Das Hochwasser in den Flüssen dauert nicht länger als drei Tage. Ein Wirbelwind und ein Platzregen dauern keinen Morgen lang. Die Sonne verweilt keinen Augenblick im Mittag. Nun hat unser Geschlecht durch seinen Wandel noch nicht so viel Verdienste angesammelt. An *einem* Morgen zwei Städte zu unterwerfen, macht mich besorgt, dass uns der Untergang droht.«

Meister Kung hörte davon und sprach: »Das Geschlecht des Dschau wird sicher Glück haben!«

Wer Leid trägt, wird dadurch sein Glück machen; wer sich der Freude überlässt, wird dadurch seinen Untergang herbeiführen. Den Sieg zu erringen, ist nicht schwer; ihn festzuhalten ist schwer. Ein würdiger Herr hält seinen Sieg fest, und darum kommt sein Glück auf seine Nachkommen. Die Staaten Tsi, Tschu, Wu, Yüo haben alle einmal Siege errungen, und doch haben sie schließlich den Untergang sich zugezogen, weil es ihnen nicht gelang, den Sieg festzuhalten. Nur ein Herr, der den SINN der Wahrheit hat, vermag es, den Sieg festzuhalten. Meister Kung besaß so große Kraft, dass er die Falltür des Tors einer Hauptstadt aufhalten konnte, und doch verschmähte er es, durch seine Kraft berühmt zu werden. Meister Mo verstand es, den Angriff des Gung Schu Ban (auf die Hauptstadt des Staates Sung) erfolgreich abzuwehren, und doch verschmähte er es, durch seine Kenntnisse im Waffenhandwerk berühmt zu werden. Darum, wer tüchtig ist im Festhalten des Sieges, hält seine Stärke für Schwäche.

13. Wunderbare Wege der Vorsehung

In Sung lebte eine Familie, die wandelte schlicht und recht und ließ davon nicht ab drei Geschlechter lang. Da warf im Hause ohne Ursache eine schwarze Kuh ein weißes Kalb. Man befragte den Meister Kung darüber. Meister Kung sprach: »Das ist ein gutes Zeichen. Man soll es dem höchsten Gotte opfern.«

Als ein Jahr um war, ward der Vater ohne Ursache blind. Die Kuh warf abermals ein weißes Kalb. Der Vater ließ abermals seinen Sohn den Meister Kung befragen.

Der Sohn sprach: »Das letzte Mal haben wir ihn befragt, und du verlorst das Augenlicht. Wozu sollen wir ihn noch einmal befragen?«

Der Vater sprach: »Der heiligen Männer Worte scheinen erst verkehrt, aber schließlich treffen sie zu. Noch ist die Sache nicht zu Ende. Frage ihn vorläufig noch einmal.«

Da fragte der Sohn abermals den Meister Kung.

Meister Kung sprach: »Es ist ein gutes Zeichen.« Und er ließ ihn abermals (das Kalb) als Opfer darbringen.

Der Sohn kehrte heim und teilte seinem Vater die Entscheidung mit.

Der sprach: »Tue nach den Worten des Meisters Kung.«

Als ein Jahr um war, da ward auch der Sohn ohne Ursache blind.

Danach bekriegte der Staat Tschu den Staat Sung und belagerte die Stadt, also dass die Leute ihre Kinder austauschten und sie aßen, dass sie Knochen spalteten und mit ihnen Feuer anmachten. Alle kräftigen Männer mussten auf der Mauer stehen, und die meisten kamen im Kampfe um. Nur die beiden Männer entgingen allem, weil Vater und Sohn krank waren. Als dann die Belagerung aufgehoben wurde, da genasen sie von ihrem Übel.

14. Die beiden Gaukler

Es war einmal ein Landstreicher im Lande Sung. Der wandte sich mit seinen Künsten an den Fürsten Yüan von Sung. Yüan von Sung berief ihn und ließ ihn seine Künste zeigen. Er band sich zwei Stelzen an die Beine, die noch einmal so lang waren wie er selbst. Darauf konnte er laufen und springen. Er nahm sieben Schwerter, warf sie empor und fing sie wieder auf, also dass immer fünf Schwerter gleichzeitig in der Luft waren. Fürst Yüan verwunderte sich sehr und beschenkte ihn alsbald mit Gold und kostbaren Gewändern.

Es war aber noch ein anderer Landstreicher da, der konnte Purzelbäume schlagen. Der hörte davon und wandte sich ebenfalls an den Fürsten Yüan. Der Fürst Yüan aber ward sehr zornig und sprach: »Zuvor war ein anderer Gaukler da, der sich an Uns gewandt; diese Künste sind nutzlos, aber er traf's gerade, dass Wir wohl gelaunt waren. Darum beschenkten Wir ihn mit Gold und köstlichen Gewändern. Dieser da hat sicher davon gehört und kommt herbei, in der Hoffnung, dass Wir ihn ebenfalls beschenken. Werft ihn ins Gefängnis, dass er dort sein Todesurteil erwarte!« Nach einem Monat ließ er ihn dann wieder laufen.

15. Der Pferdekenner

Herzog Mu von Tsin redete zu (dem Pferdekenner) Be Yüo und sprach: »Eure Jahre sind vorgerückt. Habt Ihr in Eurem Stamm einen, den man brauchen kann, um Pferde auszusuchen?«

Be Yüo erwiderte und sprach: »Ein gutes Pferd kann man nach seiner Gestalt, seinen Muskeln und Knochen beurteilen. Ein Allerweltspferd aber hat etwas Unsichtbares an sich, das sich aller Beschreibung entzieht. Ein solches wirbelt keinen Staub auf und hinterlässt keine Fußspuren. Meine Söhne sind alle ungeschickt; denen kann man allenfalls ein gutes Pferd erklären, aber nicht ein Allerweltspferd. Ich kenne aber einen, mit dem ich zusammen Brennholz und Gemüse getragen, namens Giu Fang Gau. Der ist, was Pferde anbelangt, nicht schlechter als ich. Ich bitte, ihn vorlassen zu wollen!«

Herzog Mu ließ ihn vor und schickte ihn aus, ein Pferd zu suchen.

Nach drei Monaten kam er zurück und berichtete: »Ich habe eins! Es ist in Sandberg (Scha kiu).«

Herzog Mu sprach: »Was ist's für ein Pferd?«

Er erwiderte: »Es ist eine gelbe Stute.«

Man sandte einen Mann, um es zu holen; da war es ein schwarzer Hengst. Herzog Mu ward ungehalten, berief den Be Yüo und sagte zu ihm: »Es ist gefehlt! Der, den Ihr mir empfohlen habt, um Pferde zu suchen, kann nicht einmal die Farbe und das Geschlecht unterscheiden. Was versteht der von Pferden!«

Be Yüo seufzte tief und sprach: »Hat er es so weit gebracht!

Damit steht er über der Beurteilung der großen Menge. Was Giu Fang Gau erblickt, ist das innerste Wesen. Er erfasst den Geist und vergisst das Grobstoffliche; er dringt ins Innere ein und vergisst darüber das Äußere. Man muss auf das sehen, was er sieht, und nicht auf das, was er nicht sieht; man muss das erblicken, was er erblickt, und beiseitelassen, was er nicht erblickt. Das Pferd, das Giu Fang Gau ausgesucht hat, ist sicher edler als alle anderen Pferde.« Das Pferd kam an, und richtig war es ein Allerweltspferd.

16. Staatsmoral und Privatmoral

König Dschuang von Tschu fragte den Dschan Ho und sprach: »Was muss man tun, um den Staat in Ordnung zu bringen?«

Dschan Ho erwiderte und sprach: »Ich verstehe nur, das eigne Selbst in Ordnung zu bringen; einen Staat in Ordnung zu bringen, verstehe ich nicht.« Herzog Dschuang von Tschu sprach: »Wir haben die Tempel unserer Ahnen überkommen und das Recht, dem Himmel zu opfern. Wir möchten lernen, wodurch Wir diese Stellung wahren können.«

Dschan Ho sprach: »Ich habe noch nie gehört, dass, wenn das eigne Selbst in Ordnung ist, der Staat in Verwirrung käme, und habe auch noch nie gehört, dass, wenn das eigne Selbst in Verwirrung ist, der Staat sich ordnen ließe. Die Ursache der Ordnung liegt also im eignen Selbst, und deshalb wage ich nicht, über ihre Wirkungen etwas zu sagen.«

Der König von Tschu sprach: »Gut!«

17. Der Schutz der Bescheidenheit

Der Alte von Fuchsberg (Hukiu) redete zu Sun Schu Au und sprach: »Drei Dinge sind es, denen die Menschen gram sind. Kennt Ihr sie wohl?«

Sun Schu Au sprach: »Wie heißen sie?«

Er erwiderte: »Hohen Rang beneiden die Menschen; großes Amt wird vom Fürsten gehasst; reiches Gehalt zieht Unwillen auf sich.«

Sun Schu Au sprach: »Je höher mein Rang ist, desto demütiger bin ich in meinem Herzen; je größer mein Amt ist, desto kleiner bin ich in meinen Gefühlen; je reicher mein Einkommen ist, desto mehr gebe ich Almosen. Kann man nicht dadurch dem dreifachen Groll entgehen?«

Als Sun Schu Au auf den Tod krank war, da ermahnte er seinen Sohn und sprach: »Der König wollte mich oft belehnen; aber ich habe es nicht angenommen. Weil ich nun sterbe, wird der König dich belehnen. Nimm keinesfalls ein reiches Land an! Zwischen Tschu und Yüo ist der Berg der Entschlafenen (Tsin Kiu). Dieses Land ist nicht reich, und sein Name ist den Leuten anstößig. Die Leute von Tschu fürchten sich vor den Gespenstern, und die Leute von Yüo suchen nur nach Namen von guter Vorbedeutung. Darum ist gerade dieser Platz einer, den man lange in Besitz behalten kann.«

Als Sun Schu Au gestorben war, da wollte wirklich der König seinen Sohn mit einem schönen Lande belehnen. Der Sohn weigerte sich, es anzunehmen und bat um den Berg der Entschlafenen. Er erhielt ihn, und bis auf den heutigen Tag hat das Geschlecht ihn nicht verloren.

18. Unter Räubern

Niu Küo war ein großer Gelehrter aus dem Oberland. Er ging einmal hinunter nach Gan Dan. Da fiel er unter die Räuber in der Gegend der Sanddünen (Ou Scha). Sie nahmen ihm alle seine Kleider, sein Gepäck und seinen Wagen weg. Niu ging zu Fuß weiter und sah fröhlich aus und zeigte weder Kummer noch Bedauern. Die Räuber gingen ihm nach und fragten nach dem Grund.

Er sprach: »Der Edle bringt nicht um der Mittel des Lebens willen sein Leben zu Schaden.«

Die Räuber sprachen: »Hi! Das ist ein Heiliger!«

Darauf redeten sie untereinander und sprachen: »Wenn der mit seiner Heiligkeit hingeht und vor den Herrn von Dschau tritt, so bringt er sicher große Not über uns. Da bringen wir ihn lieber um.«

So fielen sie miteinander über ihn her und brachten ihn um. Ein Mann aus Yän hörte die Geschichte und versammelte seinen ganzen Stamm, um ihn zu warnen, und sprach: »Wenn ihr Räubern begegnet, so macht es ja nicht wie Niu Küo vom Oberland!«

Und alle nahmen seine Belehrung zu Herzen.

Nun ging einmal sein jüngerer Bruder nach Tsin, und als er an den Grenzpass kam, begegnete er wirklich den Räubern. Er gedachte der Mahnungen seines Bruders und wehrte sich kräftig seiner Haut. Doch ward er nicht mit den Räubern fertig. Darauf lief er ihnen nach und bat mit flehentlichen Worten, ihm seine Sachen zurückzugeben.

Da wurden die Räuber zornig und sprachen: »Ist's nicht

schon viel, dass wir dich am Leben gelassen haben! Nun läufst du uns auch noch unablässig nach! Dadurch kommt die Geschichte sicher noch ans Licht! Da wir doch Räuber sind, was geht die Nächstenliebe uns an!«

Darauf töteten sie ihn und verwundeten außerdem noch vier oder fünf seiner Leute.

19. Die tote Maus

Yü war der reichste Mann in Liang. In seinem Hause war alles im Überfluss vorhanden, Gold und kostbare Stoffe und allerlei Reichtümer und Güter in unermesslicher Fülle.

Einst bestieg er sein hohes Haus an der Hauptstraße, ließ Musik machen und Wein auftragen und spielte ein Würfelspiel im oberen Stock. Eine Schar von verwegenen Burschen gingen miteinander unten vorüber. Oben im Haus hatte gerade einer einen guten Wurf getan, und es erscholl Gelächter. In demselben Augenblick flog eine Weihe vorüber und ließ eine tote Maus herunterfallen, die gerade die Burschen traf.

Die redeten untereinander also: »Der Reichtum und das Glück dieses Yü dauern schon lange, und er hat von jeher die anderen Leute verachtet. Wir haben ihm nichts zuleide getan, und doch beschimpft er uns nun mit dieser toten Maus. Wenn wir ihm das nicht heimzahlen, können wir uns nicht mehr als brave Burschen sehen lassen. Wir wollen mit unseren Genossen uns zusammentun und sie einmütig hierher führen. Sein Haus muss verwüstet werden, wie es sich gehört.«

Alle stimmten zu, und am Abend des verabredeten Tages versammelte sich eine große bewaffnete Menge, stürmte das Haus des Yü und richtete eine große Verwüstung darin an.

20. Der barmherzige Räuber und der gerechte Wanderer

Im Morgenland lebte ein Mann, der hieß Huan Scheng Mu. Er machte eine Reise und wurde unterwegs vom Hunger überwältigt.

Es war aber ein Räuber aus Hu Fu namens Kiu; der sah ihn und brachte ihm Wein und Speise hinab, um ihn zu stärken.

Huan Scheng Mu stärkte sich dreimal; da konnte er wieder gehen und sprach: »Wer seid Ihr?«

Er sprach: »Ich bin ein Mann aus Hu Fu namens Kiu.«

Huan Scheng Mu sprach: »Oh, bist du nicht ein Räuber? Wie kommst du dazu, mich zu speisen? Die Pflicht verbietet mir, deine Speise zu essen.«

Und er stützte beide Hände auf die Erde und wollte es wieder von sich geben. Aber es kam nichts heraus als Gegurgel. Darauf streckte er sich aus und starb. Der Mann aus Hu Fu war wohl ein Räuber; aber dass er jenen speiste, war nicht Raub. Dass jener nun, weil sein Wohltäter ein Räuber war, auch die Speise, die er ihm bot, als Raub ansah und sich weigerte, davon zu essen, beruhte auf einer Verwechslung von Name und Wirklichkeit.

21. Aufopferung aus Trotz

Dschu Li Schu diente dem Fürsten Au von Gü. Weil er sich von ihm verkannt fühlte, so zog er sich ans Meeresufer zurück und lebte im Sommer von Wassernüssen und im Winter von Eicheln und Kastanien.

Einst kam der Fürst Au von Gü in große Not. Da verabschiedete sich Dschu Li Schu von seinem Freund, um für jenen in den Tod zu gehen.

Sein Freund sprach: »Weil Ihr gedacht habt, dass jener Euren Wert nicht erkenne, deshalb habt Ihr ihn verlassen. Und nun wollt Ihr doch für ihn in den Tod gehen? Damit macht Ihr ja den Unterschied zunichte zwischen den (Fürsten), die (ihre Diener zu) schätzen (wissen), und denen, die es nicht tun.« Dschu Li Schu sprach: »Nicht also! Weil ich mich verkannt sah, darum ging ich. Nun gehe ich für ihn in den Tod, um ihm zu zeigen, dass er mich tatsächlich verkannt hat. Ich bin im Begriff zu sterben, um alle Fürsten der Nachwelt zu beschämen, die ihre Diener verkennen.«

Wenn ein Fürst unseren Wert erkennt, für ihn in den Tod zu gehen, und wenn er uns verkennt, nicht für ihn in den Tod zu gehen: das ist der gerade Weg, der zum Ziel führt. Von Dschu Li Schu kann man sagen, dass er im Trotz sein Leben gelassen hat.

22. Vorsicht in Äußerungen

Yang Dschu sprach: »Wenn Gutes von uns ausgeht, so werden uns die Früchte davon zuteil. Wenn Groll von uns ausgeht, so kommt der Schaden herbei. Was wir äußern, findet seine Vergeltung von draußen her. Das ist der Welt Lauf. Darum ist der Weise vorsichtig in dem, was er von sich gibt.«

23. Das verlorene Schaf

Der Nachbar des Meisters Yang hatte ein Schaf verloren. Er zog mit allen seinen Leuten aus und bat auch noch den Yang Dschu um seine Knechte, um ihm nachzugehen.

Meister Yang sprach: »Ei! Was sollen denn die vielen Leute, um dem einen verlorenen Schafe nachzugehen!«

Der Nachbar sprach: »Es gibt so viele Seitenwege.«

Als sie zurückkamen, fragte er: »Habt ihr das Schaf gefunden?«

Er sprach: »Es ist verloren.«

Meister Yang sprach: »Wie ging es denn verloren?«

Jener sprach: »Die Seitenwege hatten wieder Seitenwege, und wir wussten nicht, wo es hin ist. Darum sind wir umgekehrt.« Meister Yang wurde traurig. Seine Mienen verdüsterten sich; lange Zeit redete er nichts, und den ganzen Tag lachte er nicht mehr.

Seine Jünger verwunderten sich darob, baten ihn um Auskunft und sprachen: »Ein Schaf ist doch ein geringes Haustier, und noch dazu gehörte es nicht dem Meister. Was ist der Grund, dass Ihr um seinetwillen schweigsam und verstimmt seid?«

Meister Yang gab keine Antwort.

Die Jünger verstanden nicht, was er meinte.

Da ging der Jünger Meng Sun Yang hinaus und sagte es dem Sin Du Dsi.

Sin Du Dsi trat tags darauf gemeinsam mit Meng Sun Yang vor den Meister, fragte ihn und sprach: »Vor alters lebten drei Brüder, die in der Gegend der Länder Tsi und Lu umherwanderten. Sie hatten denselben Lehrer, bei dem sie den Weg zur moralischen Vollkommenheit lernten.

Als sie heimkehrten, sprach ihr Vater: ›Wie ist es mit dem Weg der Moral?‹ Der Älteste sprach: ›Die Moral verlangt von mir, dass ich mein eignes Selbst werthalte und den Namen hintan setze.‹

Der Zweite sprach: ›Die Moral verlangt von mir, dass ich mein eignes Selbst in den Tod gebe, um mir einen Namen zu machen.‹

Der Dritte sprach: ›Die Moral verlangt von mir, dass ich mein eignes Selbst und meinen Namen gleichzeitig vervollkommene.‹

Diese drei Brüder waren in ihren Meinungen entgegengesetzt, und doch hatten sie denselben rechtgläubigen Lehrer. Welcher hatte nun recht, und welcher hatte unrecht?«

Meister Yang sprach: »Es war einmal ein Mann, der lebte am Ufer eines Flusses. Er war an das Wasser gewöhnt und kühn im Tauchen. Er verstand es, eine Fähre zu lenken, in der er (die Reisenden) für Geld übersetzte. Damit verdiente er so viel, dass er eine große Familie ernähren konnte. So kam eine Schar von Schülern zu ihm mit ihrer Wegzehrung im Bündel. Aber fast die Hälfte davon ertrank. Und doch waren sie ursprünglich gekommen, um das Tauchen zu lernen, nicht um das Ertrinken zu lernen. Da es sich also verhält mit Gewinn und Schaden, welcher hatte nach deiner Meinung recht und welcher unrecht?«

Sin Du Dsi schwieg und ging hinaus.

Meng Sun Yang fuhr ihn an und sprach: »Was für Umschweife habt Ihr doch gemacht, um den Meister zu fragen, dass Euch der Meister so seltsam geantwortet hat! Ich bin jetzt nur noch mehr im unklaren.«

Sin Du Dsi sprach: »Auf der großen Straße ging das Schaf verloren wegen der vielen Seitenwege. Die Lernenden richten ihr Leben zugrunde wegen der vielen Meinungen. Die Lehre ist nicht ihrem Ursprung nach widerspruchsvoll, nicht ihrem Ursprung nach uneinheitlich, sondern nur die Folgerungen sind verschieden. Da es sich also verhält, so wird nur der dem Untergang entgehen, der zur Gleichheit sich wendet und umkehrt zur Einheit. Schon so lange sitzt Ihr zu den Füßen des Meisters und übt des Meisters SINN, und doch versteht Ihr noch nicht des Meisters Meinung! Das ist wirklich traurig.«

24. Yang Bu und sein Hund

Yang Dschu hatte einen jüngeren Bruder namens Bu. Der ging eines Tages in weißer Kleidung aus. Er kam in den Regen und musste sich umziehen. Daher kam es, dass er bei seiner Rückkehr ein schwarzes Kleid anhatte. Sein Hund erkannte ihn nicht und bellte ihn an. Yang Bu wurde böse und wollte ihn schlagen.

Yang Dschu sprach: »Du musst ihn nicht schlagen! Du hättest es geradeso gemacht. Wenn vorhin dein Hund weiß weggegangen wäre und wäre schwarz wiedergekommen, so würdest du dich doch sicher auch darüber gewundert haben.«

25. Warnung vor guten Werken

Yang Dschu sprach: »Wer Gutes tut, tut es wohl nicht um des Ruhmes willen; aber doch wird ihm der Ruhm folgen. Der Ruhm hat an sich nichts mit Gewinn zu tun; aber doch wird ihm der Gewinn folgen. Der Gewinn hat an sich nichts mit Streit zu tun; aber doch wird sich der Streit an ihn heften. Darum hütet sich der Edle, Gutes zu tun.«

26. Der verstorbene Prediger der Unsterblichkeit

Vor alters gab es einen Mann, der predigte, dass er den Weg zur Unsterblichkeit kenne.

Der Fürst von Yän sandte einen Boten, um in seinen Besitz zu kommen. Der war nicht rasch genug, so dass der Prediger vorher gestorben war. Da ergrimmte der Fürst von Yän über seinen Boten und wollte ihn hinrichten lassen.

Ein Diener, der seine Gunst hatte, machte jedoch Einwendungen und sprach: »Was die Menschen am meisten fürchten, ist der Tod; was sie am meisten wichtig nehmen, ist ihr eignes Leben. Jener nun hat sein eignes Leben verloren; wie wäre er imstande gewesen, Eure Hoheit vom Tode zu retten!« So wurde der Bote nicht hingerichtet.

Es war ein Meister Tsi. Der hatte auch jenen Weg lernen wollen. Als er nun hörte, dass der Prediger gestorben sei, da schlug er an die Brust und bedauerte es.

Meister Fu hörte das, lachte über ihn und sprach: »Was er lernen wollte, war doch, nicht zu sterben. Nun ist jener Mensch selbst gestorben; das bedauern kann nur einer, der nicht weiß, worin er Unterweisung suchte.«

Meister Hu sprach: »Meister Fu's Worte sind nicht richtig. Es gibt Menschen, die besitzen Überlieferungen, die sie doch nicht ausführen können. Und es gibt andere, die sie ausführen könnten, aber die Überlieferung nicht besitzen. Im Lande We lebte ein tüchtiger Rechenmeister. Als sein Tod herannahte, teilte er seine Kunst zum Abschied seinem Sohne mit. Sein Sohn behielt seine Worte, aber er konnte sie nicht anwenden. Ein anderer fragte ihn darum, und er sagte ihm die Worte seines Vaters. Der Frager benutzte die Worte und wandte die Überlieferung an, so dass er es dem Vater gleichtat. Warum also sollte es unmöglich sein, dass der Verstorbene ein Mittel zum Leben hätte verkündigen können!«

27. Grausame Güte

Die Leute von Gan Dan brachten dem (Dschau) Giän am Neujahrstag Felsentauben dar. Der war hocherfreut darüber und belohnte sie reichlich. Sein Gastfreund fragte, warum er das tue.

Giän sprach: »Wenn man am Neujahrstag Lebendes befreit, zeigt man dadurch seine milde Gesinnung.«

Der Gastfreund sprach: »Wenn die Leute merken, dass ihr Herr die Tiere fliegen lassen will, so fangen sie sie um die Wette und töten dabei eine große Anzahl. Wenn der Herr sie am Leben lassen will, so ist es besser, den Leuten das Fangen zu verbieten. Wenn man sie erst fängt und dann wieder fliegen lässt, macht man durch seine Milde noch nicht einmal das wieder gut, was vorher verfehlt worden ist.«

Giän sprach: »So ist's!«

28. Enfant Terrible

Der Herr Tiän von Tsi gab in seiner Halle ein großes Festmahl und saß inmitten von tausend Gästen.

Als Fisch und Geflügel hereinkamen, betrachtete er sie und sprach seufzend: »Wie gut ist doch der Himmel gegen die Menschen! Er lässt das Korn wachsen und bringt Fische und Vögel hervor zu unserem Gebrauch.«

Alle Gäste stimmten ihm zu wie ein Echo.

Es war aber der zwölfjährige Sohn des Bau dabei. Der machte eine vorlaute Bemerkung und sprach: »Es ist nicht so, wie der Herr sagt. Alle Wesen auf der Welt sind unsere Mitgeschöpfe. Unter diesen Geschöpfen gibt es nicht edlere und geringere. Sie überwältigen einander nur durch Größe, Klugheit und Kraft und essen dann der Reihe nach einander auf. Es ist aber nicht so, dass sie füreinander erzeugt wären. Was der Mensch an essbaren Dingen unter die Hand bekommt, das isst er auf. Aber das ist nicht ursprünglich vom Himmel für die Menschen erzeugt. Schnaken und Mücken beißen uns in die Haut, Wölfe und Tiger fressen unser Fleisch; aber darum hat doch nicht ursprünglich der Himmel den Menschen und sein Fleisch für Schnaken und Mücken, Wölfe und Tiger wachsen lassen.«

29. Arbeit ist keine Schande

Es war ein armer Mann in Tsi, der sich immer bettelnd auf dem Marktplatz umhertrieb. Die Marktleute wurden schließlich alle seines häufigen Bettelns überdrüssig und gaben ihm nichts mehr. Darauf begab er sich in den Marstall des Herrn Tiän und folgte dem Rossarzt als Knecht. Damit verdiente er sein Essen.

Die Vorstadtleute hatten ihren Spott darüber und sprachen: »Nahrung suchen im Dienst eines Rossarztes, ist das nicht ehrlos!«

Der Bettler sprach: »Auf der ganzen Welt gibt es kein ehrloseres Gewerbe als das Betteln. Ihr haltet das Betteln nicht für ehrlos; warum wollt ihr dann einen Rossarzt für ehrlos halten?«

30. Vergebliche Vorfreude

Es war einmal ein Mann im Lande Sung. Der ging spazieren auf der Straße. Da fand er einen Vertrag, den andere Leute weggeworfen hatten. Er kehrte heim und verbarg ihn. Im Stillen rechnete er die darin enthaltenen Geldsummen aus. Dann sagte er zu seinen Nachbarn und sprach: »Ihr könnt's noch erleben, dass ich reich werde!«

31. Der dürre Baum

Es war einmal ein Mann, der hatte einen dürren Baum.

Der Vater seines Nachbars sagte: »Ein dürrer Baum ist ein übles Vorzeichen.« Da ging der Mann hin und hieb ihn ab.

Nun bat des Nachbars Vater ihn sich aus als Brennholz.

Da wurde der Mann missvergnügt und sprach: »Des Nachbars Vater wollte nur Brennholz haben; deswegen belehrte er mich, ihn abzuhauen. Wenn einem die eignen Nachbarn solche Fallen stellen, was soll man da anfangen!«

32. Wer hat die Axt gestohlen?

Es war einmal ein Mann, der hatte seine Axt verloren. Er hatte seines Nachbars Sohn im Verdacht und beobachtete ihn. Die Art, wie er ging, war ganz die eines Axtdiebes; sein Gesichtsausdruck war ganz der eines Axtdiebes; die Art, wie er redete, war ganz die eines Axtdiebes; aus allen seinen Bewegungen und aus seinem ganzen Wesen sprach deutlich der Axtdieb. Zufällig grub jener einen Graben um und fand seine Axt. Am anderen Tag sah er seinen Nachbarssohn wieder. Alle seine Bewegungen und sein ganzes Wesen hatten nichts mehr von einem Axtdieb an sich.

33. In Gedanken

Den weißen Prinzen hatten seine Gedanken an Aufruhr überwältigt. Er kam vom Hofe zurück und stand da, auf seinen umgekehrten Stab gestützt. Die Zwinge drang ihm ins Kinn ein, so dass das Blut zur Erde floss, und er merkte nichts davon.

Die Leute von Dscheng hörten es und sprachen: »Wer sein eignes Kinn vergisst, was wird der nicht vergessen!«

Wenn die Gedanken hingenommen sind, so zeigt es sich am Benehmen. Der Fuß stolpert über Stümpfe und Löcher, und der Kopf rennt gegen Bäume, und man merkt es selber nicht.

34. Kleptomanie

Es war einmal ein Mann in Tsi, der war sehr gierig nach Gold. Am frühen Morgen kleidete er sich an, setzte seine Mütze auf und ging auf den Markt. Da kam er an den Stand eines Goldwechslers. Er nahm das Gold und ging davon.

Ein Polizist verhaftete ihn und fragte: »Ringsum stand doch alles voll Menschen; wie konntet Ihr da anderer Leute Gold wegnehmen?«

Er erwiderte: »Als ich das Gold nahm, da sah ich die Menschen nicht, ich sah nur das Gold.«

Erklärungen

BUCH I

Die Überschrift »Tiän Jui« ist nicht leicht zu übersetzen. Jui ist ursprünglich ein Abzeichen aus Nephrit, das die Lehnsfürsten vom Kaiser bei ihrer Einsetzung erhielten. Außerdem heißt es auch ein glückliches Omen. Der Sinn ist: Darstellung der Äußerungen des jenseits der Erscheinungen befindlichen Absoluten innerhalb der Welt. Man ist versucht, den Titel zu übersetzen: »Ding an sich und Erscheinung«, was den Ausführungen des Buches im Allgemeinen entspricht.

1

Was den Lehrer des Liä Dsı, Hu Kiu Dsi Lin, und seinen älteren Freund Be Hun Wu Jen anlangt, so finden sich beide wiederholt erwähnt. Vgl. II, 13; IV, 7; VIII, 1. Sie sind auch ohne Zweifel identisch mit den in II, 3 (IV, 5) erwähnten Philosophen Lau Schang (der alte Schang) und Be Gau Dsi. Hu Kiu Dsi Lin findet sich außerdem in Lü Schi Tschun Tsiu Kap. 15 erwähnt; beide auch in Dschuang Dsi, wo Be Hun Wu Jen jedoch etwas anders geschrieben ist. Wenn es gelänge, die beiden oder einen von ihnen mit einer historischen Persönlichkeit zu identifizieren, so wäre damit ein Anhaltspunkt für die Zeit, in der Liä Dsı gelebt hat, gefunden. Leider ist es mit dem zurzeit zugänglichen Material nicht möglich. Der Versuchung, Lau Schang mit Lau Dsi (Laotse) zu identifizieren, muss man aus Mangel an Material widerstehen. In Lü Schi Tschun Tsiu wird Hu Kiu Dsi Lin als Lehrer des Dsi Tschan bezeichnet. In Dschuang Dsi V, 2 kommt Be Hun Wu Jen als Lehrer Dsi Tschan's vor. Dsi Tschan ist eine historische Persönlichkeit namens Gung Sun Kiau, ein Freund Kung Dsi's, vgl. Lun Yü V, 15; XIV, 9 und 10. Damit kämen wir für Liä Dsı auch etwa in die Zeit Kungs. Vgl. übrigens die Einleitung.

Hu Kiu heißt wörtlich »Urnenberg«. Hu Kiu Dsi Lin oder Hu Kiu Dsi, wie er auch heißt, würde demnach bedeuten: Der Meister (Lin) vom Urnenberg. Der »Urnenberg« ist einer der fünf Berge der Seligen im Ostmeer (vgl. V, 2 identisch mit Fang Hu, der »viereckigen Urne«). Daraus ist zu schließen, dass Hu Kiu Dsi Lin kein eigentlicher Name, sondern eine Gelehrtenbezeichnung, wie sich häufig ähnliche finden, ist. Die Lehren des »Meisters vom Urnenberg« enthalten gewisse Anklänge an altindische Philosopheme, so dass man sehr gerne ihn in Zusammenhang mit Indien bringen würde, wenn sprachlich in seinem Namen der geringste Anhaltspunkt dazu gegeben wäre. Schließlich ist es auch möglich, dass hier ebenso wie an anderen Stellen, die an Buddhistisches anklingen, zufällige Übereinstimmungen vorliegen. Das Buch enthält ja auch manche Berührungspunkte mit modern europäischen Ausführungen, die sicher nicht auf gegenseitiger Abhängigkeit beruhen.

Die Ausführungen des vorliegenden Abschnittes geben in Anlehnung an Laotses Ausführungen über den SINN eine sehr gute Unterscheidung zwischen dem in Freiheit befindlichen »Ding an sich« und der nach notwendigen Gesetzen sich auswirkenden Welt der Erscheinung. Das Zitat aus dem Buch des Herrn der gelben Erde findet sich wörtlich im Taoteking, Abschn. 6.

Der »Herr der gelben Erde«, chinesisch Huang Di, gewöhnlich mit »der gelbe Kaiser« übersetzt, ist eine im Taoismus viel zitierte mythische Gestalt (vgl. I, 4; II, 1. 18; III, 1. 7; V, 2; VI, 9). Trotz der historisch erscheinenden Züge, mit denen die Überlieferung von ihm ausgestattet ist und die sogar zu manchen Vermutungen über die Einwanderung der Chinesen vom Westen her Anlass gegeben haben, scheint den Sagen vom »Gelben Herrn« die Gestalt eines alten Gottes zugrunde zu liegen. Diese Gottheit erinnert in vielen Zügen an den Saturn der westlichen Völker. Die Zeit des Gelben Herrn ist das goldene Zeitalter, da der Mensch auch noch mit den Tieren in Frieden lebte und alle Erfindungen der Kultur im Gefolge des Ackerbaues ihren Anfang nahmen. Ein interessantes Zusammentreffen ist es, dass auch der Planet Saturn der Stern der (gelben) Erde ist und seine Gottheit ebenfalls den Namen »Huang Di« führt. Es entspricht einem auch sonst hervortretenden Zug der chinesischen Religion, dass diese Gottheit später vermenschlicht und in einen mit geheimer Weisheit begabten Herrscher umgewandelt wurde, in dessen Bild dann auch manche Züge der prähistorischen Kulturentwicklung hineingetragen wurden.

Zum sachlichen Inhalt vergleiche man den Hegelschen Satz: »Die Erscheinung ist das Entstehen und Vergehen, das selbst nicht entsteht und vergeht, sondern an sich ist und die Wirklichkeit und Bewegung des Lebens in Wahrheit ausmacht«.

2

Ganz ähnlich wie im Neuplatonismus, bei Spinoza und dann wieder in der deutschen romantischen Philosophie ist hier das Problem der ewigen Verwandlung des Absoluten in die Welt behandelt.

Hatte sich die alte chinesische Philosophie die Erklärung der Weltentstehung leicht gemacht, indem sie bei dem dualistischen Gegensatz von Licht (positiver, männlicher Kraft, Geistigkeit usw.) und Finsternis (negativer, weiblicher Kraft, Materialität usw.) Halt machte, so geht der kühne Idealismus Liä Dsı's über diesen Dualismus hinweg zum Monismus weiter. Er unternimmt es, die Geistigkeit als Grundprinzip auch der materiellen Welt aufzustellen. Bezeichnend ist es, dass er bei diesem Ableitungsversuch auf dieselbe Schwierigkeit stößt wie jeder idealistische Monismus: auf die Schwierigkeit, die Vermittlung zu finden zwischen dem Absoluten und der Welt. Und wie die westliche Philosophie sich mit der Stufenfolge der »Potenzen« geholfen hat, so unterscheidet auch Liä Dsı verschiedene Phasen in diesem Prozess. In zwei Abschnitten vollzieht sich der Übergang: Über die ideelle Differenzierung von Kraft, Form und Stoff zum »Dasein«. Man könnte dieses Dasein dem Wortlaut nach auch »Chaos« nennen, doch ohne üble Nebenbedeutung, einfach als Ineinandersein der – ideal schon vorhandenen – Potenzen. Zur Beschreibung dieses Zustandes dient wieder ein Spruch aus Laotse (Taoteking No. 14. Vgl. auch No. 21. 25). Als zweite Etappe kommt nun die weitere »Entwicklung« zur wechselnden Formenwelt. Hier ist im Anschluss an das Buch der Wandlungen auf die Zahlensymbolik zurückgegriffen. Interessant ist dabei die Unterscheidung der doppelten Eins, der Ureins (die freilich potentiell schon eine Differenzierung in sich trägt) und der durch den Kreislauf der Wandlung entstandenen zweiten Eins, die der Wirklichkeit zuführt (vgl. die »zweite Eins«, das »erstgeborene Eine« als das vollkommene Abbild der ersten Eins bei Nikomachos, Theol. Arithm. pag. 44).

Hiermit ist er nun da angelangt, wo die populäre Kosmogonie zu beginnen pflegte, bei »Himmel« und »Erde« und, als Vereinigung von Geist und Materie, dem »Menschen«.

3
Während der letzte Abschnitt sich mit der Erklärung der Weltentstehung beschäftigte, legt dieser die Wirkungsweise des Ewigen innerhalb der Welt der Endlichkeit dar, zu der bezeichnenderweise auch der »Himmel«, die geistige Welt, soweit sie Phänomen ist, gehört.

4
Diese Szene findet sich in etwas veränderter Form auch in Dschuang Dsi XVIII, 6. Die Verschiedenheiten des Textes lassen sich einmal daraus erklären, dass Dschuang Dsi den Text vereinfacht hat, andererseits daraus, dass der Text bei Liä Dsı nachträglich noch kommentiert und erweitert wurde. Wir glaubten von einer wörtlichen Übersetzung absehen zu können, da die verschiedenen Tierarten, die im Verlauf der Metamorphosen aufeinander folgen, zum Teil nicht mehr identifizierbar sind. Auch hat die auf Intuition und Sagen beruhende Ausführung keinerlei tatsächliche Forschungen zur Grundlage, weshalb die Einzelheiten ohne Wert sind. Die nächste Stufe vor dem Menschen ist z. B. das Pferd.

Wenn Legge (Sacred Books of the East, vol. XL, pag. 10) in diesen Ausführungen eine dem Buddhismus verwandte Darstellung der Seelenwanderung sieht, so dürfte das doch nicht den Tatsachen entsprechen. Während die »Seelenwanderung« im Buddhismus unlösbar mit der Karma-Idee verbunden ist, ist in den hier vorliegenden Ausführungen nur von den Wandlungen der Form, die das Plasma annehmen kann, die Rede. Viel eher kämen hier modern naturwissenschaftliche Theorien in Betracht. Um eine »Abstammungslehre« handelt es sich übrigens auch nicht, vielmehr um Wandlungen innerhalb der jetzt bestehenden organisierten Welt. Das Wort, das mit Kreislauf übersetzt ist, heißt eigentlich »Triebwerk, Mechanismus«.

Die in der zweiten Hälfte des Abschnittes gegebenen Ausführungen geben diese Auffassung noch deutlicher, nach der das Leben mit seinem Wechsel nur eine Art vorübergehender Konstellation der verschiedenen Elemente ist, die kaleidoskopisch zusammentreten und sich wieder trennen. Sehr interessant ist auch der Standpunkt, dass das Leben, weil endlich, notwendig enden muss. Diese Auffasuung läuft den später im Taoismus aufgekommenen Bestrebungen, durch irgendein Lebenselixier körperliche Unsterblichkeit zu erlangen, schnurstracks zuwider.

5

Nach den theoretischen Ausführungen folgen nun einige praktische Anwendungen in Form von parabelartigen Geschichten. Die Namen sind an sich unwichtig. Ein Beweis, dass das Buch noch aus der Zeit vor der strengen Scheidung zwischen Konfuzianismus und Taoismus stammt, ist die harmlose Art, wie Konfuzius sehr häufig erwähnt wird. Wir haben hier wohl ähnliches Traditionsgut vor uns, wie es zum Teil ins 18. Buch der Lun Yü Eingang gefunden hat. Sachlich ist hinzuweisen auf die von Plato erwähnten Gründe zur Dankbarkeit.

9

Vgl. Laotse, das Buch vom SINN und LEBEN, No. 38.

10

Yü Hiung war der Sage nach der Lehrer des Königs Wen aus der Dschou-Dynastie (ca. 1200 v. Chr.). Vgl. II, 17; VI, 7; VII, 19.

Die Stetigkeit des Zeitverlaufs ist sehr gut beobachtet.

11

Humorvolle Darlegung der verschiedenen »wissenschaftlichen« Theorien über die Möglichkeit und Wahrscheinlichkeit des Weltuntergangs. Man würde heutzutage andere Ausdrücke gebrauchen. Letzten Endes dürfte der Standpunkt Liä Dsı's auch heute nicht überwunden sein.

12

Über den »Patriarchen« Schun, der möglicherweise ebenso wie sein Vorgänger Yau ein vermenschlichter Gott ist, vgl. IV, 14; VI, 1; VIII, 1. 3. 12. 13, ferner Lun Yü XX, 1 und sonst oft. Der Abschnitt findet sich auch im Dschuang Dsi XXII, 4. Ähnliche Stellen finden sich im Dhammapada. Z. B. »›Diese Söhne gehören mir, dieser Besitz gehört mir‹, mit solchen Gedanken quält sich ein Narr. Er selbst gehört sich nicht einmal; wie viel weniger Söhne und Besitz!«

Zur Stelle: »Es sind Überbleibsel« – wörtlich ist mit dem chinesischen Ausdruck die abgeworfene Larvenhaut, aus der die Zikade ausgekrochen ist, gemeint. – Zum Ganzen vgl. Dschuang Dsi XXII.

13
Guo war eines der herrschenden Geschlechter im Staate Tsi. Vgl. »Die drei Räuber« im Yin Fu Ging (Einleitung).

BUCH II

1
Über den Herrn der gelben Erde vgl. Anm. zu I, 1.

Das Reich der Hua Sü: Hua Sü ist die sagenhafte Mutter des sagenhaften Fu Hi (brütender Atem). Sie soll den Sohn durch Inspiration des Himmels empfangen und nach zwölfjähriger Schwangerschaft geboren haben. Nach anderer Version ist Hua Sü der Geburtsort Fu His. Fu Hi, der erste Mensch, wird als Begründer der primitiven Kultur geschildert. Bei ihm sind schon in seinem Namen, der auch als »Wind« oder der »große Himmelsherr« angegeben wird, die Attribute der Gottheit deutlich. An die Odinsage erinnert, dass er die Menschen die Schrift vermittelst geknoteter Stricke (vgl. Runen) gelehrt hat.

2
Die verschiedenen Gu-Schä-Berge, die der Sage nach im Norden der Welt liegen auf einer Insel im »Meerfluss« (Okeanos), erinnern stark an den »Götterberg im Norden« der westlichen Mythologie. Es würde sich verlohnen, den mythologischen Zusammenhängen, die gerade in den Parabeln des Liä Dsı sehr oft zutage treten, näher nachzugehen.

3
Der alte Schang (Lau Schang) und Be Gau sind wohl identisch mit Hu Kiu Dsi Lin und Be Hun Wu Jen. Vgl. Anm. zu I, 1. Die Stelle ist wiederholt IV, 6.

Bei Dschuang Dsi I, 3 findet sich Liä Dsı erwähnt als einer, der auf dem Winde fahren konnte. Im heutigen Taoismus wird er als »der auf dem Wind fahrende, wahre Mensch« verehrt.

4
Guan Yin heißt eigentlich Yin Hi. Er war der Grenzwart des Passes Han Gu Guan (Guan = Pass). Er ist derselbe, der der Sage nach den Laotse beherbergte, ehe er sich nach Westen wandte, und der ihn zur Niederschrift des Taoteking veranlasst haben soll. Es existiert eine Schrift von 9 Kapiteln unter seinem Namen, die aber zweifellos späteren Ursprungs ist. Bei Liä Dsı wird er häufiger erwähnt (vgl. III, 3; IV, 15 VI, 7; VII, 11; VIII, 1. 3), ferner im Dschuang Dsi XIX, 2, wo sich der hier gegebene Passus mit verschiedenen Abweichungen im Text findet.

5
Zu Be Hun Wu Jen vgl. Anm. zu I, 1. Die Geschichte findet sich auch im Dschuang Dsi XXI, 9.

6
Die Geschichte, deren Moral von Kung Dsi dem Jünger Dsai Wo noch ausdrücklich auseinandergesetzt wird, spricht für sich selbst. Dschung Ni ist bekanntlich die literarische Bezeichnung Kungs.

»Ohne sich im mindesten zu brennen«, wörtlich: die Asche zerstreute sich nicht, der Körper wurde nicht geröstet.

Zu der Stelle: »einem Bettler oder Pferdedoktor« vgl. die Erzählung VIII, 29. Der »Pferdedoktor« war offenbar eine ähnliche Person wie der Schinder im Mittelalter.

7

König Süan aus der Dschou-Dynastie regierte von 827–781 v. Chr.; s. auch II, 20 und IV, 12. Er hatte der Sage nach eine besondere Vorliebe für Tiere und Kraftleistungen.

8

Yän Hui ist der bekannte Lieblingsjünger des Konfuzius (über Dschung Ni s. o. No. 6), der in den Lun Yü häufig erwähnt ist und auch in unserem Buch verschiedene Male vorkommt: III, 8; IV, 1. 2. 4; VI, 1.

Zu der Stelle: »Wie oft habe ich mit dir schon diese Ideen behandelt ...«: Die chinesischen Ausdrücke »wen« und »schi« entsprechen etwa »Theorie« und »Praxis«; vgl. Abschn. 13.

Das Auffange-Spiel ist ein altes Spiel. In der Hand wurden die Dinge verborgen, die der, der sie erriet, bekam. Es war ein Spiel, das besonders in der Neujahrsnacht zum Zeitvertreib häufig gespielt wurde. Gürtelspangen waren in der Regel aus Silber oder Bronze.

Die Erzählung steht auch im Dschuang Dsi XIX, 4.

9

Eine ganz ähnliche Geschichte wie die vorige. Sie ist mit kleinen Abweichungen wiederholt in VIII, 10, wo die Szene in die Zeit der Heimkehr des Meisters aus We nach Lu verlegt ist. Dschuang Dsi XIX, 9 hat sie auch.

10

Die Zikaden werden in China ihres Zirpens wegen gehalten. Man fängt sie an den Bäumen mit leimbestrichenen Stangen. Offenbar legte der Bucklige die Erdkügelchen auf die Stange, um durch diese Übung Sicherheit zu bekommen.

Die Antwort des Zikadenfängers zum Schluss hat Dschuang Dsi, der die Geschichte auch hat (XIX, 3), weggelassen: offenbar aus Gründen einer abgerundeten Komposition. Diese Stelle ist eine von denen, die für die Priorität Liä Dsı's sprechen; denn es macht weit weniger Schwierigkeiten anzunehmen, dass Dschuang Dsi die Stelle gestrichen als dass sie hier angefügt ist.

12

Siang Dsi ist der Kanzler Dschau Siang Dsi aus der berühmten Familie Dschau in Dsin, die wiederholt in Liä Dsı erwähnt wird. Vgl. VIII, 12. Diese Art der Feuerjagden erklärt zur Genüge die Entwaldung von Nordchina.

Die Nutzanwendung ist gegeben in einem Gespräch des Fürsten Wen von We mit dem Jünger Dsi Hia (Bu Schang) des Meisters Kung. Dsi Hia stammte aus dem Staate We, war 45 Jahre jünger als Kung, ist also geboren um 506 v. Chr. Fürst Wen von We regierte von 425–387, so dass Dsi Hia zur Zeit jener Unterredung über 80 Jahre alt war. Die Überlieferung, dass er der Lehrer des Fürsten Wen von We war, ist auch anderweitig beglaubigt, ebenso wie das hohe Alter, das er erreicht hat. Es liegt also kein Anachronismus vor.

13

Eine Geschichte aus den Lehrjahren des Liä Dsı. Sie findet sich auch bei Dschuang Dsi Buch VII.

Die Erzählung gibt einen interessanten Einblick in die altchinesische Mantik. Der Zauberer war offenbar eine Art Medium, der sich in psychischen Kontakt mit den von ihm zu beurteilenden Personen zu setzen wusste und so visionäre Eindrücke erhielt, aus denen er dann nachher ihr Schicksal ableitete. Der Meister Hu war ihm dadurch überlegen, dass er durch seine mystische Einheit mit dem Weltzusammenhang die verschiedenen Weltperioden in seiner Geistesverfassung nachzubilden vermochte. Dadurch wurden dann in der Psyche des Mediums entsprechende Visionen erzeugt. Der Irrtum des Zauberers bestand nun darin, dass er das, was kosmischer Zustand war, als Erscheinung des individuellen Lebens des Hu Kiu Dsi zu deuten suchte, so die Vision der feuchten Asche, die er durch die Reproduktion der Welt vor Auftreten des Lebens erhielt, auf den nahen Tod des Hu Kiu Dsi, die Vision der gleichstehenden Waage, die er durch die Reproduktion der Schöpfung des Lebens erhielt, auf die wieder erlangte Gesundheit des Meisters. Darum war seine Weisheit zu Ende, als Meister Hu Kiu in seinen Reproduktionen auf Gebiete überging, die sich nicht mehr individuell deuten ließen und gar keinen bestimmten visionären Ausdruck mehr zuließen. Vgl. den zweiten Ort, an den der König Mu von dem Magier aus dem Westen geführt wurde (III, 1).

14

Vgl. Dschuang Dsi XXXII, 1. Über den älteren Freund Liä Dsı's Be Hun Wu Jen vgl. Anm. zu I, 1. Liä Dsı sucht der

Öffentlichkeit zu entfliehen, wird aber von Be Hun Wu Jen durchschaut. Dessen Meinung ist, dass man nicht durch räumliche Trennung, sondern durch innere Absonderung den Menschen und ihren Einwirkungen entgehen könne. Die traut er Liä Dsı nicht zu, und er hatte recht damit, wie sich bei seinem Besuch zeigte. Die vielen Schuhe vor der Tür gehörten den sich um Liä Dsı drängenden Schülern. Noch heute ist es in Japan Brauch, die Schuhe vor den Zimmern auszuziehen, um die Matten, mit denen das Zimmer ausgelegt ist, nicht zu beschmutzen. Im alten China saß man ebenfalls auf Matten. Die Stühle, die man heute in China benutzt, sind späteren Ursprungs.

15
Der berühmte »Pessimist« unter den chinesischen Philosophen, Yang Dschu, den Menzius so kräftig bekämpfte, tritt hier als Schüler Laotses auf. Demnach müsste er Zeitgenosse Kung's und Liä Dsı's gewesen sein. Im Allgemeinen wird seine Zeit später angesetzt.

Sein Benehmen ist hier das eines guten Jüngers und zeigt ein Beispiel für die altchinesischen Formen im Verkehr zwischen Lehrer und Schüler.

Das Zitat in der Belehrung, die Laotse ihm zuteilwerden lässt, stammt aus Taoteking 41; vgl. Dschuang Dsi XXVII.

16
Vgl. Dschuang Dsi XX, 9. Zur Sache vgl. Sokrates' Äußerung, dass man die hässlichen Weiber lieben müsse.

17

Die Ausführungen dieses Abschnittes erinnern sehr stark an den Taoteking, aus dem sich auch wörtliche Zitate finden. Vgl. No. 78 und 76.

Meister Yü ist der in I, 10 und sonst genannte Lehrer des Königs Wen (ca. 1200 v. Chr.). Das Zitat aus Laotse steht im Taoteking No. 76. Der Text weicht etwas von dem dort gegebenen ab.

18

Die hier betonte Einheit der gesamten Lebewelt berührt sich durchaus mit modernen Auffassungen.

Über Fu Hi vgl. Anm. zu II, 1. Er wird auf alten Abbildungen (vgl. die Grabreliefs in Kia Hiang in Schantung aus der Han-Dynastie) dargestellt mit einem Schlangenschwanz nach Art der Giganten. In der Hand hält er ein Winkelmaß. In der Regel ist durch den Schwanz mit ihm verschlungen Nü Wa oder Nü Gua. Über dieses Wesen gehen die Traditionen auseinander. Offenbar ebenfalls eine Windgottheit, wird es bald männlich als Nachfolger, bald weiblich als Schwester Fu His gefasst. Während der andere Name Fu His: Bau Hi darauf hindeuten soll, dass er den Gebrauch des Feuers bei der Zubereitung des Fleisches eingeführt habe, ist die Herrschaft Nü Was dadurch bekannt, dass er unter dem Zeichen des Holzes (der »Holzstern« ist Jupiter) regierte. Er hat ebenfalls Schlangenleib und Menschenkopf (nach anderer Überlieferung Stierkopf). Unter ihm empörte sich Gung Gung, der unter dem Zeichen des Wassers stand und durch das Wasser das Holz besiegen wollte (während korrekterweise das Wasser eine frühere Stufe als das Holz repräsentiert). Er stieß dabei an den Berg »Unvollkommen« (Bu Dschou Schan) und zerbrach die Pfeiler des Himmels, und die Erde sank im Südosten in die Tiefe. Nü Wa nahm darauf Steine von fünf Farben, die er schmelzte, um den Himmel auszubessern, und befestigte die Erde auf den vier Füßen einer Schildkröte (vgl. V, 1). Es ist nicht ausgeschlossen, dass in diesen Erzählungen eine alte Sintflutsage durchschimmert. Eine andere Tradition über die Empörung Gung Gungs s. V, 1.

Nach ihm kommt der »Feuer-Herr« Yän Di, auch Schen Nung (der göttliche Landmann) genannt. Seine Mutter empfing ihn von einem himmlischen Drachen. Er wird dargestellt mit einem Gerät zur Bearbeitung des Bodens, wie ihm auch die Einführung der Landwirtschaft zugeschrieben wird. Auch ist er der Gott der Arzneikräuter. Nach manchen Darstellungen hat er Menschenleib und Ochsenkopf.

Ihm folgt dann Huang Di, der Herr der »gelben« Erde, der in unserem Buch ja eine große Rolle spielt. Vgl. über ihn Anm. zu I, 1. Die im Text erwähnte Sage, dass er die Tiere zum Kampf gegen den Herrn der Feuerflammen (Yän Di) geführt habe, bezieht sich nicht auf Schen Nung, sondern auf Tschi Yu, den ersten Empörer auf Erden. Eine Sage berichtet, dass er der älteste von 81 Brüdern war, die Tierleiber hatten, aber menschliche Sprache und Stirnen von Eisen, und sich vom Staub der Erde nährten. Sie machten Waffen und unterdrückten die Menschen, bis sich Huang Di ins Mittel legte. Im Kampf rief Tschi Yu den Fürsten des Windes und den Meister des Regens zu Hilfe, so dass ein mächtiger Sturm sich erhob. Aber Huang Di sandte die Himmelstochter gegen ihn, die den Sturm stillte. Tschi Yu, der Erfinder der Waffen und Astrologie, wird als Verkörperung des Planeten Mars, des »Feuersterns«, angesehen, der die Schlachten beeinflusst. Daher der im Text gegebene Name Yän Di, Herr der Feuerflammen.

Nun folgt der »Metallkönig« Schau Hau. Darauf noch mehrere andere, die in die Dreiheit der »Patriarchen« Yau, Schun und Yü ausmünden, mit denen auch Konfuzius seine Geschichte beginnen lässt, während er die anderen Traditionen nicht kennt. Es erübrigt sich, zu erwähnen, dass vor diesen Herrschern noch andere sagenhafte Persönlichkeiten, der tiergestaltete Demiurg Pan Gu, der Höhlen- bzw. Nestbewohner, der Feuermensch u. a. eingeschoben werden, um die Jahrmillionen, die man seit Schaffung der Erde vergangen denkt, auszufüllen. Liä Dsı erwähnt diese Legenden nicht. Es wäre eine interessante Aufgabe, zu untersuchen, inwieweit man in all diesen Sagen gemeinsames Gut mit den westasiatischen Mythologemen feststellen könnte. Hia Hou ist eben der obenerwähnte Yü, der Ordner der Wasserverhältnisse der großen nordchinesischen Ebene. Er wird ebenfalls mit einem zweigeteilten Grabinstrument dargestellt. Vgl. V, 2. 5; VII, 11. 12.

Der König Giä ist der letzte Spross aus dem Geschlechte des großen Yü, der Hia-Dynastie. Was sein Ahn an Gutem geleistet, übertraf er durch Greueltaten, bis er vom Gründer der Schang- oder Yin-Dynastie, Tang, gestürzt wurde. Er wird dargestellt mit einem Speer in der Hand und auf zwei Sklavinnen reitend.

Der letzte König der Yin-Dynastie war Dschou Sin, dessen Schilderung mit der des Giä in allem übereinstimmt. Vgl. VI, 1; VII, 3. 12; VIII, 1. 2.

Herzog Huan (685–643): Der Staat Tsi, im späteren Ostschantung, war in der Zeit des Rückgangs der Dschou-Dynastie einer der mächtigsten Lehnsstaaten. Der Fürst Huan, Siau Be mit Namen, hatte sich nach der Ermordung seines Vaters durch Wu Dschi auf den Thron zu schwingen verstanden. Mit Hilfe des Ministers Guan Dschung gelang es ihm, die Hegemonie im ganzen Reich zu erringen. Über das Nähere dieser Geschichten vgl. VI, 3. 12; V, 7. In seinem Alter gab er sich unmäßiger Sinnlichkeit hin und gewährte Knechten und Köchen Einfluss. Er versäumte es, einen Nachfolger zu bestimmen, so dass die Söhne seiner Nebenfrauen sich um den Thron stritten, während der Leichnam des Vaters unbeerdigt dalag. Mu von Tschu: Der Staat Tschu im Süden des alten China hatte schon früher sich selbständig gemacht und den Königstitel usurpiert. Der Staat galt als halb barbarisch. König Mu, der von 625–614 regierte, ist als Vatermörder berüchtigt.

Der mythische Herrscher Yau, mit dem Kung die chinesische Geschichte beginnt, hatte unter seinen Beamten den Kui, den er mit der Regulierung der Musik beauftragte. Der komponierte die sogenannte Schaumusik, durch deren Klänge der Phönix herbeigelockt wurde und die noch auf Kung Dsi einen solchen Eindruck machte, dass er drei Monate den Geschmack der Speisen vergaß. Vgl. Lun Yü VII, 13 und III, 25.

Der Staat Giä im Osten liegt in der Gegend von Kiautschou. Es ging die Sage von seinen Bewohnern, dass sie die Sprache der Tiere verständen.

Die Gottmenschen der alten Zeit: Es entspricht der chinesischen Anschauung, dass in alter Zeit die Unterschiede der verschiedenen Wesen noch nicht so ausgeprägt waren wie jetzt, so dass einerseits nach oben hin mit den Göttern – aber auch mit Kobolden und Teufeln (vgl. die Schlange im Paradies), andererseits mit den Tieren noch nähere Fühlung bestand. Diese Auffassung findet ihre Parallele auch in der Paradiessage 1. Mos. 2, 3. In anderem Sinn, ihres bildlichen Ausdrucks entkleidet, ist sie ja auch ganz der modernen Naturwissenschaft entsprechend.

19

Das Land Sung ist die Heimat der meisten taoistischen Gleichnisse und Allegorien. In Sung regierten die Nachkommen der Yin-Dynastie, mit der bekanntlich der Taoismus besonders nahe Fühlung hat, während Konfuzius sich an die Dschou-Dynastie anschließt.

Die Moral der Geschichte erinnert bedenklich an Goethes kophtisches Lied:

»Kinder der Klugheit, o habet die Narren
Eben zum Narren auch, wie sich's gebührt.«

Es ist hier die Annäherung zwischen Mensch und Tier von oben nach unten vollzogen. – Zum Ganzen vgl. Dschuang Dsi II.

20

Der König Süan von Dschou ist derselbe wie der in II, 7 bei der Geschichte von der Kunst der Tierbändigung erwähnte. Hahnenkämpfe waren im alten China beliebte Spiele. Der Sinn der Parabel ist, dass höchste Kraft die ist, die, vollkommen konzentriert in sich, jede überflüssige Äußerung meidet. Eine Fortbildung der Lehre Laotses vom »Nicht-Handeln«.

21
Der König Kang von Sung war eine der gefährlichsten Persönlichkeiten unter den Fürsten seiner Zeit. Unter dem Namen Yün bestieg er als Herzog im Jahre 328 den Thron in Sung. Es scheint in ihm die ganze Sinnlichkeit und Grausamkeit, die man dem letzten König der Yin-Dynastie, Dschou Sin, nachsagt, in Form eines atavistischen Rückschlags – die Fürsten von Sung waren ja bekanntlich Nachkommen der Familie der Yin – zum Ausbruch gekommen zu sein. Beamte, die ihm Vorstellungen machten, pflegte er zu erschießen. Ja, sein Zorn richtete sich selbst gegen den Himmel. Er ließ mit Blut gefüllte Ledersäcke aufhängen, nach denen er schoss. Wenn nun das Blut heruntertropfte, so nannte er das »den Himmel schießen«. Im Jahr 318 nahm er den Königstitel an. Im Jahr 286 wurde der Staat Sung infolge der allgemeinen moralischen Entrüstung vom Staate Tsi annektiert.

Hui Yang, der kühne Sophist, der es wagt, in die Höhle des Löwen zu gehen mit dem Erfolg, dass er den schlimmen Tyrannen tatsächlich Schritt für Schritt dahin führt, dass er sich eine Vorlesung über Moral gefallen lässt – nach deren Beendigung der Prediger es allerdings für angezeigt hält, sich zurückzuziehen –, ist ein Verwandter des sophistischen Meisters Hui, mit dem Dschuang Dsi viel verkehrte (vgl. Dschuang Dsi XXXIII).

Mo Di, den er zusammen mit Kung als Vorbild nennt, ist der bekannte Verkünder der allgemeinen Menschenliebe. Vgl. V, 14; VII, 11; VIII, 12.

Die Geschichte ist eine der spätesten in unserem Buch enthaltenen und führt herunter bis in die Zeit des Menzius, von dessen Art, wandernd zu predigen, sie eine vorzügliche

Parodie gibt. Da die Geschichte auch sonst überliefert ist, so ist nicht ausgeschlossen, dass sie erst nach Redaktion des Liä Dsı Aufnahme in den Text fand.

Die Nutzanwendung, die in Lü Schi Tschun Tsiu gegeben ist, zeigt die Macht geschickt gewählter Worte – eine Ausführung dessen, was in Abschnitt 19 schon gesagt ist.

BUCH III

Dieses Buch, das nach dem Romantiker auf dem Throne von China, dem König Mu, benannt ist, beschäftigt sich vorzugsweise mit dem Verhältnis des bewussten, wachen Lebens sowie des Traumlebens und verwandter psychischer Zustände zur Wirklichkeit.

1

Der König Mu ist der fünfte Herrscher aus dem Hause Dschou; er regierte von 1001–947 v. Chr. Er ist der chinesischen Sage nach berühmt wegen seiner weiten Reisen nach Westen, die ihn zu der Königin-Mutter des Westens geführt haben. Nach einem chinesischen Kommentar ist er ein göttliches Wesen, das zur Strafe für Vergehen in die Menschenwelt gebannt wurde, aber sich darin nicht so heimisch fühlte wie die gewöhnlichen Menschen, weshalb sein Leben voll ist von Reisen und Abenteuern. Diese Bemerkung gibt möglicherweise einen Fingerzeig für gewisse mythologische Züge, die mit der Geschichte dieses Fürsten verwoben sind. Der hier vorliegende

Abschnitt gehört mit zu den Quellen dieser Sagen, die mit der Zeit noch weiter ausgestaltet wurden und manchen europäischen Gelehrten viel Kopfzerbrechen gemacht haben. Es wird wohl ein vergebenes Bemühen bleiben, diese Königin-Mutter des Westens (Si Wang Mu) mit irgendeiner historischen Persönlichkeit, wie z. B. der Königin von Saba, zu identifizieren. Im vorliegenden Abschnitt sind drei Orte genannt, wohin der König Mu auf seinen Reisen kam, deren Zusammenstellung einigermaßen Licht in die Frage bringen könnte:

a) Das Land der großen Jäger, Gü Sou. Aus der Beschreibung der dortigen Sitten geht ziemlich deutlich hervor, dass es sich um einen der mongolisch-hunnischen Nomadenstämme im Westen des damaligen Chinas handelt, mit denen König Mu auch nach anderen Geschichtsquellen häufig zu tun hatte.

b) Der Kun-Lun-Berg. Es ist wohl mit Hirth anzunehmen, dass der Kun-Lun-Berg kein festliegender geographischer Begriff war, sondern dass er mit der jeweiligen Erweiterung der Kenntnis der Westgegenden weiter nach Westen rückte.

Das rote Wasser ist ein mythischer Fluss am Fuße des Gebirges, der nach drei Windungen zu seiner Quelle zurückkehrt und dessen Wasser Unsterblichkeit verleiht.

c) In dieser Umgebung – also in den westlichen Grenzländern Chinas, höchstens in Zentralasien – müssen wir auch die Königin-Mutter des Westens (Si Wang Mu) suchen. Hier kommt uns nun die Tradition zu Hilfe, die im Westen Chinas ein Weibervolk (Amazonenvolk) kennt. In einem Bilderbuch aus der Sungzeit (gemalt von Tschen Gü Dschung) ist unter den Tributstaaten Chinas ein Frauenkönigreich (Nü Wang Guo) genannt. Dieses Amazonenvolk wird als prachtliebend bezeichnet, was ja zu den Schilderungen der Zustände bei der Königin-Mutter des Westens ganz gut stimmt. Dieses Frauenkönigreich scheint etwas Ähnliches gewesen zu sein wie das von Herodot genannte. Es handelt sich hier offenbar um Staaten, in denen das Mutterrecht sich besonders lange gehalten hat.

Was nun den Magier aus dem Westen anlangt, so lässt sich über ihn natürlich nichts sagen. Die Verehrung, die König Mu dem Magier darbringt, erinnert lebhaft an den Kult der Götter. Der Bau, an dem die rote Farbe – die zur Dschouzeit die kaiserliche war – bezeichnend ist, war in seiner Art ähnlich konstruiert wie die babylonisch-assyrischen Tempeltürme, d. h., er bestand aus einer massiven Terrasse, auf der das eigentliche Gebäude aufgeführt war. Derartige Terrassen sind im alten China bei Palastbauten ziemlich häufig.

Die Lieder, die der König dem Magier vorsingen lässt, sind die Lieder der alten Könige. »Halte die Wolken« (Tscheng Yün) ist die Musik des Herrn der gelben Erde. »Sechsfacher Glanz« (Liu Yung) ist die Musik des Herrschers Hau. »Neunfache Harmonien« (Giu Schau) ist die Musik Schuns. »Der Morgennebel« (Tschen Lu) ist die Musik des Königs Tang der Schang-Dynastie. Die Reise, die der Magier mit dem König Mu zusammen macht, erinnert an manche Szenen aus 1001 Nacht. Das Schloss, wohin er ihn führt, steht offenbar nach der Anschauung des Verfassers der Sichtbarkeit noch verhältnismäßig nahe. Deshalb hat der König Mu auch die Fähigkeit, sich diesen Verhältnissen anzupassen und empfindet sie nur als Steigerung irdischer Pracht. Der zweite Ort scheint auf einer noch höheren geistigen »Ebene« zu liegen, in Gebieten, die dem Sinnenmenschen nicht mehr zugänglich sind.

An der Stelle, wo König Mu seine Reise nach Westen antritt, steht im Text eine ausführliche Schilderung der berühmten acht Pferde (Ba Dsün), die in der chinesischen Malerei ein beliebtes Thema geworden sind.

Der Platz, »wo die Sonne einkehrt«, wird auch V, 4 erwähnt. Die Sonne hat auf ihrem Wege sechzehn Stationen.

König Mu starb der Überlieferung nach im Alter von hundertundvier Jahren.

2

Lau Tscheng Dsi, auch Hiau Tscheng Dsi, ist ein Taoist ungefähr zur Zeit des Liä Dsı. Der Katalog der Hand-Dynastie führt ein Werk von ihm in achtzehn Abschnitten an.

Meister Yin Wen (Dsi) ist, wie aus dem Text hervorgeht, identisch mit Guan Yin Hi, dem Grenzwart am Han-Gu-Pass, dem Laotse den Taoteking hinterlassen. Vgl. II, 4; IV, 15; VI, 7; VIII, 1. 3.

Man beachte die hier durchgeführte Unterscheidung zwischen der Idee im platonischen Sinn als der transzendenten Freiheit und der aus der Erfahrung geschöpften und notwendig bedingten Erscheinung. Diese Unterscheidung entspricht vollkommen der Kantischen. Der Unterschied besteht nur darin, dass Kant von dieser Unterscheidung nur erkenntnistheoretischen Gebrauch macht, während sie hier in den Weltzusammenhang hineinprojiziert und hypostasiert ist. Daher dann auch das Bestreben, zu diesen transzendenten Ideen vorzudringen und durch ihren Besitz die Erfahrungswelt zu meistern. Dies ist der Punkt, um den sich die ganze Theorie des Taoismus dreht, und hier finden wir den Schlüssel zu der ganzen Zauberwelt und all dem Hokuspokus, in den diese Richtung sich mit der Zeit verloren hat.

3
Der hier ausgesprochene Gedanke ist derselbe, den Goethe im V. Akt des II. Teils des Faust gestaltet hat.

»Die heiligen Männer der Vorzeit« im Text genannt, sind: die fünf Herrscher (d. h. Fu Hi, Schen Nung, Huang Di, Yau und Schun) und die drei Könige (d. h. Yü, Tang, Wen Wang). Vgl. IV, 3; VII, 14.

4
Die sechs Träume: 1. der rechte Traum, der im gewöhnlichen Leben von selber kommt; 2. der Warnungstraum, der aus einer Beunruhigung entspringt; 3. der Sehnsuchtstraum, der aus dem Begehren entsteht; 4. der Wachtraum, der von dem handelt, was man im Wachen gesprochen; 5. der freudige Traum, der aus fröhlicher Stimmung kommt; 6. der Angsttraum, der aus der Stimmung der Furcht kommt.

»Erfüllungen« und »Vorbedeutungen« hat den Sinn, dass die Außenwelt, wenn sie auf die Psyche wirkt, die genannten Träume erzeugt, wenn sie auf die Körperlichkeit wirkt, in den genannten Arten zum Ausdruck kommt. Diese »Kategorien« des wachen Lebens sind nach europäischen Begriffen etwas merkwürdig zusammengestellt; namentlich dass Geburt und Tod darunter vorkommen, berührt seltsam. Nach chinesischer Auffassung sind aber Geburt und Tod in ähnlicher Weise Zustände des Ichs wie etwa Gewinnen und Verlieren.

Der Sinn der Ausführungen ist der, dass das gesamte psychische Leben sowohl im Wachen als im Traum mit der Außenwelt in Berührung steht und deren Einwirkungen nach festen kausalen Gesetzen unterworfen ist.

In dem Ausspruch von Liä Dsı kommt diese Auffassung noch deutlicher zum Ausdruck. Die Träume, die nach dem zweiten »Darum« genannt sind: Manie, Melancholie usw. sind wohl späterer Zusatz.

5

Die Sagen vom Gu-Mang-Reich und vom Fu-Lo-Reich werden dazu benutzt, um in Zusammenstellung mit dem Reich der Mitte die Relativität der Wertung von Wachen und Traum deutlich zu machen.

6

Ebenfalls ein Gleichnis zur Darstellung dieser Auffassung. Dieses Gleichnis erinnert einigermaßen an das vom reichen Mann und armen Lazarus im Lukas-Evangelium, nur dass, was dort ins Jenseits verlegt ist, hier im Traumleben untergebracht wird.

7

Noch mehr ins Humorvolle gewendet zeigt diese Geschichte die unentwirrbaren Verwicklungen zwischen Wachen und Traum. Historisch interessant ist die Rolle, die Konfuzius als das Ideal der Weisheit neben dem gelben Herrn spielt. Die Geschichte muss also wesentlich später als Liä Dsı sein.

8

Wieder eine Geschichte aus Sung, dem klassischen Land der taoistischen Legende. Der zugrundeliegende Vorgang bietet in seinem Verlauf deutliche Anklänge an Melancholie mit darauffolgender maniakalischer Tobsucht, wenn auch die Erklärung eine ganz andere ist.

Volkspsychologisch beachtenswert sind die Mittel, die man in derartigen Krankheiten anzuwenden pflegte: Orakel, Zauber und Arzneien.

9

Auch diese Geschichte, in der Konfuzius und Laotse als typische Vertreter der positivistischen bzw. skeptischen Weltanschauung auftreten, scheint späteren Ursprungs zu sein. Ihre ganze Auffassung weist in die Schule Yang Dschus (vgl. Buch VII).

10

Diese Geschichte hat ebenfalls einen stark antikonfuzianischen Beigeschmack, der sich darin zeigt, dass die heiligsten Gefühle der Pietät, die für die konfuzianische Schule die »natürliche« Grundlage aller Moral sind, als auf Einbildung beruhend hingestellt sind.

BUCH IV

Dieses Buch, das nach dem in Abschnitt 1 auftretenden Konfuzius benannt ist, gibt eine Lösung der Spannung, die der Skeptizismus des letzten hervorruft, in der Hingabe des Individuums ans All, dem großen »Stirb und Werde«.

1

Dieser Abschnitt gibt die denkbar beste und zugleich wohlwollendste Kritik dessen, was Kungtse erstrebt und was er erreicht.

Von dem Versuch, den er die größte Zeit seines Lebens machte, praktisch, d. h. durch Gewinnung eines Fürsten für seine Ideen, der Wahrheit Bahn zu brechen, ist gar nicht die Rede, sondern nur von dem Werk der Resignation, der Revision der Literatur und Kunst, um einen Kanon für die Nachwelt zu gewinnen. Auch das ist noch nicht etwas, das zur Welterlösung ausreicht. Die Bücher, die Kung revidiert und herausgegeben hat, sind: 1. Liederbuch (Schi Ging); 2. Buch der Urkunden (Schu Ging); 3. Buch der Wandlungen (I Ging); 4. Frühlings- und Herbstannalen (Tschun Tsiu); dazu kommt 5. die Neuordnung der Lebensregeln – die später im sogenannten Li Gi aufgezeichnet wurde. Das sind die 5 heiligen Bücher. (Die Musikneuordnung ging verloren.) An diese schlossen sich später die heutzutage noch mehr gelesenen 4 »Bücher« an: 1. Lun Yü (Gespräche); 2. Da Hüo (Große Lehre); 3. Dschung Yung (Maß und Mitte); 4. Meng Dsi (Menzius).

»Yän Hui stand mit gefalteten Händen nach Norden gewandt«: die Stellung der Ehrfurcht. Der Herr sitzt mit dem Gesicht nach Süden.

Das Verhältnis zwischen Yän Hui, dem Lieblingsjünger, und Dsi Gung, dem Mann der äußeren Form, ist ähnlich gegeben wie in III, 8. Vgl. Lun Yü, V, 8. Vgl. zur Sache übrigens Lun Yü XIV, 37.

2

Der Staat Tschen lag südlich von Sung, im Osten der heutigen Provinz Honan.

Schu Sun war eines der drei herrschenden Adelsgeschlechter in Kungtses Heimatland Lu. Sehr fein ist die Haltung Kungs dem »Heiligen« Geng Sang Dsi gegenüber wiedergegeben: »Ein vielsagendes Lächeln, sonst nichts« (vgl. Dschuang Dsi XXIII).

3

Schang so viel wie Sung (im heutigen Honan), weil dort die Nachkommen der Schang-Dynastie regierten.

Zu Kungs Selbstbeurteilung vgl. Lun Yü VII, 19 und 33. Die drei Könige und die fünf Herrscher vgl. Erkl. zu III, 3. Die drei Erhabenen sind noch früher, Tiän Huang (Himmelsherr), Di Huang (Erdherr), Jen Huang (Menschenherr).

Da der Statthalter von Schang die Ablehnung Kungs nicht bemerkt, geht dieser zur Ironie über und spielt auf Laotse an – denn der ist mit dem »Heiligen im Westen« gemeint –, um dann schließlich auch ihm gegenüber seinen Standpunkt des »Nichtwissens« festzuhalten. Der Gouverneur von Schang hat Kung jedenfalls besser verstanden als mancher europäische Ausleger, der in der Stelle eine verkappte messianische Weissagung sehen möchte.

4

Dieser Abschnitt könnte ebenso gut in Lun Yü stehen. Die Beurteilung der vier Jünger stimmt ganz mit der in Lun Yü an mehreren Stellen gegebenen überein.

5

Der Sinn dieses Abschnittes ist nicht ganz klar. Es wird erzählt, dass Wand an Wand mit Liä Dsı ein anderer Philosoph namens Nan Go Dsi lebte, mit dem er aber keinerlei Verkehr pflegte. Auf Wunsch seiner Jünger besucht ihn Liä Dsı. Doch jener vermag nicht mit ihm zu reden. Nur mit einem seiner Jünger unterhält er sich fließend. Liä Dsı macht dann einige Bemerkungen über ihn, die sehr dunkel sind. Vgl. übrigens Dschuang Dsi II, 1.

6

»Da erst ließ mich ...« An dieser Stelle wechselt der Text plötzlich aus dem Erzählmodus in die direkte Rede.

Dem Zhang Zhan ist natürlich wohl aufgefallen, dass ein großer Teil dieses Passus in II,3 bereits enthalten ist. Er sagt jedoch, dass dies durchaus gewollt sei. Die Dopplung diene dazu, an der ersten Stelle zu zeigen, dass derjenige, der das Höchste seines Wesens erfasst habe, in alle Ewigkeit mit den ständigen Veränderungen gehen könne. An der zweiten Stelle werde erklärt, dass, wer dem Verstand seines Herzens zu folgen wisse, keine Finsternis mehr aufweise, die er nicht bescheine. Die beiden Passus hätten unterschiedliche Bedeutung. Darauf sei besonders zu achten.

7

Die Gedanken, die Hu Kiu Dsi dem Liä Dsı gegenüber über das Wandern äußert, sind dem Gedankenkreis des Taoteking sehr verwandt. Vgl. Taoteking No. 47.

8

Der Abschnitt erinnert an III, 9. Von den genannten Personen ist sonst nichts bekannt.

Zu der ärztlichen Untersuchung ist zu bemerken, dass nach chinesischer Theorie das Herz sieben Öffnungen hat. Sind diese Öffnungen alle durchbrochen, so ist der Mensch ein vollkommener Heiliger mit genial intuitiver Erkenntnis. Je mehr von diesen Öffnungen verklebt sind, desto niedriger steht der Mensch.

9

Die Gegensätze des Unbedingten, frei Schaffenden, das Leben hat in sich selber, und des Bedingten, von Mitteln Abhängigen, das notwendig vergänglich ist. Bemerkenswert ist, dass außerdem noch dem glücklichen bzw. unglücklichen Zufall eine Macht zugeschrieben wird (vgl. Einleitung). Gi Liang ist der Freund Yang Dschus, der über Leben und Tod erhaben war; vgl. VI, 6. Daher keine Trauer bei seinem Scheiden.

Über Sui Wu ist nichts Näheres bekannt. Dem Kommentar nach handelt es sich hier um einen Todesfall von der Art, die oben als Unglück bezeichnet worden ist.

10
Vgl. Taoteking No. 2 und bes. No. 36.

11
Das hübsche Geschichtchen gibt ein überaus plastisches Bild von den Zuständen zur Zeit Liä Dsı's, die einigermaßen an die Sophistenzeit in Griechenland erinnern. Von den verschiedenen Staatstheorien, die hier aufeinander platzen, lässt namentlich die der »weltabgewandten Eremiten« – wir würden sie heute Anarchisten nennen – an Radikalismus nichts zu wünschen übrig.

Ostdorf (Dung Li) ist die Heimat des Staatsmannes und Kanzlers von Dscheng. Dsi Tschan, der mit Konfuzius persönlich befreundet war. Auch der hier genannte Deng Si, der auch VI, 4 und VII, 8 erwähnt wird, war ein bekannter Staatsmann der Zeit. Von ihm stammt ein auf Bambustafeln aufgezeichnetes Gesetzbuch, das im Staate Dscheng eingeführt wurde. Sein persönlicher Charakter scheint jedoch, wie aus der vorliegenden Stelle sowie namentlich aus dem Schluss von VII, 8 hervorgeht, etwas beißend Ironisches gehabt zu haben. Das konnte man in jenen alten Zeiten nicht gut vertragen. Der Mann wurde hingerichtet. In VI, 4 steht, dass Dsi Tschan, nachdem er viel unter seinen zweideutigen Redensarten zu leiden gehabt, ihn eines Tages ganz plötzlich töten ließ. Wahrscheinlicher immerhin ist die Nachricht von Dso Dschuan, dass erst der Nachfolger Dsi Tschans, Dsi Yän, ihn habe töten lassen im Jahr 501.

Be Feng Dsi erscheint I, 4 in der Umgebung des Liä Dsı auf seiner Wanderung. Er scheint trotz seiner Zurückgezogenheit auch Schüler um sich gesammelt zu haben.

12

Die vorkommenden Namen sind mit Ausnahme des Königs Süan aus dem Hause Dschou (vgl. II, 7. 20) sonst nicht genannt. Vgl. zur Sache Taoteking No. 64.

13

»Im Falle des Schattens …«: Gemeint ist hier wohl: Wenn man ein konstantes Licht hat und einen feststehenden Gegenstand, dann gibt es natürlich keine Veränderung des Schattens. Gongsun Long zeigt also nur, dass der Mensch geneigt ist, automatisch einen für ihn eindeutigen Sachverhalt einfach zu verallgemeinern, in diesem Fall, dass sich Schatten immer verändern, weil die Sonne steigt und sinkt, für allgemeingültig

Der Autor des Liezi gibt offenbar den rhetorischen Künsten des Gongsun Long den Vorzug vor der Alltagsratio des Yuezheng Ziyu. Yuezheng ist übrigens ein Name, der auf einen Titel zurückgeht. Er bedeutet »Musikmeister«. Dieser Name taucht mehrfach bei Anhängern der konfuzianischen Tradition auf. Offenbar haben wir hier einen Disput zwischen einem Daoisten, der Verständnis für die Rhetoriker hat, und einem Konfuzianer, der sie ablehnt.

14

Yau ist der bekannte, halb legendarische Herrscher zu Beginn der chinesischen Geschichte nach der Annahme des Kungtse. Schun ist sein Nachfolger.

Zu dem hier erwähnten alten Lied vgl. das in den Erklärungen zu Laotse, Taoteking Abschn. 17 erwähnte, das zu dem hier genannten die konträre Ergänzung gibt.

15
Guan Yin Hi, der Grenzwart von Han Gu Guan, vgl. II, 4; vgl. zur Sache Taoteking 32, 34, 35 und sonst oft.

BUCH V
Die Fragen Tang's

Die Antinomien der reinen Vernunft sind wenigstens als Probleme sehr gut herausgearbeitet, wenn auch ihr Charakter gerade als Antinomien noch nicht in voller Klarheit erfasst ist.

1
Tang vom Hause Yin ist der bekannte Gründer der Schang- oder Yin-Dynastie, dessen Zeit auf 1766–1754 v. Chr. angegeben wird. Vgl. V, 2; VIII, 1. Über seinen Lehrer Gi von Hia vgl. V, 2. 5.

Die erste Frage befasst sich mit der ersten Hälfte der ersten Antinomie der reinen Vernunft (vgl. Kant, Kritik der reinen Vernunft, ed. Kehrbach, pag. 354 und 355), wobei sich die Auffassung stark auf die Seite der Kantschen Antithesis neigt.

Die zweite Frage betrifft gleichzeitig die zweite Hälfte der ersten Antinomie – Grenzen des Raumes – (s. a. a. O. pag. 354 und 355) und die zweite Antinomie – Existenz oder Nicht-Existenz letzter einfacher Teile – (s. a. a. O. pag. 360 und 361). Auch hier ist die Hinneigung zur Kantschen Antithesis beachtenswert. Die dritte Frage behandelt das Problem der durchgehenden Gültigkeit der Kausalität. Obwohl der Wortlaut etwas abweicht, lassen sich die Ausführungen, besonders die der Antwort Gis mit der dritten Kantschen Antinomie zusammenstellen. Hier zeigt sich in der Behauptung, dass die Welt zur Natur gehöre, noch unverhohlener als zuvor die Betonung der Antithese, obwohl auch hier noch mit dem Zusatz »Anderseits übersteigt das auch das Wissen« die wissenschaftliche Vorsicht gewahrt bleibt

Wie ein Blitz aus heiterem Himmel fällt in diese verhältnismäßig subtile Gedankenarbeit die ebenso wohlgemeinte wie übel angebrachte Erklärung des Satzes: »Die Natur aber ist unvollkommen«: »*Darum* hat vor alters Nü Wa Steine von allen Farben ausgesucht, um den Schaden auszubessern.« In der Übersetzung ist aber dieser Zusatz in extenso wiedergegeben, einmal, um dem Leser die erschütternde Komik der Zusammenstellung nicht zu entziehen, dann aber auch aus dem Grund, weil sich an diesem Beispiel typisch zeigt, warum der Taoismus vorkommen *musste*. Er hat zwar große Denker, aber es handelt sich bei ihnen immer um der Zeit weit voraneilende große Intuitionen. Die solide systematische Gedankenarbeit fehlt. Darum bleiben jene Denker isoliert, und die Menge fällt dem Aberglauben anheim. Hier zeigt sich die Größe Kungs, der nicht jene faszinierende Großartigkeit besitzt, aber umso solider für die Jahrtausende gebaut hat.

Als Beitrag zu den Volkssagen der alten Zeit ist das hier gegebene Material sehr brauchbar. Die Empörung des Wasserdämons Gung Gung fällt der hier gegebenen Version nach nicht unter Nü Was Regierung, sondern unter die des Dschuan Hü, des Enkels des gelben Herrn. Interessant in dieser

Hinsicht ist, dass der »Minister« des Herrschers Yau, der die Wasserläufe der großen Ebene ordnen sollte und damit nicht zurande kam, so dass eine große Überschwemmung eintrat, ebenfalls Gung oder Gung Gung heißt. Er wird der Vater des Großen Yü genannt, der schließlich mit den Wassern fertig wurde (vgl. VII, 12). Es ist nicht unmöglich, dass es derselbe Gung Gung ist, der seine Gigantennatur abgelegt hat und als »Minister« manierlicher und historischer erscheint. Leute mit Phantasie werden in ihm vermutlich die verkappte Tihamat aus Babylon wiedererkennen.

2

Die vierte der Fragen Tangs bezieht sich darauf, ob es in der Welt einen absoluten Maßstab gibt oder alles nur relativ ist. Man kann sie ihrem Kern nach mit der von Kant aufgestellten vierten Antinomie – schlechthin notwendiges Wesen – (vgl. a. a. O. 374) zusammenstellen. Auch hier zeigt die Antwort die Richtung auf die Antithesis. Die Antwort ist – im Unterschied zu der bisherigen – durch allegorische Erzählungen und Gleichnisse gegeben.

a) Die Erzählung von den Inseln der Seligen und dem Untergang zweier davon steht mit der Frage in etwas lockerem Zusammenhang, bietet aber umso mehr poetische Schönheiten. Die »Engel« heißen wörtlich »heilige Genien«. Da sie fliegen können, kommen sie der westlichen Engelsvorstellung sehr nahe. Yü Giang (Anfangsgrenze), ein Geist des Nordpols, wird mit Menschengesicht und Vogelleib dargestellt, nach andern ist er der Gott des Nordmeers, Beherrscher der Götterschildkröten. Der Riese aus dem Reich des Drachen-»grafen« benutzt die Schildkrötenschalen zum Orakelholen. Im chinesischen Altertum war es Sitte, mit Zeichen beschriebene Schildkrötenschalen hinten mit Einschnitten zu versehen; sie wurden darauf angesengt, und aus den Rissen, die sich bildeten, wurden die Orakel abgelesen.

b) Die übrigen Beispiele scheinen zum Teil später aus allerlei anderen Quellen beigefügt zu sein. Man liebte damals eine derartige Anhäufung von Seltsamkeiten, weil sie als Gelehrsamkeit galt. Über Fu Hi vgl. Anm. zu II, 1.

Das Dsiau-Yau-Reich mit seinen Zwergen ebenso wie das Dsing-Land werden im »Buch der Berge und Meere« (Schan Hai Ging), der älteren chinesischen Geographie, erwähnt.

Den Passus von »Im Süden von Ging« an bis zu der Schilderung des »Leviathan« (Kun) und des »Vogel Rokh« (Peng) hat Dschuang Dsi in Kapitel I übernommen unter ausdrücklicher Erwähnung der »Fragen Tangs« als Quelle. Die kleinen Dsiau Ming sind eine intuitive Antizipierung der Infusorien und Bazillen.

Li Dschu oder Li Lou, der Scharfsichtige, lebte der Sage nach zur Zeit des gelben Herrn. Er konnte auf hundert Schritte noch ein Haar unterscheiden. Vgl. auch Dschuang Dsi VIII.

Über Dsi Yü und Hu Yü ist sonst nichts bekannt. Schi Guang, der Feinhörige, lebte zur Zeit des Herzogs Ping von Dsin (557–532). Yung Tscheng Dsi war der Sage nach der Hofastronom des gelben Herrn, der astronomische Instrumente konstruierte und den Kalender ordnete. Der Kung-Tung-Berg (wörtlich: hohle Sterkulia) ist im Kommentar nicht näher erklärt. Der Sung-Berg ist einer der berühmten fünf heiligen Berge Chinas, in Mittelchina gelegen.

Die zum Schluss gezogene Anwendung ist, dass es absolute Maßstäbe nicht gibt, sondern relativ jede Art die ihrer Natur entsprechenden Bedingungen findet.

3

Der Tai-Hing-Berg oder Da-Hing-Berg ist südwestlich von Peking. Der Wang-Wu-Berg liegt im heutigen Honan, östlich vom Gelben Fluss. Die zugrunde liegende Vorstellung ist, dass die Berge ursprünglich nördlich vom heutigen Hankou gestanden und den Verkehr zwischen der Gegend am Gelben Fluss und dem Yangtse gehindert hätten.

Das »Ende des Gelben Meeres«, genauer das »Ende des Golfs von Petschili« (chinesisch Bo Hai). Das dunkle Land wäre demnach wohl Korea.

Die »schlangenhaltenden Götter«: der Kommentar sagt dazu, dass alle Berg- und Meergötter als Attribute Schlangen halten. Es ergeben sich hieraus interessante religionsgeschichtliche Parallelen. Wer der Kua Wo und seine beiden Söhne sind, ist nach Dschang Dschans Kommentar unsicher.

4

Das »Winkeltal«: Die Sonne hat auf ihrer Reise nach Huai Nan Dsi III, 12 16 Stationen. Die Sonne geht auf in Yang Gu (Lichttal), sie badet sich in Hiän Tschi (Weiher der Völligkeit), sie bürstet sich im Fu Sang (Halten der Maulbeeren), darauf beginnt sie ihren Lauf, das ist die Morgendämmerung. Dann kommt sie nach Kü A (Krumme Biegung), das ist die Morgenhelle, dann kommt sie nach Dseng Tsüan (Quelle der Zunahme), das ist die Frühstückszeit; dann kommt sie nach Sang Yä (Maulbeerfeld), das ist die Zeit des Mittagsmahles; dann kommt sie nach Heng Yang (Gleichgewicht der Sonne), das ist die Winkelmitte; dann kommt sie nach Kun Wu (Berg im Süden, häufig genannt in der alten Mythologie), das ist genaue Mitte; dann kommt sie nach Niau Tsi (Berg in Südwesten, wo die Vögel übernachten), das ist die kleine Rückkehr; dann kommt sie nach Be Gu (Tal der Sorge), das ist die Abendmahlzeit; dann kommt sie nach Nü Gi (Erinnerung an die Tochter), das ist die große Rückkehr; dann kommt sie nach Yüan Yü (Gefahr des Abgrundes), das ist die Zeit des kräftigen Getreidestoßens (Dreschens); dann kommt sie nach Liän Schi (verbundene Felsen), das ist die Zeit des schwachen Getreidestoßens (Mahlens); dann kommt sie nach Be Tsüan (Quelle der Sorge), von da ab hält sie ihre Tochter an und lässt die Pferde ruhen, das ist die Zeit des Ausspannens; dann kommt sie nach Yü Yüan (gefährlicher Abgrund), das ist die Zeit der Abenddämmerung; dann kommt sie nach Meng Gu (verhülltes Tal), das ist die Zeit der Dunkelheit.

Der Ort, bis wohin Kua Fu die Sonne verfolgte, wäre demnach Heng Yang. Er wäre also nur bis zum Mittag ihr zu folgen imstande gewesen, ehe er vom Durst überwältigt wurde.

Der We-Fluss ist der bekannte Zufluss des Gelben Flusses. Der »Große Sumpf« wohl in der nordchinesischen Ebene.

5

Der Ausspruch von Yü gibt die grundlegenden großen Richtungen des Geschehens an: durchgängige kausale Bestimmtheit. Gi von Hia (vgl. No. 1 und 2) erwähnt Geschehnisse, die außerhalb dieses Kausalnexus stehen und sozusagen einen Kausalnexus eigner Art bilden. Es handelt sich hierbei um ähnliche Erscheinungen wie die von Goethe unter dem Begriff des Dämonischen zusammengefassten. Vgl. dazu die Einleitung.

6

Yü ist wieder der große Yü; vgl. V, 2 usw. Tsi ist hier einfach für China genommen. König Mu von Dschou; vgl. Erkl. zu III, 1; V, 14. 18; desgleichen zum Ganzen: Laotse, Taoteking No. 3; 80.

7

Guan Dschung oder Guan I Wu ist der berühmte Kanzler des Fürsten Huan von Tsi (684–643 v. Chr.), dem er zur Hegemonie im Reiche verholfen hat. Ku Hung-Ming nennt ihn den Bismarck seiner Zeit. Er erhielt den Ehrentitel »Vater Dschung«. Details aus seiner Geschichte finden sich VI, 3; VII, 1. 7. Auch Kungtse beschäftigt sich wiederholt mit ihm, vgl. Lun Yü III, 22; XIV, 10; 17.

Si Peng war ein politischer Gegner Guan Dschungs, den er dennoch bei seinem Tode dem Fürsten Huan als Nachfolger empfahl; vgl. VI, 3.

Guan Dschungs Absicht bei seinem Rat, eine Reise über den Liau-Fluss (durch den Russisch-Japanischen Krieg berühmt geworden) zu machen, war eben die, dem Fürsten durch Vergleich mit den Zuständen in anderen Ländern eine objektive Beurteilung heimischer Verhältnisse zu ermöglichen.

Die Geschichte ist hier in einem etwas anderen Sinne gebracht, als Beleg für die Relativität aller Maßstäbe. Vgl. V, 2.

Yüo ist im Süden, etwa im Umkreis der heutigen Kantonprovinz. Die Dschä Mu wären demnach – inzwischen ausgestorbene – Ureinwohner.

Tschu ist nordwestlich von Yüo, in der Gegend des Yangtsekiang. Die Sitten der Feuermenschen (Yän Jen) erinnern an parsische Gewohnheiten.

Tsin ist im heutigen Schansi und Sitschuan.

8

Der Antinomiengedanke ins Humorvolle gewandt. Ernsthafter ist er in V, 1 und 2. behandelt.

9

Der physikalische Abschnitt über das Gleichgewicht ist textlich sehr schwierig; möglicherweise liegt Korruption vor.

Dschan Ho war ein Anachoret aus dem Lande Tschu zur Zeit des Königs Dschuang (613–591); vgl. VIII, 16.

Über Pu Dsu Dsi, den Bogenschützen, ist weiter nichts bekannt. Die hier erwähnte Methode des Schießens setzt einen angebundenen Pfeil voraus. Offenbar wurde bei dieser Methode der Wind zum Treiben des Geschosses mit verwandt, indem am Pfeil ein Reibungswiderstand angebracht war. Der Zweck dieser Methode, die auch sonst erwähnt wird, war der, der geschossenen Gegenstände auch habhaft zu werden.

10

Biän Tsüo, dessen eigentlicher Name Tsin Jo Jen war, ist ein berühmter Arzt aus Dscheng zur Zeit der niedergehenden Dschou-Dynastie. Die übrigen Namen sind ohne Belang. Das Ganze ebenfalls ein Beleg für die Vertauschbarkeit und daher Relativität der Verhältnisse.

11
Diese und die folgenden beiden Geschichten geben einen interessanten Einblick in die chinesischen Musiktheorien. Die chinesische Musiktheorie steht in enger Beziehung zur gesamten Naturphilosophie. Mit der Kunst (Riten) und Musik verbindet er die Umgestaltungen des Himmels und der Erde, die Erzeugung der Geschöpfe, um den (Ahnen) Geistern und Göttern zu dienen, alle Untertanen zu einigen, alle Dinge zu vollenden.

Die 5 Noten, die hier erwähnt sind, entsprechen den Jahreszeiten.

Sie folgen einander in dieser Reihenfolge: 1. Gung (Grundton) = C; 2. Schang = D; 3. Güo = E; 4. Dschi (oder Tschi) = G; 5. Yü = A.

Schang entspricht dem Metall, Güo entspricht dem Holz, Dschi entspricht dem Feuer, Yü entspricht dem Wasser. Das Metall wiederum entspricht dem Herbst, das Holz entspricht dem Frühling, das Feuer dem Sommer, das Wasser dem Winter.

Außer diesen Noten gibt es noch ein System von 12 Rohren (Lü), die, in reinen Quinten gestimmt, aufeinander folgen (die Folge dieser reinen Quinten war, dass die alte chinesische Musik an sich keine reine Oktave hatte. Die Oktave musste erst durch ein Erniedrigungszeichen jeweils erreicht werden).

Das erste Rohr, Huang Dschung oder gelbe Glocke, das den Grundton Gung hatte, entspricht dem elften Monat, das zweite Rohr dem zwölften Monat, das dritte Rohr dem ersten Monat, das vierte dem zweiten usf. Daraus ergibt sich, dass das achte Rohr dem sechsten Monat entsprach, der in jener

Zeit der Mittherbstmonat war; das zweite Rohr entsprach dem zwölften Monat, der in jener Zeit in den Frühling fiel; das elfte Rohr entsprach dem neunten Monat, der in den Winter fiel; das fünfte Rohr entsprach dem dritten Monat, der in den Sommer fiel. Hieraus sind die im Text erwähnten Wandlungen zu erklären.

Der erwähnte Meister Kuang lebte zur Zeit des Herzogs Ping von Dsin (557–552). Er benutzte das Gu-Si-Rohr mit der Note Güo und erreichte dadurch, dass Wolken im Nordwesten aufstiegen, dass bei der zweiten Wiederholung sich Wind und Regen erhoben, bei der dritten Wiederholung ein vernichtender Orkan entstand, so dass alles weglief und sich verbarg.

Dsou Yän aus Tsi war Musikdirektor des Herzogs Süan von Yän (601–587) oder des Herzogs Dschan (586–574?); im Norden von Yän, (dem heutigen Tschili) war gutes Land, das aber der Kälte wegen nicht bebaubar war. Dsou Yän blies die Flöte und machte dadurch das Klima milder, so dass Korn in üppiger Fülle wuchs.

12

Süo Tan: Vermutlich ist Süo ein Ortsname, ebenso wie Tsin der Name des bekannten Staates im Westen ist.

Han: Die Leute des Staates Han waren ebenfalls als musikalisch bekannt. Wer die Sängerin Wo ist, von der hier steht, lässt sich nicht genau feststellen. Auch die Mondfee heißt Wo.

Von den Leuten aus Yung Men geht die Sage, dass einmal, zur Zeit eines feindlichen Angriffs, einer ihrer Sänger durch Zitherspiel und ein trauriges Lied den feindlichen Feldherrn und sein ganzes Heer so bewegt habe, dass sie alle in Tränen ausbrachen und dadurch zum Kampf unfähig wurden.

13

Die beiden Freunde Be Ya, der Musiker, und Dschung Dsi Ki, der Musikverständige, sind in der chinesischen Poesie viel genannt. Von Be Ya geht die Sage, dass er nach dem Tode Dschung Dsi Ki's seine Zither entsaitete, um nie mehr zu spielen, da in der nächsten Generation doch niemand mehr imstande sei, seine Töne zu verstehen. Die Erwähnung der vorstehenden drei Geschichten über die Wirkungen der Musik hat im Zusammenhang ebenfalls den Sinn, als Beleg dafür zu dienen, dass sowohl die menschlichen Stimmungen als auch die Naturerscheinungen keine festen Größen sind, sondern nur relativ und vertauschbar.

14

Über König Mu von Dschou vgl. III, 1 und die dort gegebenen Parallelen. Auch hier wird eine seiner Reisen erwähnt.

Über den Mechaniker Ning Schi mit seinem Androiden ist sonst nichts weiter bekannt.

Ban Schu, auch Gung Schu Ban genannt, war ein berühmter Mechaniker im Staate Lu zur Zeit des Konfuzius. Vgl. auch VIII, 12, außerdem Li Gi II. II, 2. 21. Es wird von ihm erzählt, dass er hölzerne Pferde konstruieren konnte, die vermittelst Springfedern gehen und selbst Wagen ziehen konnten. Er wird von den Zimmerleuten als Schutzpatron verehrt.

Mo Di ist der bekannte Philosoph Micius, der Verkünder der allgemeinen Menschenliebe. Er stammte aus Sung. In dem unter seinen Namen enthaltenen Werk handelt ein umfangreicher Teil über Festungsbau und Mechanik. Es wird von ihm erzählt, dass er eine Flugmaschine konstruiert habe (Drachenflieger ist die ganz wörtliche Übersetzung des chinesischen Ausdrucks: Fe Yän, da das Wort Yän, das auch »Gabelweihe« heißt, ebenso wie das englische »kite« für die Papierdrachen verwendet wird), die drei Tage sich in der Luft gehalten habe, dann aber nach Ablauf des Werkes abgestürzt und zerbrochen sei. Offenbar war auch damals schon das »Landen« die größte Schwierigkeit bei den Flugmaschinen. Vgl. über Mo Di: II, 21; VII, 11, VIII, 12. Der Schüler Mo Di's, Kin Gu Li, wird auch VII, 9. 11 erwähnt.

16

Beschreibt die Art, wie der Wagenlenker des Königs Mu von Dschou namens Dsau Fu seine Kunst erlernte.

17

Der Abschnitt ist eine Allegorie über die verschiedenen Wirkungsweisen des SINNS. Das erste der Schwerter »Verhaltenes Licht« ist der SINN in seiner jenseitigen Absolutheit. Vgl. Taoteking No. 14. Das zweite Schwert »Erlangtes Schattenbild« würde etwa dem namenhabenden SINN entsprechen. Das dritte Schwert »Nächtliche Übung« würde eine weitere Verkörperungsstufe des SINNS bezeichnen, die in ihrer Wirkung der Stelle Hebräer IV, 12 entsprechen würde: »Das Wort Gottes ist lebendig und kräftig und schärfer denn kein zweischneidig Schwert und durchdringet, bis dass es scheidet Seele und Geist, auch Mark und Bein, und ist ein Richter der Gedanken und Sinne des Herzens«. Die in dem Abschnitt vorkommenden Namen haben alle allegorische Bedeutung.

Ein chinesischer Kommentar macht darauf aufmerksam, dass He Luan aus We (Schwarz-Ei) das Urprinzip der Finsternis (Lau Yin) bedeute, Kiu Bing Dschang (Strahlende Schönheit) dagegen das Urprinzip des Lichts (Lau Yang). Lai Dan (Ehrlich) ist danach das abgeleitete Licht (Schau Yang). Vgl. dazu den Osiris-Horus-Mythus und andere derartige Traditionen vom Sterben und Wiederaufleben des Lichts.

18
Der Abschnitt ist unvollendet. Er erwähnt, dass König Mu auf seinen Reisen von den Barbaren des Westens ein Schwert mit roter Klinge (Damaszener?) und gewobenes Zeug, das zur Reinigung im Feuer geglüht werden konnte, ohne zu verbrennen (Asbest), zum Geschenk erhalten habe.

BUCH VI

Das Buch trägt im Anschluss an den ersten Abschnitt die Bezeichnung »Li Ming«. Li ist die Kraft der Freiheit; Ming ist die Bestimmung, Notwendigkeit. Die in diesem Buch hervortretenden pessimistischen Anschauungen weichen von der Art Liä Dsı's sehr wesentlich ab. Es ist anzunehmen, dass dieses Buch ebenso wie das nächste aus der Umgebung Yang Dschus stammt.

1

Die beiden Prinzipien werden disputierend eingeführt, eine Form, die sich bei Dschuang Dsi in weiterer Ausbildung findet.

Der Großvater Peng (Peng Dsu), der chinesische Methusalem, ist eine Lieblingsgestalt der chinesischen Allegorie. Wer es eigentlich war, ist nicht ausgemacht.

Yän Yüan (Yän Hui) ist der bekannte Lieblingsjünger Kung's, der in Lun Yü an vielen Stellen erwähnt ist. Vgl. Liä Dsi II, 8; III, 8; IV, 1, 2, 4.

Kung: Das Ereignis in Tschen und Tsai bezieht sich auf die Wanderung Kung's in seinem 62. Lebensjahr aus dem Staate Tschen in den Staat Tsai. Die Beamten von Tschen, die fürchteten, er werde sich in den großen, südlichen Staat Tschu begeben und dessen König bei seinen Unternehmungen gegen Tschen unterstützen, ließen ihn militärisch gefangen setzen, bei welcher Gelegenheit der Meister und seine Schüler sieben Tage lang von Nahrungszufuhr abgeschnitten waren. Vgl. Lun Yü XI, 2; XV, 1.

Über den Tyrannen Dschou Sin, den letzten König der 2. Dynastie (1154–1122), vgl. II, 18; VII, 3, 12; VIII, 1, 2; ferner Lun Yü XVIII, 1; XIX, 20. »Die drei Vollkommenen« (San Jen) seiner Zeit sind: der Herr von We, ein älterer Halbbruder des Tyrannen Dschou Sin, der sich vom Hof zurückzog, der Herr von Gi, ein Oheim des Tyrannen, der, um dem Tod zu entgehen, Verrücktheit fingierte, und Bi Gan, ebenfalls Oheim des Tyrannen, der, als er ihm Vorwürfe machte, grausam hingerichtet wurde. Vgl. Lun Yü XVIII, 1. Gi Dscha war der vierte und Lieblingssohn des Fürsten Schou Meng von Wu (585–561), dem wegen seiner Heiligkeit von seinen älteren Brüdern der Thron abgetreten wurde. Doch nahm er ihn nicht an. Selbst nach dem Tode seiner drei älteren Brüder verzichtete er auf den Thron zugunsten des Sohns des ältesten und zog sich von der Welt zurück.

Die Dynastie des Staates Wu führt ihren Ursprung auf Tai Be, den Onkel des Königs Wen zurück, der auf die Nachfolge in Dschou verzichtete und sich dorthin zurückzog.

Meng aus dem Geschlecht Tiän: Vgl. VII, 1; VIII, 28, 29. Er ermordete im Jahre 481 den Herzog Giän von Tsi und setzte dessen Sohn Ping auf den Thron, während er die Regierungsgewalt unter dem Titel eines Kanzlers vollständig usurpierte.

Über Be I und Schu Tsi, die beiden berühmten Prinzen von Gu Dschu aus der Zeit der endenden Yin-Dynastie, die freiwillig den Hungertod erlitten, als die Dschou-Dynastie ans Ruder kam, vgl. VII, 1, 4; ferner Lun Yü V, 22 und sonst.

Das böse Haus Gi ist das bekannte Adelsgeschlecht im Staate Lu.

Dschan Kin (oder Dschan Gi) – Liu Hia Hui – war ein Beamter aus Lu, aus der Zeit vor Kung, der wegen seiner Reinheit sprichwörtlich war. Vgl. VII, 4.

2

Allegorische Erzählung zum Beweis, dass das Schicksal nicht von persönlichen Qualitäten abhängt.

3

Historischer Beleg aus der Geschichte von Tsi für dieselbe Wahrheit. Guan I Wu (Guan Dschung) ist der berühmte

Kanzler zur Zeit des Fürsten Huan von Tsi. Vgl. V, 7; VII, 1, 7; ferner Lun Yü III, 22; XIV, 10, 17, 18. Bau Schu Ya ist sein Freund, der ihm zu dieser Stelle verholfen hatte. Vgl. VII, 7.

Die historischen Verhältnisse und die Verdienste des Guan Dschung sind vorzüglich dargelegt in Friedrich Hirth »The Ancient History of China« New-York 1908, pag. 201–218.

Zu der zweiten Hälfte, der Empfehlung seines persönlichen Feindes Si Peng als Nachfolger durch Guan Dschung, vgl. V, 7. In Wirklichkeit hat nach dem Tode Guan Dschungs der Herzog Huan weder Bau Schu Ya noch Si Peng zur leitenden Stellung berufen, sondern sich dem Einfluss von Kammerdienern und Köchen wie I Ya (VIII, 11) überlassen, was von den nachteiligsten Folgen war. Als er im Jahre 643 starb, stritten seine fünf Söhne um die Herrschaft, während sein Leichnam unbeerdigt blieb. Der Herzog Huan ist erwähnt in V, 7 und VI, 12.

Vgl. zum Ganzen Dschuang Dsi XXIV.

4

Auch dieser Abschnitt kritisiert mit Zichan einen Mann, der der konfuzianischen Lehre nahestand und dem ein Rhetoriker zum Opfer fällt.

5

Erinnert an V, 5; IV, 9. Der rhythmische Schluss des Abschnittes erinnert in der Form an den Taoteking, obwohl der Sinn, den er durch seine Umgebung bekommt, sehr stark vom Taoteking abweicht.

6

Nachdem schon die bisherigen Abschnitte in ihrem stark pessimistisch gefärbten Determinismus eine deutliche Abweichung von der Stimmung des bisherigen Stoffes zeigen, tritt von diesem Abschnitt an Yang Dschu und sein Skeptizismus in den unmittelbaren Gesichtskreis. Es lässt sich kaum ein beißenderer Sarkasmus denken als der in dieser Geschichte dargestellte, und gerade die Wiedergenesung des hoffnungslosen Patienten wirkt als besonders grelle Dissonanz und beleuchtet blitzartig die Sinnlosigkeit des Lebens, wie Yang Dschu es sieht.

Über den Freund Yang Dschus, Gi Liang, vgl. IV, 9. Die Namen der drei Ärzte Kiau, Yü, Lu sind allegorisch zu nehmen, weshalb sie in der Übersetzung verdeutscht sind. Kiau, der »Doktor Eisenbart« ist der medizinische Fachmann, der unter der wissenschaftlichen Terminologie seiner Zeit seine Unwissenheit gewandt zu verbergen weiß. Yü, der Jasager, Herr »Einverstanden«, sucht sich der Anschauung des Patienten anzupassen, während bei Lu (Schwarz) der Pessimismus rein zutage tritt. Die Nutzanwendung im Sinne Yang Dschus betont die vollkommene Sinnlosigkeit des Lebens, aus der sich nicht einmal allgemeine Regeln abstrahieren lassen.

7

Zwei Zitate, das eine von Yu Hiung, dem sagenhaften Lehrer des Königs Wen (vgl. I, 10; II, 17; VII, 19) aus der Dschou-Dynastie (ca. 1200 v. Chr.), das zweite aus dem Taoteking aus Abschnitt 73, die hier charakteristischerweise als Gespräch Laotses mit Guan Yin zitiert wird. Die Schlussanwendung weicht ebenfalls sehr stark von Laotse ab.

8

Über den jüngeren Bruder Yang Dschu's, Yang Bu, vgl. VIII, 24. Als einziges Mittel, in dem undurchdringlichen Dunkel des Lebens möglichst wenig anzustoßen, wird absolute Passivität den inneren und äußeren Antrieben gegenüber empfohlen.

9

Ein Zitat aus dem »Buch des Herrn der gelben Erde«. Da dieses Zitat sich im Taoteking nicht findet, muss noch eine andere Quelle vorliegen.

10

Die psychologischen Verschiedenheiten, ebenfalls unter den Gesichtspunkt des striktesten Determinismus gerückt.

11

Auflösung des Scheins der inneren Freiheit durch Hinweis auf die Unfähigkeit des Menschen, die allmählichen Übergänge der an sich festbestimmten Differenzen der psychischen Komplexe zu durchschauen, wodurch der Schein eines So- und Anders-Könnens entsteht. Die gänzliche Erfolglosigkeit aller Berechnungen lässt nur den absoluten Skeptizismus übrig.

12

Eine Geschichte voll grimmigen Humors.

Der Herzog Ging von Tsi regierte 547–489. Vgl. über ihn Lun Yü XII, 11; XVI, 12; XVIII, 3.

Über den Geschichtsschreiber Kung und Liang Kiu Gü ist nichts zu sagen.

Meister Yän (Yän Ping Dschung) ist ein bekannter Minister des Staates Tsi. Er ist gebürtig aus Kaumi bei Tsingtau, wo sein Grab noch erhalten ist. Seinem Einfluss ist es zu verdanken, dass der alte Herzog Ging, der einen Augenblick daran gedacht hatte, Konfuzius anzustellen, diese Absicht wieder aufgab. Es existiert ein Buch unter seinem Namen unter dem Titel »Tschun Tsiu« (Frühling und Herbst), nicht zu verwechseln mit dem gleichnamigen Werk Kung's und dem hier mehrfach zitierten Lü Schi Tschun Tsiu. Eine Stelle aus diesem Werk findet sich in I, 8. Vgl. über ihn Lun Yü V, 16. »Der große Herzog« (Tai Gung) ist der Lehrer der Könige Wen und Wu aus dem Hause Dschou, der mit dem Staate Tsi belehnt und der Stammvater der Herzöge von Tsi wurde. Vgl. VIII, 7.

Herzog Huan ist der bekannte in V, 7 und VI, 3 genannte Herzog. Herzog Dschuang ist der Vater des Herzogs Siang; er regierte 794–731.

Herzog Ling ist der Sohn des Herzogs King 581–554.

13

Der Mann Wu von We ist Dung Men Wu, der Minister des Staates war.

14

Eine Ergänzung zu Abschnitt 1.

BUCH VII
Yang Dschu

Dieses Buch enthält ebenso wie das letzte Aufzeichnungen aus der Schule des Pessimisten Yang Dschu. Auch die Abschnitte, die ihn nicht direkt redend einführen, sind ganz in seinem Geiste gehalten.

1

Die Familie Meng ist bekanntlich eins der drei Adelsgeschlechter in Lu. Ein Mitglied dieser Familie namens Meng Sun Yang, der offenbar auch hier gemeint ist, war Jünger des Yang Dschu. Vgl. VII, 10. 11; VIII, 23. Die Auffassung des Ruhms als Mittel zu Reichtum, Ehre und Sorge *für die Nachkommen* ist der orthodoxen Auffassung diametral entgegengesetzt. Vgl. Hiau Ging Abschnitt 1, wo es unter anderem heißt: »Den Leib mit Haut und Haaren haben wir von Vater und Mutter empfangen. Ihn nicht zu verderben oder zu beschädigen wagen, das ist der Ehrfurcht Anfang. Aufrechten Sinns den rechten Weg wandeln, seinen Namen bekannt machen bei der Nachwelt, *um Vater und Mutter zu Ehren zu bringen*, das ist der Ehrfurcht Schluss.« Während so der Blick des Konfuzianers nach oben, nämlich auf die Vorfahren, gerichtet ist und er nur ideale Motive für den Ruhm zulässt, gibt Yang Dschu hier eine rein praktische, eudämonistische Begründung; denn auch die Sorge für die Nachkommenschaft fällt nach chinesischer Auffassung unter den erweiterten Egoismus. Man sieht, auch in den scheinbar harmlosen Worten Yang Dschu's sind allenthalben geheime Bosheiten versteckt.

Über Guan Dschung, den Kanzler in Tsi unter dem Herzog Huan, vgl. V, 7 und namentlich VI, 3. Man macht ihm in China den Vorwurf, dass er den Fürsten nicht zum Guten zu beeinflussen vermocht, weshalb jener nach seinem Tode gänzlich haltlos geworden sei.

Der Mann Tiän ist Tiän Heng oder Tiän Tschang, der den Fürsten Giän ermordet und die Regierungsgewalt usurpiert hat. Vgl. VI, 1; VIII, 28.

Hü Yu und Schan Küan, denen Yau bzw. Schun den Thron angeboten, die aber beide dankend abgelehnt, um ihre Person frei zu halten von aller Verwicklung mit Weltgeschäften, werden auch von Dschuang Dsi, Buch XXIX erwähnt.

Über Be I und Schu Tsi vgl. VI, 1.

2

Die Schilderung der Misère des Lebens kann sich mit den entsprechenden Ausführungen Schopenhauers messen, nur die Schlussfolgerung ist prinzipiell verschieden. Sie ist bei Schopenhauer ethisch gewandt, während Yang Dschu widerstandsloses Sichtreibenlassen von inneren und äußeren Einflüssen empfiehlt. Diese Technik des Lebens ist taoistisch, nur sind die Prämissen von denen Laotses prinzipiell verschieden.

3

Hier ist ein Versuch gemacht, vom Individuum, das wehrlos von seinem inneren und äußeren Schicksal dahingetrieben wird, zur Gattung »Mensch«, als dem gleichzeitigen Träger der verschiedenen Einzelschicksale aufzusteigen, eine

Konzeption, die an Goethes Erdgeist in Faust, I. Teil, erinnert:

»In Lebensfluten, im Tatensturm
Wall' ich auf und ab,
Wehe hin und her!
Geburt und Grab,
Ein ewiges Meer,
Ein wechselnd Weben,
Ein glühend Leben,
So schaff' ich am sausenden Webstuhl der Zeit
Und wirke der Gottheit lebendiges Kleid.«

Über Yau und Schun, »die beiden Patriarchen«, und Giä und Dschou Sin, »die Tyrannen«, vgl. I, 12.

4

Über Be I vgl. VI, 1.

Über Dschan Gi (Liu Hia Hui) vgl. ebenfalls VI, 1. Er war wegen seiner Keuschheit berühmt.

5

Yüan Hiän (Yüan Si) war ein Schüler Kung's, bekannt wegen seines Strebens nach Wahrheit, verbunden mit großer Sorglosigkeit in Beziehung auf weltliche Vorteile. Vgl. Lun Yü VI, 3; XIV, 1.

Über Dsi Gung (Duan Mu Si) vgl. I, 6. 7; III, 8; IV, 1. 4. Wie auch aus VII, 9 hervorgeht, hatte er sich in seinem Heimatsort We durch kommerzielle Unternehmungen ein großes Vermögen erworben.

6
Die Art, wie Yang Dschu hier das Mitleid als nützliche Einrichtung in der menschlichen Gesellschaft anerkennt, ist nicht ohne Humor. Vgl. dagegen die konfuzianische Auffassung, wie sie im Hiau Ging, Kap. 18 zum Ausdruck kommt: »Man mache für die Entschlafenen einen Sarg und einen Sarkophag, kleide sie an, hülle sie in Tücher und lege sie hinein. Man stelle die Opfergeräte und Opfergefäße der Ordnung nach auf und traure klagend um sie. Die Frauen sollen an die Brust schlagen und die Männer sollen schleppend gehen. Unter Weinen und Schluchzen zeige sich die Trauer beim Geleite. Man frage das Orakel nach Vorbedeutung für ihren Begräbnisplatz und bringe sie dementsprechend zur Ruhe. Man baue Ahnentempel für sie und bringe ihnen Ahnenopfer dar. Im Frühling und Herbst opfere man ihnen; zu seiner Zeit gedenke man ihrer!«

7
Statt Bau Schu Ya steht im Text immer bis auf das letzte Mal Yän Ping Dschung, nur das letzte Mal heißt es: »Da blickte Guan I Wu den Bau Schu Huang Dsi an.« Bau Schu Huang Dsi ist ohne Zweifel identisch mit Bau Schu Ya. Offenbar muss es auch in allen früheren Stellen Bau Schu Ya heißen, da Yän Ping Dschung wesentlich später lebte als Guan I Wu. Über Guan I Wu oder Guan Dschung, den Kanzler aus Tsi, vgl. V, 7 und die dort gegebenen Stellen.

Die Methode des Sichauslebens, die hier als Summe der Lebensweisheit gegeben ist, steht ebenfalls im striktesten Gegensatz zur Lehre Kung's, für welche Sittlichkeit und Pflicht die obersten Grundsätze sind. Über das Schicksal nach dem

Tode drückt sich Dschuang Dsi einmal ähnlich, wenn auch weniger zynisch aus. Vor seinem Tode verbot er seinen Angehörigen, ihn zu beerdigen, indem er sprach: »Himmel und Erde sind mein Sarkophag, Sonne und Mond sind meine Totenlampen, und alle Kreaturen sind die Leidtragenden bei meinem Leichenbegängnis.« Als seine Verwandten widersprachen, indem sie sagten, dass dann ja die Vögel unter dem Himmel seinen Leichnam zerreißen würden, da antwortete er: »Was tut das? Oben sind die Vögel unter dem Himmel, unten sind die Würmer und Ameisen. Die einen zu berauben, um die anderen zu füttern, ist keine Ungerechtigkeit.« Vgl. dazu das Heinesche Gedicht: »Wo wird einst des Wandermüden letzte Ruhestätte sein« usw.

8

Über den Kanzler Dsi Tschan von Dscheng vgl. VI, 6.

Über Deng Si, der sich hier Dsi Tschan gegenüber in seiner ganzen Infamheit zeigt, vgl. IV, 11 und VI, 4.

9

Duan Mu Schu ist ein Nachkomme oder sonstiger Verwandter von Dsi Gung. Es ist nichts Näheres über ihn bekannt. In der Art, wie er mit seinem Gelde umgeht, erinnert er an den ungerechten Haushalter (Lukas 16). Wie dieser verstand er es, sich Freunde zu machen mit dem ungerechten Mammon. Die verschiedene Beurteilung, die er erfährt von Kin Gu Li, dem Schüler des Mo Di, und Duan Gan Scheng, dem taoistischen Anachoreten, ist bezeichnend für den Standpunkt der beiden. Von Duan Gan Scheng (Duan Gan Mu) ist die ebenso bezeichnende Geschichte überliefert, dass der Fürst

Wen von We (425–387) ihn neben dem Konfuzianer Dsi Hia als Lehrer anstellen wollte, er aber über die Mauer kletterte, um dem zu entgehen.

10

Meng Sun Yang ist ein Schüler Yang Dschus. Vgl. den nächsten Abschnitt sowie VIII, 23. Ohne Zweifel ist er auch derselbe wie der in Abschnitt 1 dieses Buches erwähnte.

Trotz der Wertlosigkeit des Lebens ist Selbstmord nicht zu empfehlen, wenn kein zureichender Grund dafür vorhanden ist. Vgl. Kierkegaard: »Entweder – Oder«, Teil I: »Hänge dich auf, du wirst es bereuen; hänge dich nicht auf, so wird's dich auch gereuen. Dieses, meine Herren, ist der Inbegriff aller Lebensweisheit!«

11

Be Tscheng Dsi Gau war wohl ein Anachoret des Altertums. Meister Kin ist Kin Gu Li, der Schüler des Mo Di. Vgl. V, 14; VII, 9. Von den Leuten, die er als Zeugen für die verschiedenen Anschauungen anführt, ist Lau Dan gleich Laotse, Guan Yin gleich Guan Yin Hi, dem Grenzwart vom Han-Gu-Pass (vgl. II, 4).

Über Mo Di vgl. II, 21.

Über den großen Yü vgl. V, 2. 5. 6 sowie den nächsten Abschnitt.

12

Eine ähnliche Geschichtsbetrachtung wie die in VI, 1. 3 über Guan Dschung.

Schun, der Nachfolger des bekannten Herrschers Yau,

war der Sage nach der Sohn des Gu Sou (blinder Greis), der sich nach dem Tode von Schun's Mutter wieder verheiratete. Da seine Eltern seinen Stiefbruder Siang viel lieber hatten als ihn, suchten sie ihn verschiedene Male umzubringen. Er entging aber allen Gefahren und ließ sich in seinem pietätvollen Verhalten nicht irremachen. Nach einer anderen als der im Text genannten Sage musste er das Feld bestellen auf dem Berge Li Schan (südlich von Tsinanfu). Tiere und Vögel kamen herbei, um seinen Pflug zu ziehen und seine Felder von Unkraut zu reinigen. Er fischte im Donnersumpf »Le Dsche« und bildete Tongefäße an den Ufern des gelben Flusses. Seine Eltern stellten ihm immer noch nach dem Leben, indem sie sein Haus anzündeten und ihn in einen tiefen, gefährlichen Brunnen hinabsteigen ließen. Doch entging er all diesen Gefahren. Der Kaiser Yau berief ihn zu sich und gab ihm später seine beiden Töchter zur Ehe. Da Yaus Sohn Dan Dschu unwürdig war, so trat er das Reich an Schun ab.

Yü war der Sohn von Gung, der vom Kaiser Yau beauftragt worden war, die Wasserläufe der großen nordchinesischen Ebene zu regulieren. Da er damit nicht zurande kam, so wurde er lebenslänglich nach dem Flügelberg (Yü Schan) verbannt, und Yü wurde damit beauftragt, das Werk zu Ende zu führen. Im Lauf von 9 Jahren gelang es ihm unter äußersten Anstrengungen. So sehr war er beschäftigt, dass er auf Kleidung und Nahrung keine Rücksicht nehmen konnte und dreimal an seinem Hause vorbeikam, ohne Zeit zu finden, einzutreten, obwohl er seinen ihm inzwischen geborenen Sohn weinen hörte. Da Schun's Sohn Schang Gün sich unwürdig erwies, wurde er mit der Nachfolge auf dem Thron betraut und wurde der Begründer der Hia-Dynastie. Auf ihn wird die alte Einteilung des

Reichs in 9 Provinzen zurückgeführt, die er durch 9 bronzene Dreifüße repräsentieren ließ. Die Stelle »Er wohnte in einer ärmlichen Hütte mit prächtiger Kleidung und Krone« ist mit einem satirischen Seitenblick auf Lun Yü VIII, 25 geschrieben. Dort heißt es: »Der Meister sprach: ›An Yü kann ich keinen Makel entdecken. Er war sparsam in Trank und Speise, aber er war fromm vor Gott. Er trug selbst nur schlichte Kleidung, aber beim Gottesdienst war er in Purpur und Krone zugegen. Er wohnte in einer geringen Hütte, aber er verwandte alle Mittel auf die Regulierung der Gewässer. An Yü kann ich keinen Makel entdecken.‹«

Der Herzog von Dschou, mit Namen Dan, war der vierte Sohn des Königs Wen, des Begründers der Dschou-Dynastie, und der Berater seines ältesten Bruders Fa, der die Yin-Dynastie stürzte und als König Wu den Thron bestieg. Nach dessen Tod führte er für den unmündigen Thronerben Tscheng die Regierung. Seine beiden Brüder erregten Misstrauen gegen ihn, als wolle er die Herrschaft an sich reißen. Infolge davon musste er drei Jahre lang sich ferne vom Hofe halten, um derartige Gerüchte zu entkräften. Bei einem Aufstand, den nun die beiden Brüder anzuzetteln versuchten, griff er energisch durch. Der eine wurde hingerichtet, der andere verbannt. Er ist der Ahnherr des Fürstenhauses von Lu.

Kung Dsi: Über die Gefahr in Sung vgl. Lun Yü VII, 22. Er kam auf den Wanderungen durch den Staat Sung, da ruhte er mit seinen Schülern unter einem großen Baum und übte mit ihnen die heiligen Gebräuche ein. Diese Gelegenheit benützten die Sendlinge eines dem Meister übelwollenden Beamten von Sung, Huan Tui, und suchten ihn zu töten, indem sie den Baum fällten.

Mit der Szene in We ist wohl die in Lun Yü XV, 1 erwähnte gemeint.

Schang ist gleichbedeutend mit Sung.

Der Misserfolg in Dschou bezieht sich wohl auf seine Unterhaltung mit Laotse.

Über Tschen und Tsai vgl. VI, 1.

Über die Familie Gi, das herrschende Adelsgeschlecht in Lu, vgl. die verschiedenen Stellen in Lun Yü.

Über sein Zusammentreffen mit dem Usurpator Yang Hu (Yang Ho) und die brüske Art, wie dieser ihn behandelt, vgl. Lun Yü XVII, 1.

Der Tyrann Giä ist der letzte Herrscher der Hia-Dynastie; er ist berüchtigt wegen der Brutalität, mit der er herrschte. Besonders seine Gattin Me Hi hat ihn noch zu allerlei Extravaganzen angestachelt. Vor ihrem prächtigen Schloss war ein großer Park mit einem See von Wein, aus dem 3000 Menschen auf das Zeichen einer Trommel trinken mussten. An den Bäumen war allenthalben Fleisch aufgehängt. Giä wurde von Tang gestürzt. Eine Dublette zu seiner Geschichte ist die Geschichte des Tyrannen Dschou Sin aus der Schang- oder Yin-Dynastie, nur dass diesmal die Genossin seiner Frevel Ta Gi heißt und der Befreier der König Wu aus der Dschou-Dynastie ist. Während Giä jedoch bei dem Thronwechsel mit dem Leben davonkam, floh Dschou Sin nach seiner Niederlage in sein prächtiges Schloss Lu Tai, wo er in den Flammen, die er selbst entfacht, zugrunde ging.

13

Liang ist die Hauptstadt des Staates We im heutigen Schan-Si. Vgl. II, 15; VIII, 19.

Bekanntlich hat auch Menzius mit dem Fürsten von Liang Unterhaltungen geführt. Der Erzvater Yau und der Erzvater Schun sind die beiden berühmten Herrscher. Das Wort »Erzvater« ist dem Sinne nach beigefügt.

»Die gelbe Glocke« ist der Name des Grundtons c, während »die große Flöte« dem Ton cis entspricht. Die beiden liegen also eine kleine None auseinander. Daher auch der Ausspruch »sie stehen sich zu fern«.

14

Im Text findet sich hinter dem Satz: »Die Zahl der Jahre vom grauen Altertum bis auf unsere Tage entzieht sich aller Berechnung« die gewissenhafte Bemerkung eines gelehrten Kommentators: »aber von Fu Hi an sind's mehr als 300 000 Jahre«, die wir in der Übersetzung unterdrückt haben.

In diesem Skeptizismus in Beziehung auf die historischen Tatsachen, den ihm mancher Moderne nachfühlen kann, steht Yang Dschu im striktesten Gegensatz zu der orthodoxen Lehre, die ganz auf der Geschichte des Altertums basiert ist.

16

Die vier Güter des Lebens sind die traditionellen chinesischen Glücksgüter, zu denen Kindersegen als fünftes in der Regel hinzutritt.

17

Die humorvolle Art, wie hier das Bauernglück gelobt wird, zeigt die Verbindungsfäden, die trotz allem von der Lehre Yang Dschu's zu Laotse hinüberführen.

18

Vgl. Laotse, Taoteking, Abschnitt 18 und 19. Bei Yang Dschu ist jedoch alles viel bösartiger gemeint.

19

Enthält eine Kritik einer Äußerung Yü Hiung's, des sagenhaften Lehrers von König Wu aus der Dschou-Dynastie (I, 10; II, 17; VI, 7), und des Laotse. Die Äußerung findet sich so jedoch nicht im Taoteking. Möglicherweise kann herangezogen werden die Stelle in Abschnitt 44: »Der Name oder das Ich, was steht näher?« oder Abschnitt 42: »Wenn Fürsten und Könige sie (die Einfalt) zu wahren verstehen, so stellen sich alle Geschöpfe als Gäste zur Seite.«

BUCH VIII

Zusammentreffen der Verhältnisse

Die Überschrift »Ho Fu« heißt wörtlich: zusammenpassende »Fu«. Fu sind eigentlich zwei ineinanderpassende Siegelhälften, die nur zusammen einen Sinn gaben und als Erkennungszeichen dienten. Im Yin Fu Ging, dem »Buch von der verborgnen Siegelhälfte« (vgl. Einl.) ist der Ausdruck bildlich verstanden von der zum Verständnis der irdischen Verhältnisse notwendigen geheimen Ergänzung der Lehre. Der Titel dieses Buches ist offenbar im Hinblick auf den Yin Fu Ging gewählt. Die Überschrift bezieht sich darauf, dass im Lauf des Buches eine ganze Anzahl von eigenartigen Verhältnissen geschildert werden, die, je nachdem man sich ihnen anzupassen vermag, Erfolg oder Misserfolg mit sich führen. Das Buch bringt zunächst von Abschnitt 1–6 einen Nachtrag zu den Liä-Dsı-Erzählungen. Dann kommen eine Reihe einzelner Beispiele über die Macht der Verhältnisse von Abschnitt 7–21, von Abschnitt 22–25 wieder Erzählungen und Äußerungen von Yang Dschu, von 26 bis zum Schluss eine Anzahl kleinerer Geschichten in mehr oder weniger engem Zusammenhang mit dem Hauptthema des Buchs.

1

Dieser Abschnitt führt uns Liä Dsı in der Unterhaltung mit seinem Meister Hu Kiu Dsi Lin vor. Was man vom Schatten lernen kann, ist die Wahrheit, die im Taoteking durchgehend verkündigt ist: dass, wer sich hinten hält, vorne weilt. Im Anschluss daran eine Unterredung mit Guan Yin Hi, in der das Schicksal und der Name des Menschen als Echo und Schatten seiner eignen Reden und Taten bezeichnet wird – im denkbar striktesten Gegensatz zu dem, was im letzten Buch von Yang Dschu in dieser Beziehung gesagt wurde.

Tang ist der Begründer der Schang- oder Yin-Dynastie, der den Tyrannen Giä vom Throne stieß.

Wu ist der erste König der Dschou-Dynastie, der den Tyrannen Dschou Sin von der Yin-Dynastie beseitigte.

Zu dem Satz: »Wer Messen und Richten beides versteht, aber ohne den SINN, der gleicht einem Menschen, der hinausgehen wollte, aber nicht durch die Tür« vgl. Lun Yü VI, 15.

Der König von Yü ist Schun, der auch den Titel Yu Yü

führte. Das chinesische Zeichen ist von dem Zeichen »Yü« des großen Yü verschieden.

Hia ist die von dem großen Yü begründete Dynastie, Schang die von dem vorhergenannten Tang begründete Dynastie und Dschou die von den Königen Wen und Wu begründete Dynastie.

2

Unterredung des Meisters Liä Dsı mit seinem Schüler Yän Hui (nicht zu verwechseln mit dem Lieblingsjünger Kung's. Die chinesischen Zeichen sind verschieden, nur der Laut stimmt überein).

Die Verurteilung des brutalen Kampfes ums Dasein als menschenunwürdig steht im strikten Gegensatz zu Yang Dschu.

3

Liä Dsı lernt das Bogenschießen bei Guan Yin Hi. Die Erzählung scheint eine Parallele zu II, 5, nur dass dort Be Hun Wu Jen der Lehrer ist. Vgl. auch die Geschichte zwischen Gi Tschang und Fe We V, 15.

4

Zum Schluss des Abschnittes vergleiche Lun Yü I, 16.

6

Vgl. Dschuang Dsi XXVIII. Eine der wenigen Stellen, die etwas aus der Lebensgeschichte Liä Dsı's enthalten.

Die Ermordung des Ministers Dsi Yang von Dscheng, der hier erwähnt ist, fällt in das dritte Jahr des Königs An von der Dschou-Dynastie (399). Daraus würde folgen, dass Liä Dsı ungefähr um 450 v. Chr. geboren sein muss, wenn man die Zeitangaben von I, 1 mit heranzieht.

7

Die beiden Familien aus Lu und ihre Schicksale sind nur von allegorischer Bedeutung. Es handelt sich nicht um historische Tatsachen. Nur dass die beiden Staaten Tschu und Tsin als kriegerisch und der Staat We als friedlich geschildert ist, entspricht den tatsächlichen Verhältnissen jener Zeit. Die Arten, wie die beiden Söhne des Meng in Tsin und We verstümmelt werden, sind damals übliche Strafen. In der Rede des Mannes Schi ist mit Kung Kiu eben Kung Dsi gemeint, das Muster der Gelehrsamkeit, während Lü Schang ein andrer Name für den VI, 12 genannten Großen Herzog (Giang Tai Gung) ist, der als Feldherr des Königs Wen sich große Verdienste erwarb und mit dem Land Tsi belehnt wurde. Die Sage erzählt, dass König Wen von der Dschou-Dynastie, ehe er sich einst auf die Jagd begab, vorher das Orakel befragte, was er fangen werde. Die Antwort war: »Weder Tiger noch Drachen, weder Bären noch Leoparden, sondern den Ratgeber eines Königs.« Als er an den Fluss We kam, traf er einen alten Mann, der statt mit einem Angelhaken mit einer Nadel angelte. Befragt, wie es möglich sei, auf diese Weise etwas zu fangen, sagte er: »Die großen Fische kommen schon von selbst.« Im Laufe der Unterhaltung entdeckte der Fürst in ihm einen verborgenen Weisen und fand in ihm die Prophezeiung seines Großvaters, dass, wenn ein Weiser sich zu dem Hause Dschou geselle, dessen Blütezeit beginnen werde, erfüllt. Daher hat Lü Schang oder Giang Dsi Ya auch den

Titel Tai Gung Wang (Großvaters Hoffnung), der dann vielfach in Tai Gung (Großer Herzog) abgekürzt wurde.

8

Herzog Wen von Dsin (636–628) war einer der Reichsfürsten, die zur Zeit des Verfalls der Dschou-Dynastie die Hegemonie im Reiche hatten. Er war in dieser Stellung der Nachfolger des Herzogs Huan von Tsi.

9

Die Geschichte spielt unter dem Fürsten Dau von Dsin (572–558), dessen Kanzler Dschau Wen Dsi war (Dschau Wen Dsi ist der Großvater des VIII, 27 genannten Dschau Giän Dsi).

10

Die Geschichte läuft teilweise parallel zu derjenigen in II.9. Zhang Zhan hat dies bemerkt, sagt aber nur, er müsse den Sinn nicht weiter kommentieren, da er mit dem in II.9 übereinstimme.

11

Der weiße Prinz (Be Gung) war ein Enkel des Königs Ping von Tschu. Er musste infolge einer Verleumdung, die seinem Vater, dem Kronprinzen Giän, das Leben kostete, nach dem Staate Dscheng fliehen, wo er Rache plante an seinen Feinden. Er wollte von Konfuzius im Geheimen einen Rat erbitten, hat aber den Rat, den ihm Konfuzius erteilte, nämlich sich still zu halten, doch nicht verstanden. Seine Unternehmung schlug dann auch fehl, und er kam dabei um. Vgl. VIII, 33. Er erinnert in seinem Schicksal (seine Mutter hatte schwere Schuld auf sich geladen) und in seinem Charakter an Hamlet.

Der Koch I Ya war der Leibkoch des Fürsten Huan von Tsi, der, als der Fürst einmal keinen Appetit hatte, seinen eignen Sohn schlachtete und als Mahlzeit auftrug. Er war wegen seines feinen Geschmackes bekannt. Nach Guan Dschung's Tode bekam er Einfluss auf die Regierung.

12

Dschau Siang Dsi, Kanzler von Dsin unter dem Fürsten Ai (456–439) ist der Urenkel des in VIII, 9 genannten Dschau Wen Dsi, derselbe, der die in II, 12 genannte Feuerjagd unternahm. Seine Nachkommen haben nach der Auflösung des Staates Dsin ein Drittel davon als Fürsten überkommen. Sein Benehmen nach dem Sieg ist eine direkte Befolgung der im Taoteking No. 31 aufgestellten Grundsätze. In seiner Motivierung zitiert er Taoteking No. 23 in wenig abweichendem Wortlaut.

Die Staaten Tsi, Tschu, Wu, Yüo, die Siege erlangt, ohne sie festhalten zu können, sind alles Militärstaaten aus der Zeit der streitenden Reiche.

Die Erwähnung der Körperkraft des Konfuzius ist wohl durch ein Missverständnis von seinem Vater auf ihn übertragen. In Dso Dschuan IX, 10, 2 wird erzählt: »Die vereinigten Truppen der Nordstaaten belagerten die Stadt Be Yang, die zu Tschu gehörte. Die Stadt öffnete zum Schein ein Tor, durch das die Angreifenden eindrangen. Da ließ man die schwere eiserne Gitter-Falltür herunter, um auf diese Weise die Eingedrungenen abzusperren. Konfuzius' Vater nun war so stark, dass er allein die Falltür emporheben konnte, so dass die Abgesperrten sich retten konnten.«

Die Geschichte des Mo Di, der die Hauptstadt von Sung gegen Gung Schu Ban (Ban Schu, vgl. V, 14, aus Lu, der damals im Dienste des Staates Tschu stand) erfolgreich verteidigte, enthält eine Anzahl spannender Details von Minen und Gegenminen, die die beiden geschickten Mechaniker gegeneinander ausspielten.

13

Die hier erzählte erbauliche Geschichte, die eben zur Zeit jener Belagerung der Hauptstadt des Landes Sung spielte, könnte mit leichten Namensänderungen in jedes christliche Traktätchen Aufnahme finden.

14

Eine etwas abgemilderte Parallele zu VIII, 7.

Herzog Yüan von Sung regierte von 531–517.

15

Herzog Mu von Tsin regierte von 659–621.

16

Die Geschichte zeigt den genau entgegengesetzten Standpunkt zu der Yang-Dschu-Geschichte VII, 13.

König Dschuang von Tschu regierte 613–591.

Dschan Ho ist derselbe Anachoret, der in V, 9 die Prinzipien seiner Angelkunst darlegt.

17

Sun Schu An war Minister in Tschu zur Zeit des Königs Dschuang (613–591).

18
Die Geschichte ist eine pessimistische Ergänzung von VIII, 7. 14.

19
Das erwähnte Spiel scheint ein Zwischending von Schach- und Würfelspiel gewesen zu sein.

Die Art, wie dieser Aufruhr veranlasst wurde, ist typisch für chinesische Verhältnisse. Eine ganze Reihe von fremdenfeindlichen Unruhen verdanken ähnlichen Anlässen ihre Entstehung.

22
Dieser Abschnitt gehört wohl mit Abschnitt 25 zusammen. In der sarkastischen Art, wie er das Gutestun als unratsam hinstellt, passt er ganz zum Wesen Yang Dschu's.

23
Über Meng Sun Yang vgl. VII, 10 und 11. Er zeigt sich hier noch nicht so bewandert in der Lehre Yang Dschu's wie sein Mitschüler Sin Du Dsi.

Die Geschichte von den drei Brüdern enthält eine Verhöhnung der verschiedenen Schulen, die von Kung ausgingen und sich alle für orthodox hielten, obwohl sie in ihren Konsequenzen einander entgegengesetzt waren.

24
Über Yang Bu, den jüngeren Bruder Yang Dschu's, vgl. VI, 8.

25
Siehe Abschnitt 22 dieses Buchs.

26
Gibt ähnlich wie der Abschnitt I, 11 eine dreifache Beurteilung desselben Tatbestands.

Die Namen der drei Philosophen: Tsi (allgemein), Fu (reich), Hu (was?) sind allegorisch zu verstehen.

27
Noch jetzt ist namentlich in der Umgebung von buddhistischen Klöstern die Sitte üblich, als gutes Werk lebende Tiere freizulassen mit demselben praktischen Erfolg wie der, den hier der Gastfreund erwähnt.

Dschau Giän Dsi, der Enkel des VIII, 9 genannten Dschau Wen Dsi, war Kanzler unter dem Fürsten Ding von Dsin (511–474). Gan Dan im südlichen Tschili war sein Hausbesitz.

28
Die Familie Tiän war das herrschende Adelsgeschlecht im Staate Tsi, dessen Thron es schließlich usurpierte.

Die Geschichte könnte beinahe bei Mark Twain stehen.

29
Zu der Schätzung, die der Rossarzt im alten China genoss, vgl. II, 6. Er hatte wohl das Geschäft des Schinders mit zu versehen.

30
Geldsummen: wörtlich »er zählte die Kerben«. Der Kontrakt war offenbar auf eine Holztafel eingeritzt.

31
Der genannte Baum, genau »Papiermaulbeerbaum«, gilt als glückliches Vorzeichen. Ihn abgedorrt stehen zu lassen, würde auf Verdorren des Glücks schließen lassen.

Die Geschichte soll das unnötige Misstrauen des Besitzers charakterisieren.

33
Über den weißen Prinzen (Be Gung) vgl. VIII, 11.

Benutzte Literatur

1. LIÄ DSI, Ausgabe des Kommentars von Dschang Dschan (Dsin-Dynastie) von Yin Ging Schun (Tang-Dynastie), 2 Bände, Neudruck.
2. LIÄ DSI, Kommentar von Lu Dschung Yüan, 1 Band. 1804.
3. LIÄ DSI, TSCHUNG HÜ DSCHI DE DSCHEN GING, Kommentar von Dschang Dschan. Faksimiledruck einer Sungausgabe.
4. NIEN ÖRL DSI HO KO (Gesamtausgabe der 22 Philosophen), Schanghai 1894, Steindruck. Daraus: Band I, Lau Dsi, Dschuang Dsi; Band II, Guan Dsi; Band III, Liä Dsi, Mo Dsi (Mo Di); Band IX, Han Fe Dsi; Band X, Huai Nan Dsi; Band XII, Sün Dsi; Band XVI, Lü Schi Tschun Tsiu.
5. TSI GING BIEN DU, Handschriftliches Exemplar von 7 taoistischen Traktaten. Yin Fu Ging.

Namensregister zum Text

(Die römischen und arabischen Ziffern geben Buch und Abschnitt an)

BIÄN TSÜO, berühmter Arzt aus Dscheng namens Tsin Yüo Jen. V, 10.

BIN, Name eines Barbarenlandes im Westen von China. V, 1.

BO HAI, Gelbes Meer, genauer Golf von Petschili. V, 4.

DAI YÜ (der große Wagen), eine der fünf Inseln der Seligen im Ostmeer. V, 2.

DENG, mythischer, großer Wald. V, 4.

DENG SI, berühmter Strafrechtslehrer aus dem Staate Dscheng, gestorben 501. IV, 11; VI, 4; VII, 8.

DENKER VOM GROSSEN BERG (Tai Schan Gi), sagenhafter Minister des Herrn der gelben Erde. II, 1.

DI, wilde Stämme im Norden Chinas. VIII, 12.

DONNERSUMPF, s. Le Dsche. VII, 12.

DRACHENFÜRST. V, 2.

DREI ERHABENE (San Huang), die drei mythischen Herrscherfamilien aus der ältesten Urzeit: Tiän Huang (die Himmelsherrscher), Di Huang (die Erdherrscher), Jen Huang (die Menschenherrscher). IV, 3; VII, 14.

DREI KÖNIGE (San Wang), die drei Begründer der ersten chinesischen Dynastien, Yü (Hia-Dynastie), Tang (Schang-Dynastie), Wen Wang (Dschou-Dynastie). III, 3 Erkl.; IV,3; VII, 14.

DREI VOLLKOMMENE (San Jen), Herr von We, Herr von Gi, Bi Gan; lebten zur Zeit des Endes der Yin-Dynastie. VI, 1.

DSAI WO (Dsai Yü), Schüler des Konfuzius, II, 6.

DSCHAN GI (Liu Hia Hui), ein Beamter des Staates Lu, der wegen seiner Reinheit sprichwörtlich war; wird auch Dschan Kin genannt. VII, 4; VI, 1.

DSCHAN HO, ein Anachoret aus der Zeit des Königs Dschuang aus Tschu, 613–591. VIII, 16; V, 9.

DSCHAN KIN, s. Schan Gi. VI, 1.

DSCHANG LU, ein Philosoph. I, 11.

DSCHUNG NI, s. Kung Kiu. I, 6; II, 6, 8, 10; IV, 1,2.

DSI, Fluss im heutigen Schantung; früher Grenzfluss zwischen den Staaten Lu und Tsi. V, 2.

DSI DSCHANG (Schi), literarische Bezeichnung des Duan Sun Schi, Schüler des Konfuzius, der nach dessen Tod eine Schule gegründet hat. IV, 4.

DSI GUNG (Si), literarische Bezeichnung des Duan Mu Si, eines der bekanntesten Schüler des Konfuzius. I, 6, 7; III, 8; IV, 1, 4; VII, 5, 9.

DSI HIA, literarische Bezeichnung des Bu Schang, Schülers des Konfuzius. II, 12; IV, 4.

DSI HUA, angesehener Mann in Dsin. II, 6.

DSI LU, literarische Bezeichnung des Dschun Yu, eines durch seine Kühnheit bekannten Schülers des Konfuzius. IV, 4.

DSI TSCHAN, literarische Bezeichnung des Gung Sun Kiau, Kanzlers des Lehensstaates Dscheng, der Überlieferung nach Mitschüler des Liä Dsi, persönlicher Freund des Konfuzius. VI, 4; VII, 8.

DSI YANG, Leiter des Staates Dscheng zur Zeit des Liä Dsi, gestorben 398 v. Chr. VIII, 6.

DSI YÜ, berühmt durch sein scharfes Gesicht. V, 2.

DSIAU MING, mikroskopisch kleine Lebewesen. V, 2.

DSIAU YAU, fabelhafter Zwergstamm im Osten. V, 2.

DSIN, Name eines Lehensstaates im heutigen Schansi. II, 6; III, 10; VIII, 8, 9, 12.

DSOU YÄN, berühmter Flötenspieler der alten Zeit. V, 11.

DUAN GAN SCHENG (Duan Gan Mu), ein Anachoret, VII, 9.

DUAN MU SCHU, Mann aus We, Nachkomme des Dsi Gung. VII, 9.

DUNG GO (Lehrer Ostweiler), Entscheider in Streitfragen. I, 13; VI, 2.

LI DSCHU (Li Lou), zur Zeit des Herrn der gelben Erde wegen seines scharfen Gesichts bekannt. V, 2.

LIÄ DSI (Liä Yü Kou). I, 1, 2, 3, 4, 9, 11; II, 3, 4, 5, 13, 14; III, 3, 4; IV, 5, 6, 7; VIII, 1, 2, 3, 4, 5, 6.

LIÄ YÜ KOU, s. Liä Dsi. II, 5.

LIANG, der Staat We in Dsin, so genannt nach seiner Hauptstadt, lag im heutigen Schansi. II, 15; VII, 13; VIII, 19.

LIANG KIU GÜ, Beamter des Herzogs Ging von Tsi. VI, 12.

LIANG YANG, Tierbändiger des Königs Süan aus der Dschou-Dynastie, 827–781. II, 7.

LIAU, der bekannte Fluss in der Mandschurei. V, 7.

LIN LE (Waldgeschlecht), ein Anachoret aus der Zeit des Konfuzius. I, 6.

LING, Herzog von Tsi, Sohn des Herzogs King, 581–554 v. Chr. VI, 12.

LIU HIA HUI, s. Dschan Gi. VII, 4.

LU (Schwarz), allegorischer Name. VI, 6.

LU, Geburtsstaat des Konfuzius im östlichen Schantung. II, 18; III, 8, 9; IV, 1, 2; V, 10; VI, 3; VII, 1, 5, 17; VIII, 7, 23.

LÜ LIANG, Wasserfall, vermutlich zwischen We und Lu. II, 9.

LÜ SCHANG, s. Großer Herzog. VIII, 7.

LUNG SCHU, ein Mann, der an Heiligkeit erkrankt war. IV, 8.

MAINA, Vogelart. V, 2.

MAU KIU YÜAN, Tierbändiger unter König Süan aus der Dschou-Dynastie, 827–781. II, 7.

MENG, eines der drei herrschenden Adelsgeschlechter in Lu. VII, 1; VIII, 7.

MENG SUN YANG, Schüler des Yang Dschu. VII, 10, 11; VIII, 23.

MITTELBERG (Dschung Schan), Berg im Staate Tsin. II, 12.

MITTELBEZIRK, China. V, 2.

MO DI (Mo Dschai), bekannt unter dem lateinischen Namen Micius, der Verkündiger der allgemeinen Menschenliebe. II, 12; V, 14; VII, 11; VIII, 12.

MU, König vom Hause Dschou, 1001 bis 947 v. Chr., in der Sage berühmt wegen seiner vielen Reisen. III, 1; V, 6, 14, 18.

MU von Tschu am Yangtsekiang, 625–614 v. Chr., berüchtigt, weil er seinen Vater ermordete. II, 18.

MU, Herzog von Tsin, 659–621 v. Chr. VIII, 15.

NING SCHI, Mechaniker zur Zeit des Königs Mu von Dschou. V, 14.

NIU KÜO, großer Gelehrter aus dem Oberland. VIII, 18.

NORDBERG (Be Schan), an der Grenze zwischen Nord- und Mittelchina. V, 3.

NORDHAUSEN, HERR VON (Be Gung), allegorischer Name. VI, 2.

NORDMEER, V. 6.

NORDPOL. V, 2.

NÜ WA (Nü Gua), Schwester (Nachfolger?) des mythischen Herrschers Fu Hi. II, 18; V, 1.

OSTDORF (Dung Li), im Staate Dsin, Heimatsort von Dsi Tschan und Deng Si. IV, 11.

OSTPOL, der äußerste Osten. III, 5.

OSTWEILER, s. Dung Go. VI, 2.

OU SCHA (Sanddünen), Gegend im südlichen Tschili. VIII, 18.

PANG, Mann aus Tsin. III, 9.

PE, Staat südlich von Liang. II, 15.

PENG, der chinesische Methusalem. VI, 1.

PENG, ein mythischer Vogel (Vogel Rokh?). V, 2.

PENG LAI (Irrgarten), eine der Inseln der Seligen. V, 2.

PU, Fluss in Mittelchina. V, 2.

PU DSU DSI, berühmter Bogenschütze des Altertums. V, 9.

PUMALO, Baum. V, 2.

TAI HING, jetzt Tai Hang, Berg bei Peking, südwestlich bis zum gelben Fluss. V, 3.

TAI SCHAN (Großer Berg), der berühmteste der heiligen Berge Chinas, im Westen der Provinz Schantung. I, 5; II, 1; III, 5; V, 13.

TANG, Begründer der Schang- oder Yin-Dynastie, 1766–1754 v. Chr. V, 1, 2; VIII, 1.

TANG KI, Herzog zur Zeit des Königs Süan von Dschou, 821–782 v. Chr. IV, 12.

TIÄN, eines der herrschenden Adelsgeschlechter in Tsi. Tiän Heng (Tiän Tschang) ermordete im Jahre 481 v. Chr. den Herzog Giän und setzte dessen Sohn Ping auf den Thron, während er die Regierungsgewalt unter dem Titel eines Kanzlers vollständig usurpierte. VI, 1; VII, 1; VIII, 28.

TSAI, Staat südlich vom gelben Fluss, nördlich von Tschu. VI, 1; VII, 12.

TSCHANG SCHEN (Tiefer Becher), Flusswirbel. II, 8.

TSCHEN, kleiner Staat nördlich von Tschu, östlich von Tsai. III, 9; IV, 2; VI, 1; VII, 12.

TSCHENG, Sohn des Königs Wu von der Dschou-Dynastie, 1115–1079. Während seiner Minderjährigkeit führte der berühmte Herzog von Dschou für ihn die Regierung. VII, 12.

TSCHENG, Stadt in Lu. I, 5.

TSCHU, Prinz von Dsin, zur Zeit des Herzogs Wen, 636–628 v. Chr. VIII, 8.

TSCHU, Staat in der Gegend des Yangtsekiang im Süden des alten China; seine Fürsten führen seit 740 den Königstitel. II, 10, 18; III, 10; V, 2, 7, 9; VII, 9; VIII, 7, 11, 12, 13, 16, 17.

TSI, einer der meistgenannten Feudalstaaten des alten China im Nordosten des heutigen Schantung. Das legitime Fürstenhaus

Lü führt sich zurück auf Tai Gung (s. Großer Herzog), den Minister des Königs Wu aus der Dschou-Dynastie, der mit diesem Lande belehnt wurde. Fürsten aus diesem Hause aus der Zeit vom siebenten bis dritten Jahrhundert sind: Dschuang 794–731, Hi 730–698, Siang 697 bis 686, Huan 685–643, der Reihe nach dessen vier Söhne 642–599, Kin 598–582, Ling 581–554, Dschuang 553–548, Ging 547–489, Dau 488–485, Giän 484–481, ermordet von dem Minister Tiän Heng, dessen Enkel im Jahre 410 eine neue Dynastie in Tsi begründete. I, 13; II, 13, 14; V, 2, 6, 7, 12; VI, 1, 3, 12; VII, 1, 9; VIII, 7, 12, 23, 28, 29, 34.

TSI (Gleich), allegorischer Name. VIII, 26.

TSI YING, Mann aus Dschau. V, 10.

TSIN, einer der mächtigsten Lehensstaaten im Westen, der im Jahre 220 (Tsin Schi Huang) ganz China unter seinem Zepter vereinigte. II, 15; III, 9; V, 7; VIII, 7, 15, 18.

TSIN KIU (Berg der Entschlafenen), Name eines kleinen Gebietes zwischen Tschu und Yüo. VIII, 17.

TSIN TSING, Gesangsmeister. V, 12.

UNVOLLKOMMEN (Bu Dschou Schan), Name eines mythischen Bergs, an den der Dämon Gung Gung stieß und dadurch den Himmel beschädigte. V, 1.

WANG WU, Berg in Honan östlich vom gelben Fluss. V, 3.

WE, Name eines Flusses im Westen von China, bedeutendster Zufluss des Huang Ho. V, 4.

WE, Staat im Süden von Schansi. I, 1, 4, 6; II, 12; III, 1; V, 17; VII, 5, 9, 12, 13; VIII, 7, 8, 26.

WEISSER PRINZ, s. Be Gung. VIII, 11, 33.

WEN, Herzog von Dsin, 636–628 v. Chr. VIII, 8.

WEN, Musiker von Dscheng. V, 11.

WEN, Fürst von We, teilte sich mit den Fürsten von Han und

Dschou den Besitz des Staates Dsin (425–387; bestätigt 403). II, 12.

WEN, der Ahn der Dschou-Dynastie, Wen Wang genannt, 1184–1135. Er hatte unter dem Namen Si Be (Westgraf) großen Einfluss in China, aber erst sein Sohn Wu nahm den Thron ein. VI, 7.

WEN, Fluss zwischen Tsi und Lu im Süden des Taischan. II, 1.

WEN DSCHI, Psychiater. IV, 8.

WESTHEIM (Si Men), allegorischer Name. VI, 2.

WESTPOL, der äußerste Westen. III, 5.

WO, berühmte Sängerin. V, 12.

WU (Wu Wang), der erste König der Dschou-Dynastie mit dem Vornamen Fa, 1122–1116. VII, 12; VIII, 1.

WU, Staat südöstlich des Yangtsekiang zwischen Tschu und Yüo. V, 12; VI, 1; VIII, 11, 12.

WU (Dung Men Wu), Minister in We. VI, 13.

WU DSCHI, Prinz von Tsi, ermordete den Herzog Siang von Tsi (686) und wurde dann selbst ermordet. VI, 3.

YÄN (Yän Ping Dschung), auch Meister Yän (Yän Dsi) genannt, Minister in Tsi zur Zeit des Herzogs Ging 547–489, aus Kaumi gebürtig. I, 8; VI, 12.

YÄN, Staat im heutigen Tschili. III, 10; V, 14, 15; VIII, 18, 26.

YÄN HUI (Yän Yüan), der Lieblingsjünger Kung's. II, 8; III, 8; IV, 1, 2, 4; VI, 1.

YÄN HUI, Schüler des Liä Dsı (nicht zu verwechseln mit dem Lieblingsjünger Kung's Yän Yüan). VIII, 2.

YÄN YÜAN, s. Yän Hui No. 1. VI, 1.

YANG, Name eines Mannes in Tsin. III, 9.

YANG BU, jüngerer Bruder des Philosophen Yang Dschu. VI, 8; VIII, 24.

YANG DSCHU (Yang Dsi), der bekannte pessimistische Philosoph, möglicherweise Schüler des Laotse, wahrscheinlich aber später als Kung. II, 15, 16; IV, 9; VI, 6, 8; VII, 1 bis 6, 11 bis 18; VIII, 22 bis 25.

YANG HU (Yang Ho), Usurpator, Hausminister der Familie Gi in Lu. VII, 12.

YANG LI, Name eines Orts in Sung. III, 8.

YAU, mythischer Herrscher, der erste, den Kung erwähnt; er wird in die Zeit von 2357–2258 versetzt. II, 18; IV, 14; VI, 1; VII, 1, 3, 12, 13.

YIN, Schüler des Liä Dsı. II, 3.

YIN oder SCHANG, die zweite, sagenhafte chinesische Dynastie, 1766–1122, begründet von Tang. II, 18; V, 1, 17; VI, 1.

YIN, legendarischer Personenname. III, 6.

YIN WEN DSI, Schüler des Laotse. III, 2.

YING, Land im Osten des alten China. V, 1.

YING DSCHOU (Atlantis), eine der Inseln der Seligen. V, 2.

YÜ, Name eines reichen Mannes in Liang. VIII, 19.

YÜ (= Ja), allegorischer Name eines Arztes = Doktor Einverstanden. VI, 6.

YÜ, DER GROSSE (Hia Hou), der dritte der halbmythischen großen Herrscher am Beginn der chinesischen Geschichte. Der Nachfolger Schun's, der die Wasserverhältnisse der großen nordchinesischen Ebene regulierte. Begründer der ersten Dynastie (von Hia); wird in die Zeit von 2205–2198 verlegt. II, 18; V, 2, 5, 6; VII, 11, 12.

YÜ (Yu Yü), Titel des Herrschers Schun; s. d. VIII, 1.

YÜ DSCHOU, ein Ort im Süden des alten China. V, 3.

YÜ GIANG (Anfangsgrenze), ein Geist des Nordpols, wird mit Menschengesicht und Vogelleib dargestellt. V, 2.

YÜ HIUNG, sagenhafter Lehrer des Königs Wen aus der Dschou-Dynastie, ca. 1200 v. Chr. I, 10; II, 17; VI, 7; VII, 19.

YÜ SCHAN, der Ort, wohin Gung, der Vater des großen Yü, verbannt wurde, da er mit der Regulierung der Wasserläufe in der großen nordchinesischen Ebene nicht fertig geworden war. VII, 12.

YU YÄN, s. Fu Hi. VIII, 1.

YÜAN, Herzog von Sung, 531–517. VIII, 14.

YÜAN HIÄN (Yüan Dsi), Schüler des Konfuzius. VII, 5.

YÜAN KIAU (runder Gipfel), eine der Inseln der Seligen. V, 2.

YÜAN SI, s. Yüan Hiän. VII, 5.

YÜO, Staat im äußersten Süden des alten China, ungefähr in der heutigen Kantonprovinz. V, 7; VIII, 12, 17.

YUNG, trüber Fluss in Schantung. VIII, 11.

YUNG, Ortsname. V, 3.

YUNG KI KI, Name eines Anachoreten. I, 5.

YUNG MEN, Ortsname. V, 12.

YUNG TSCHENG DSI, ein Beamter des Herrn der gelben Erde, der unter seiner Leitung astronomische Instrumente konstruierte und den Kalender aufstellte. V, 2.